汪荣祖作品

钱锺书的
自我及其微世界

槐聚心史

中华书局

**图书在版编目(CIP)数据**

槐聚心史:钱锺书的自我及其微世界/汪荣祖著. —北京:
中华书局,2020.1
　(汪荣祖作品)
　ISBN 978-7-101-14307-2

　Ⅰ.槐… Ⅱ.汪… Ⅲ.钱锺书(1910~1998)-学术思想-研究
Ⅳ.K825.6

中国版本图书馆 CIP 数据核字(2019)第 276179 号

| | |
|---|---|
| 书　　名 | 槐聚心史——钱锺书的自我及其微世界 |
| 著　　者 | 汪荣祖 |
| 丛 书 名 | 汪荣祖作品 |
| 责任编辑 | 高　天 |
| 出版发行 | 中华书局 |
| | (北京市丰台区太平桥西里 38 号　100073) |
| | http://www.zhbc.com.cn |
| | E-mail:zhbc@zhbc.com.cn |
| 印　　刷 | 北京市白帆印务有限公司 |
| 版　　次 | 2020 年 1 月北京第 1 版 |
| | 2020 年 1 月北京第 1 次印刷 |
| 规　　格 | 开本/920×1250 毫米　1/32 |
| | 印张 13　插页 8　字数 310 千字 |
| 印　　数 | 1-8000 册 |
| 国际书号 | ISBN 978-7-101-14307-2 |
| 定　　价 | 58.00 元 |

# 槐聚心史

田苑祖

作者2017年于加州尔湾寓所书房

钱锺书杨绛夫妇合影（1981年秋）

作者与钱先生合影 (1981年秋)

作者与钱先生合影（1988年夏）

作者与"他们仨"（1988年夏）

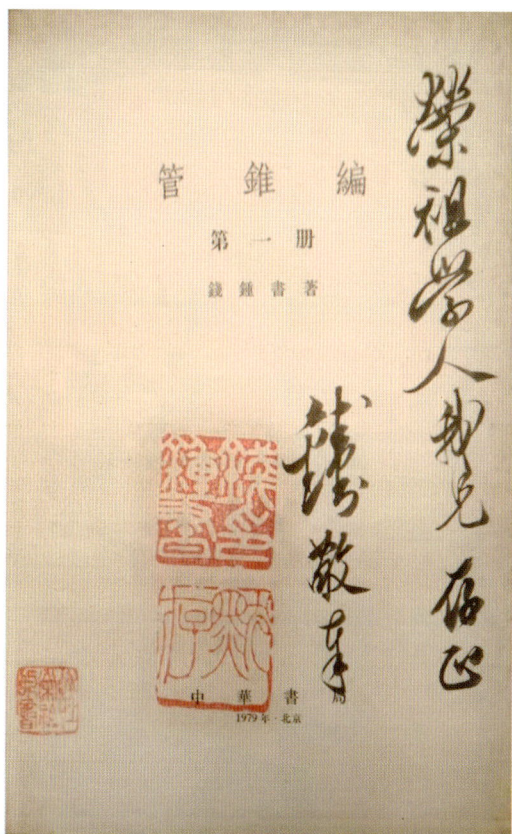

钱先生题赠《管锥编》手迹（一）

庸椽樓舊館主人粲兀

覽正

槐聚寄奉

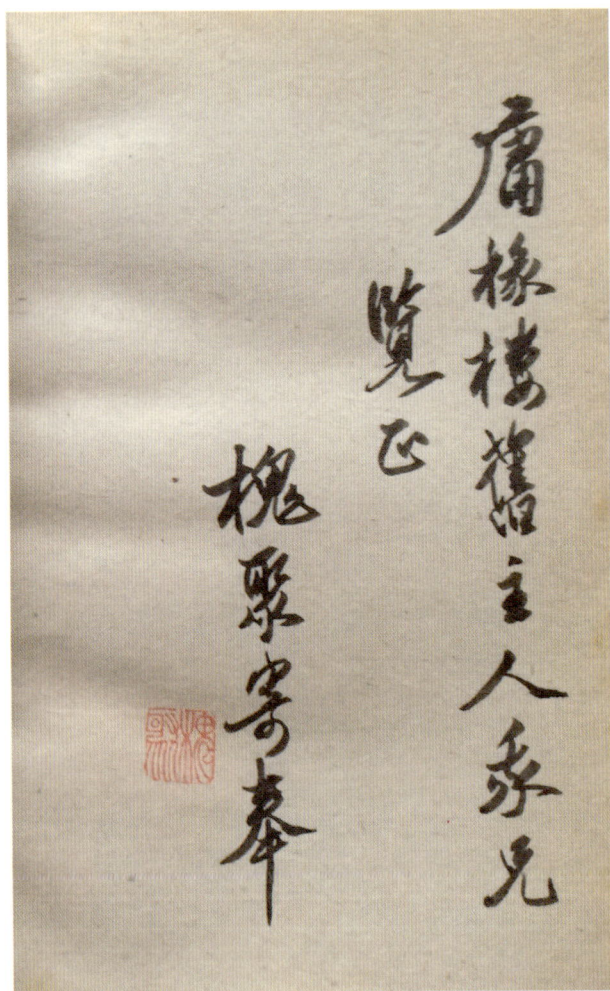

钱先生题赠《管锥编》手迹（二）

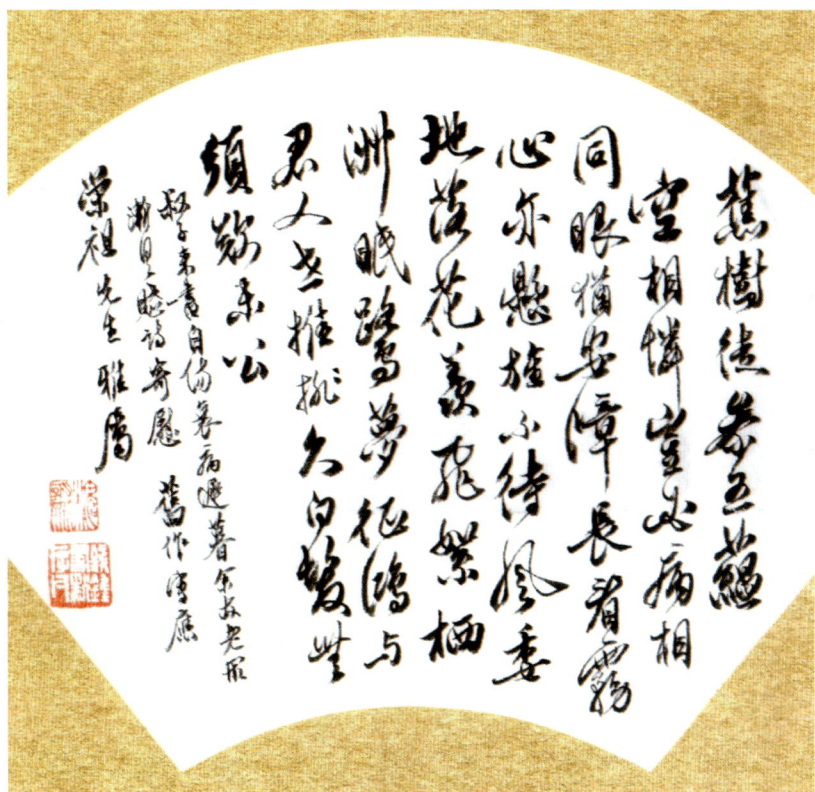

钱先生录诗赠作者（1981年）

钱先生录诗赠作者（1980年）

荣祖学人我兄教席荷承 惠书并示高
君文学感言中綜论六朝致可取益絕似鶩置
演说未必艰政實例與水心謀未免瞻前
不療德国士大夫先謂三學京京
*Nichts über die Sache versteht, schreibt über die Methode*: Gottfried Hermann: *Wer*
理論每照此谋共教盲人之言黑白無以辨正
白乎酒垕迪君長老本致高君齡避中吉晋
林士林孟三巾前读中其感雅意而懒典老增
放情守拙不復作诂研游士典 兄元言面之缘
星零感乎 听日勗 *Oxford Book y American*
*Sutherland's Oxford Book of Talk* 甚东还谨剑
得餠三樂旧弓
合微 大德昭絕安能快意此别川
直祝 余迴淀即执候 中鐘敬上 二月十九日啟

钱先生致作者手札（1981年12月13日）

荣祖先生教席 惠鉴 复印

钱先生致作者手札（1983年7月）

## 书成自题

灰飞骨尽赤心存，梦里依稀识旧痕。
浩浩钱潮风捣海，悠悠逝水我招魂。
红尘聊供先生笑，妙语何须俗子论。
遥想京城肠断处，南楼孑影独黄昏。

# 目 录

## 外篇：钱锺书的微世界

# 中华新版序

钱锺书先生自少年起,才情已经毕露,二战后《围城》与《谈艺录》两书问世,声名鹊起,惟因时局骤变,沉潜约三十载;至改革开放、中美建交后学术交流,钱先生随团赴美,于寻常谈话间,即出语不凡,无意间展露字正腔圆的外文、淹博的中西学问,令举座惊艳,遂名驰遐迩;一生积学用之一朝,挥洒自如,势所必然。自海外载誉归来后,国内知吾华有此奇才,始大轰动。又适逢《管锥编》巨著问世,虽文意深奥,不妨畅销;新著之外,久已绝版之旧文、旧书也一一重印问世,大受青睐;小说《围城》重印后尤其热销,拍成电视剧更是家喻户晓,天下无人不识君矣!

语云"名满天下,谤亦随之",钱先生亦难免,盖因名重而遭忌嫌,乃俗世所常见。钱学得自天赋、得自家学、得自时代。后人三者难兼,鲜能望其项背。凡欲下视钱学以鸣高者,虽刻意挑剔、牵扯,往往见树不见林,或见林不见树,甚至误读曲解,自以为是而不免贻笑。或因钱学难缠,遂议论其性格。槐聚与世无争，有如市隐，何来争议？然而凡具风骨的学人，多少有"知识人的傲气"（intellectual arrogance），何况钱氏博学多识，论文阅世每能推见至隐，一针见血，词气不免直言无忌；固然有人赏识，拍案惊奇，甚至五体投地；然亦有人难以忍受，嘲讽其不饶人之性格，视其批评为骂人，甚至有人东施效颦，以骂人作为批评。最颠倒黑白者，莫如扭曲其淡泊名利为热衷名利。其晚年盛名非其预期，更非追逐可得，只因时空巨变，其学始大显，博得大名。但是盛名之累，使其不得安宁，自叹"浮名害我"。钱先生晚年逃名唯恐不及，北美诸名校曾屡以最高讲座邀请，西欧汉学会议以贵宾相招，均一一婉拒，与当时竞欲出国访问，甚至不惜请托乞求之情景，相比之下，犹如天壤之别。利则由名而来，无非是版税稿费，有人有鉴于钱书畅销而爱"书中钱"，于是侵权滥印，实为文明社会所不容。然忌钱者，不谴责奸商之恶，反讥受害者为利兴讼，宁有是理？最后钱家所得之巨额稿酬由杨绛先生全数捐作清华奖学金，嘉惠学子，足表心迹。

钱先生独学孤行，置毁誉于度外，自谓已至谀不喜而毁不怒的境界。但盛名之下，无端之传闻不断，仍使其感到困扰，于言谈间曾感叹"老糊涂信口开河，小钻风见缝插针，一人言虚，万人言实"，殊觉无中生有、积非成是的无奈，尝告诫吾辈习史者曰："见此等消息，必存戒心，无采入传记也。"钱先生晚境如此，自比湖上朝天之龟，动弹不得，深憾"人海无风亦起波"，痛恨为"众蝇所啄也"。

钱先生晚年衰病，深知"老景增年是减年"，极不愿将性命作人情，更加珍惜与妻女相处的日子。他们仨真是人间的奇遇，相聚在一起是他们最快乐的时候，经过时代的艰辛，再也不愿意生离，但终不免死别。最伤感的莫过于钱瑗先两老而逝，钱先生不久亦弃世，留下杨绛先生一人，书斋独守十八年，在孤寂的心情中完成钱先生遗著的整理工作。我有幸认识他们伉，蒙钱先生不弃，能亲其人，互通音讯，故于其身后，亟思撰写一书作为对一位前辈学者与忘年交的追思与纪念，以志文字因缘。

此书所谓"心史"，不是一般的心理传记，更无意迎合心理学理论，而是利用言之成理、行之有素的若干心理学概念与学说，冀有助于深入了解传主的思想与行为，获致"如烛照幽"之效。心理学也不是一般的自然科学，而是在 20 世纪新创的独立学门，成为宗教、自然科学、人文社会科学之外的另外一大领域，其原创者弗洛伊德亦得以与耶稣、马克思、爱因斯坦三位犹裔巨子并称。钱先生自少年时即习知弗洛伊德之重要，并借其说为阐释之资，我亦追随而已。

我虽蒙钱先生首肯写他，但自知学力有所不逮，难以尽窥槐聚堂奥的宫室之美，唯恐有负钱先生的期望。《槐聚心史》于 2014 年由台湾大学出版中心初版，曾经三刷，并慨允尽快在大陆出简体版，适北京中华书局正欲重印拙著多种，并愿意将此书纳入，重新校阅，多有修订，谨此表示衷心感谢。

汪荣祖

2017 年 7 月 19 日

# 弁　言

　　钱锺书字默存，号槐聚，于前清宣统二年庚戌十月二十日
（西元 1910 年 11 月 21 日）生于江苏无锡，1998 年 12 月 19 日卒
于北京，享寿八十八岁。钱氏出身江南书香之家，从小受到中国
传统经典的熏陶，少年时又有机会入教会学校，打下良好的外文
基础。年未及冠，考进第一流的清华大学外文系就读，在校期
间，从众名师游，更有博览群书的机会，使他在校期间不仅所写
诗文峥嵘，而且已能发表具有批判与识别眼光的考据文字①。毕
业之后，考取庚款留学英国牛津大学，就读于埃克塞特学院
（Exeter College），完成学业后又留法进修一年。如此充实的学历，
益之以深厚的禀赋以及后天的勤奋，使他成为罕见的奇才，在国
际上被称为"很可能是 20 世纪中国最博学之人"（arguably the most
learned man of letters in twentieth-century China）。其实，就兼通中
西学问而言，他很可能是 20 世纪最博学之人。在他的时代，单

---

① 可见之于他当年在《清华周刊》上发表的书评与考据文章。

就国学来说，尚有不少非常博学之人，但绝无能像钱锺书那样兼通西学之深；单就西学来说，西方博学之士固然屈指难数，但难能兼通中学。钱锺书作为兼通中西学问的大家，谓之空前绝后并不为过。空前，因中国前乏西学，更少通解西学之人；绝后，来者固然必有聪敏绝顶之人，然时代剧变，家学已成绝响，教会学校不再，钱氏所具备的后天条件已经不复存在。在现代的社会背景与教育制度之下，可以预知像钱锺书这般学人，已随风而逝，不太可能再现了①。

研究钱锺书这位杰出的学人，自有其重要意义；事实上，书写者早已成群，若再平铺直叙其生平，整齐排比其所说，复述其文而释之，或以讹传讹，或想当然耳，皆无必要，也难餍读者的期盼。如何深窥其内心世界，发见其人格特质；登其学术堂奥，欣赏其博学多能，固然不易，却值得尝试。适多年前，承邀参加台湾大学人文社会高等研究院"华人的人观与我观：跨学科及跨文化研究"优势重点拔尖计划。我原拟研究中国近代思想中文化多元论者的人观与我观，每年预计完成论文一篇，于过去三年间，曾先后研究章太炎、陈寅恪、钱锺书三人，并完成每人约二三万字的论文。但一旦进入钱锺书的世界，欲罢不能，愈写愈长，很快将一篇论文的篇幅扩大到成为一本专书，也了平生一大心愿。

我写这本书在我读书生涯中，既感挑战，又觉新鲜。所谓挑

---

① 即如钱锺书的同辈好友著名社会学家费孝通也自认，虽亦出书香门第，所受乃西式教育，家学已失，钱乃彼辈之"特例"，详阅李慎之：《千秋万岁名 寂寞身后事——送别钱锺书先生》，李明生、王培元编：《文化昆仑——钱锺书其人其文》（北京：人民文学出版社，1999），页4。

战，就是如何跨越学科。我于求学期间虽亦曾涉猎有关心理学的知识，尤其是心解史学，但因囿于史学范畴，浅尝即止，未窥堂奥。然因参与杨国枢、黄光国等心理学家们的研究计划，获得自修与学习的机会，涉猎了更多有关"自我""认同""心解""人格心理学"诸方面的书籍与论文，眼界为之大开，获致更多启发。不过我自知西方学理未必是真理，更不能套用，必须谨而慎之，诚如钱锺书所说，学理之效，如烛照幽，求其增添见识而已。

我平生读史每恨仅能从不完备的文献中揣摩情势，遥想古人古事。今钱锺书已成古人，回首前尘，庆幸曾与钱先生音容相接，故不仅能读其书、知其人，亦曾亲闻其咳唾，聆听其言、得观其行。十余年之间，虽天涯相隔，仅有四次趋府侍谈的机会，然书信往还不辍，仍保存钱先生许多长函短简，笔墨亲切，温语奖饰，屡言吾侪交谊，心殊感之。钱先生在《谈艺录》新版引言中提到我，说是"远贻新刻，济吾所乏"。我于通讯时，偶尔寄书与文给他，但他从不开想看的书单，我只有想当然耳。有一次，他来信说："上周加拿大学人来赠 Irving Howe, *World of Our Fathers*，述犹太人移殖美国事，颇饶趣味。先生博览，想早寓目。其导言中引 Peter Gay, *Freud, Jews, and Other Germans*，不意今晨忽奉远赐此书，故人深情厚意，大似 telepathy, E. S. P.，所谓心心相印者，非耶?"①真是巧极，后来我又寄他彼得·盖伊（Peter Gay, 1923—2015）著作多种，他尤喜读我最欣赏的盖著《史学风格》(*Style in History*)一书，并加援引。

---

① 见《钱锺书复汪荣祖书》(1982 年 8 月 7 日)。

我最早读到的中书君诗是，"白行简《三梦记》云：有两相通梦者，因广其意：My dream thou brok'st not, but continued'st it. Donne. The Dream. 梦乡分境隔山川，蝴蝶庄周各一天。安得五丁疏凿手，为余通梦两钩连"①，为之倾倒，印象深刻。我与钱先生有通信往来后，曾于 1980 年 5 月 17 日驰函求教："五丁之典似出《水经注》，秦惠王欲伐蜀而不知道，作五石牛以金置尾下，言能粪金，蜀王信以为真，令五丁拉回石牛，为秦军开了道。然则五丁应指力士，未审然否？"钱先生于 5 月 29 日复书说："五丁之典，诚如来谕，鄙意欲言物易钩通，而心难贯穿耳"，并以八行书写赠此诗，改"梦乡"为"睡乡"，改"蝴蝶庄周"为"蝶适槐安"，改"安得"为"那得"，《槐聚诗存》出版时又将"蝶适槐安"为"枕坼槐安"，将"疏凿手"改为"开路手"，改"通梦两钩连"为"凿梦两通连"②，一再推敲，臻于完美。

犹忆在中学时偶读神州国光版的《围城》与开明版的《谈艺录》，即心仪其人，但未曾梦想到有朝一日能够拜见其人，成忘年交。华盛顿与北京于 1979 年建交后，互派学者，钱锺书到访美国，轰动学界；他的新篇旧文，遂又成为畅销书。我先冒昧驰书致意，始结文字之缘。当时我亟思到中国大陆访问，寻于 1981 年得到美国科学院美中学术交流会的资助，于同一年的夏天搭泛美航机，自华府经东京、上海，于夜间抵达北京，宿于宣武门的向阳宾馆，为我童年离开大陆后，首次归来，重睹神州河山、旧京宫阙，甚是兴奋。

---

① 见《国风》，第 8 卷第 8 期(1936 年)，页 373，署名中书君。
② 参见钱锺书：《睡梦》，《槐聚诗存》(北京：三联书店，2002 年)，页 14。

翌日为7月6日，一早即雇车前往三里河钱寓，登楼叩门，钱先生虽知我来，不意就此登门拜访，略感惊讶，随即笑迎，因按当时的规定，见面之前须经接待单位联系，经安排后才能会见。我不知有此规定，成了不速之客，幸未带来任何麻烦。初次见面时，钱先生已年越古稀，然望之如中年人，夫人杨绛女士亦在座。我坐在宽敞的客厅里，但见陈设简朴，墙壁上挂有一幅吴大澂写的篆体对联。至午时留用午膳，当时宾馆用餐极为不便，过时不候，我只好厚颜留下与两老一起用餐。钱、杨两先生并以新鲜的广州荔枝飨客，甜美难忘。

谈次我呈阅《史家陈寅恪传》1976年香港波文书局初版本，请其评阅，因谈及陈氏及其学。钱先生说：陈先生学问之博实，无可置疑，然思想上是否通卓，方法上与记诵上是否有缺失，文笔是否洁雅，自有公论，不容曲笔。陈先生通外国语至多，而与外国文史哲巨著，似未能通解，如在《柳如是别传》中说，牧斋以柳为"柏拉图理想"，即因未尽解柏氏之书故。《别传》颇有可商榷处，戏称传主乃"柳岂如是"，而非柳如是也。我问钱先生在清华读书时曾否与陈氏有过从，答称在校时未上其课，同事时亦未请益；在清华接触较多的师长为吴宓先生。又问是否认识萧公权先生，谓在清华读书时已知其名，然未曾谋面。钱先生言及两年前有海外访客来，一意欲套问大陆知识分子受难情状。他笑而不语，非有所顾忌，其心情可以"衣带渐宽终不悔"尽之。后来读到杨绛在《从丙午到"流亡"》一书中写道"我问（默存）你悔不悔当初留下不走？他说时光倒流，我还是照老样"①，为"衣带渐宽终不悔"做了更明确的脚注。

　　同年 9 月，我自台北携妻儿经香港乘海轮抵沪，10 月溯江到武汉晤唐长孺教授后，乘火车入京，于 10 月 19 日即往三里河钱府拜望。钱、杨二老见到两孩甚是高兴，钱先生以美式英语与孩子逗乐。当时《管锥编》已闻名海内外，乃其平生压卷之作，钱先生提到意大利某学者虽不懂中文，然见此书广引意文著作，特在报刊介绍。并承钱先生相告，《管锥编》尚有未竟之篇。钱先生询及近来作何研究，我答称此行主要研究章太炎，因谓章氏原配系丫头，可见诸章行严之《柳文指要》。又谓此书因毛主席之捧而红，实则文理尚有不通之处。进而言及许多人为其崇拜者所毁，自孔子至鲁迅皆然。聆此思及钱先生不喜人捧、怕出名，非故作谦怀，实有深意在焉。又谈到陈寅恪，谓 1949 年后忽蒙其惠书称赞《谈艺录》，乃陈夫人笔迹，心甚感之，此函毁于"文革"。予问陈氏父子皆能诗而陈寅恪以诗证史，介于文史之间，未悉尊意云何？答称陈先生诗做得好，学钱牧斋，亦受李义山之影响。渠老太爷陈三立大有诗名，然除特有的高亢之气外，可取之处尤多②。陈先生混文十史，实有违文学意趣处，其读《会真记》以自传考论之，尤违文学基本理论所谓 fictionality。复旦中文系蒋秉南

---

① 杨绛：《从丙午到"流亡"》(北京：中国青年出版社，2000)，页 127。

② 陈石遗亦说："陈散原诗，予所不喜。凡诗必须使人读得、懂得，方能传得。散原之作，数十年后恐鲜可问者。早作尚有沉忧孤愤一段意思，而千篇一律，亦自可厌。"见钱锺书：《石语》(北京：三联书店，2002)，页 479—480。

教授曾寄《陈寅恪先生编年事辑》稿本给钱先生校正，此书已刊行，虽不完备，但颇有参考价值。钱先生惋惜陈先生晚年双目失明，竟穷如此精力为柳如是立传，刻意求全，觉得不值。之后我转往上海，仍驰书问候。翌年2月返美前辞别，来书云"得书知返美期逼，未能把别，益增惆怅"，并自谓："七十老叟诵少陵诗'明日隔山岳，世事两茫茫'之语，此别益觉凄警矣！"令我感愧不已。至今回想，当时吾尚在壮年，而今亦七十老叟矣！

越五年，我趁参加1986年在杭州举行的纪念章太炎学术会议的机会，于会后先赴西安访黄永年教授，雁塔夜话，极为尽兴；7月6日乘火车到北京，又得面见钱先生。此次按规定求见，承北师大王宁教授等人接待并约定至钱府会见。予宿于钢院之外招二楼，午后四时在室中打电话至钱府，钱先生接话即热情地说"某某兄啊！我很高兴又将见到你"，并约定8日十时相见，共进午餐，予唯有称谢而已。是日北师大派车来接，九时三刻抵达钱府，我独自登楼，钱先生启门，杨绛与钱瑗亦在座。此次钱先生谈兴甚浓，晤谈良久。我携新购得之《〈管锥编〉研究论文集》一册相示，钱先生见之微笑，即至客厅书桌奋笔疾书数行于书端。钱先生说，时人常问渠夫妇治学方法，而所谓方法即科学方法，仍不脱欲求秘笈或秘方的心理。我谓此来各校学生亦多以此相询，窃以为文史之学与科学本质有异，彼法未必可用。钱先生甚以为然，谓自然科学与人文学科之 Logic 不同，盲目效法则如 "garbage in, garbage out" 所谓 artificial intelligence 虽多智能，但无 emotion（情感）耳。偶及钱先生经历，当年确有谣传钱氏将出任毛泽东英文秘书，如同南书房行走，以至于储、冯诸君设宴款待，皆风派人物也。钱先生说，若欲做官，早就做矣，社科院副院长职百辞不获，三年后尚须续任，然"绝不管事，任我撒野，每年最多开一次会而已"。

我因曾研究《观察》言论而问及储安平，钱先生谓"鄙夫妇与储熟识，此人极热衷政治，'文革'时某日出门未归，死非其辜，实堪怜悯"。我说据闻储氏"tall and handsome"，钱先生笑称"tall and handsome"乃宏观之印象，若微观之，则"thickish lips, loose mouth and a very weak chin, which would be of some interest to physiognomists"。盖熟知者始能知其短（No one is a hero to his valet de chambre），但拉丁语曰"只说死者之善"（de mortuis nil nisi bonum），即吾华所谓死者为大也。足见钱先生之风趣幽默，且观察入微，而又通情达理。

我又问张东荪，钱先生说此公头脑极清楚，然政治兴趣亦浓，于朝鲜战争前曾参与机密，后因泄露中国将参战之秘给一资本家而遭斥逐，大鸣大放后与储安平同为右派，他们两人还想拔大萝卜、小萝卜呢！又谈到陈寅恪，钱先生说，陈氏如一"eternal refugee"（永远的避难者），对共产党固然疑惧，对国民党则"despise, feel disgusted"；渠自身亦有矛盾，如治学崇汉学，却尊宋学。韩昌黎倡占义而定道统，集封建义化于一身，在大陆人人得而唾溺之，陈先生写《论韩愈》似有纠偏微意，惜推韩过甚，反授人以柄，即培根（Francis Bacon, 1561—1626）所谓"Too much magnifying of man or matter doth irritate contradiction（of praise）"（过度赞美人或事必然招致反弹）。我曾复述陈氏所谓韩愈与唐代小说的传播有密切关系，他认为"此论有谬"，指出六经与小说皆散而不骈，唐人传奇在古文运动前已有，使陈先生之言而信，则韩氏并元稹《会真记》、陈鸿《长恨歌传》皆古文运动之产物矣。后来得见《容安馆札记》始知钱先生早有此见："俗学每谓唐人传奇大盛，韩、柳古文与有力焉，余素非之。逋翁国朝数语已可见传奇行文自有相承旧体，不待韩、柳矣。"[1]钱先生也不同意韩愈文以载道之说，谓"昌黎以文、道分别为二事，斥庄之道而称庄之文"，又说"宋人以昌黎入道统，尊之而实诬之也。近人论韩，更如梦呓矣"[2]。钱先生说，陈先生晚年无人可谈，故颂柳如是之才学，若有所弥补，斯乃其痛苦症结之所在。蒋天枢亦知之甚稔，因其忠于乃师，不愿道也。蒋编《事辑》曾经钱先生修订，陈氏诗集中许多错、缺字亦由钱先生补订。有关陈寅恪论战文，钱先生皆曾寓目。钱先生尊陈先生其人、爱其诗，而于其学术思想与研究方法则有如冰炭。

我问钱先生既早已发表《林纾的翻译》一文，何以未写严复的翻译？答称曾有计划写而未果，今老矣！谨授君写如何？因谓曾见曾纪泽日记说，严早年国文文理不通，然《小方壶斋舆地丛钞》本删除此条。纪泽并责郭嵩焘过誉严复，使其骄纵，唯严复后来学八股文有成。钱先生说，又陵英文并不甚佳，意译盖有藏拙之嫌，可以一笔带过，不加深究。至于译者加入己意，乃世界各地之通例，不足为异，绝非严复所创。章太炎曾于私函中评严林

---

[1] 钱锺书：《钱锺书手稿集·容安馆札记》（北京：商务印书馆，2003），第 3 册，页 2003。

[2] 钱锺书：《钱锺书手稿集·容安馆札记》，第 3 册，页 1769、1770。近见钱先生读冯其昶校注《韩昌黎文集》有云"后世只推尊昌黎之文，不及其道，所谓摧陷廓清者，亦指文言"，见钱锺书：《钱锺书手稿集·中文笔记》（北京：商务印书馆，2011），第 10 册，页 89。

文，谓严文似制举之文，渠评点老庄文，家藏毕见云。

我曾寄赠 Jonathan Spence（史景迁）撰 *Emperor of China: Self-Portrait of K'ang-Hsi*（《康熙：重构一位中国皇帝的内心世界》），钱先生说，研究明清以来史事如不看当时人诗文集，不免失之千里，如康熙语李光地洋人作怪云云，史景迁即不知，盖不读文集故也。又说中国学者不通洋文，亦不能治近代史。我问到钱先生诗集，并出示《国风》所载中书君诗，答称正在修改旧稿，以后会出版。

问钱先生战后是否果有台湾之行，答称 1948 年春曾随故宫代表团到台北两个月，后来杭立武欲接钱氏一家入台，以包车运送行李，台湾大学也有聘书来①。决定不走只是不愿离开文化之根，不愿再流亡而已。钱先生有句曰："弈棋转烛事多端，饮水差知等暖寒。如膜妄心应褪净，夜来无梦过邯郸。"②最后一句，尤见心境。钱先生说，"文革"之前，1959—1960 年已曾下乡，钱瑗曾至京郊穷苦农村及山西农村八个月，谓之"思苦饭"。钱先生认为今日之开放是真的，并用"open society"一词，然都市经济改革问题甚多，投资未如预期，有投机倒把诸事。钱先生因问贵校是否有高干子弟就读？我说来自中国大陆的学生日多，但看不出是否高干子弟。

问钱先生生平，答曰钮先铭与邹文海所记多有不实之处，吴

---

① 后来台湾学者林耀椿对此行有专文叙述：《钱锺书在台湾演讲》，收入沉冰主编：《不一样的记忆——与钱锺书在一起》（北京：当代世界出版社，1999），页 226—234。
② 钱锺书：《赴鄂道中》，《槐聚诗存》，页 119。

组缃所谈尤虚妄①。钱先生忆及初进清华时，有一天罗家伦校长
忽传话要见，初甚紧张，不知出了何事？文凭伪造乎？原来是罗
校长告知因国、英文俱佳而破格录取事，始感释然。钱先生说
《诗可以怨》一文已由香港《译丛》(Renditions)杂志英译，法译亦
在进行中，并将出法文论文集，且示我法文校样，谅系译者请其
过目也。英文本钱传作者胡志德(Theodore Huters)及其妻余宝琳
(Pauling Yu)亦欲译钱文，唯渠夫妇乃"bad correspondent"(疏于
通问)，因托我带去《七缀集》与杨绛撰《记钱锺书与〈围城〉》各一
册给他们。偶及香港宋淇，谓乃宋春如之子，宋家在上海与香港
皆拥有大洋房，上海豪宅 1949 年后由傅雷住。又谈到美国
Stanford 大学刘若愚教授因喉癌于数月前逝世，钱先生说刘氏去
年曾过访，很活跃的样子。杨绛颇关心张爱玲近况，我说相传她
有病，深居简出，夏氏兄弟颇捧她，杨先生说夏志清乃张之
"admirer"(仰慕者)，钱先生笑说，凡女士志清都 admire。我出示
黎东方评 Sterling Seagrave 著 The Soong Dynasty(《宋家王朝》)谓黎
文似有宋美龄笔意，不知是否授意借名或代笔？钱、杨都已看过
中译本，钱先生说季康看得津津有味。

　　我呈阅《史传通说》未竟稿，钱先生略翻阅后说"比《康章合
论》有趣，一定要细看"，并提醒先引经典古籍而后附以近世学人

① 李洪岩：《吴组缃畅谈钱锺书》，牟晓朋、范旭仑编：《记钱锺书先生》(大连：大连
　出版社，1995)，页122—125。此文原刊于 1992 年元月份的北京出版《人物》杂志，
　文中所谈如钱问吴"马克思第三个外孙女嫁给谁了"、开四十几本英文淫书单、钱纠
　赵万里之误使赵折服由钱代上课等，显然都是无稽之谈，令钱先生气恼。然而无稽
　之谈已入史传，见李洪岩：《智者的心路历程——钱锺书的生平与学术》(石家庄：
　河北教育出版社，1995)，页 79、78。

之说,庶几穷源探本,而非数典忘祖,因谓新版《谈艺录》序文中提到汪荣祖,许多人问此何许人耶? 钱先生说是我喜欢的一个年轻学者,闻之汗颜,得此鼓励,乃决意完成《史传通说》一稿,且蒙钱先生惠序、题签书名,谓"聊志吾两人文字因缘"云①,令我感奋不已。

移晷,钱先生说康有为受廖平所著书启发,尚有流传未广、鲜为人引证之李审言丈《药裹慵谈》卷六所记,沈曾植曾亲告审言,谓曾以廖书与南海持回视之,南海以此心醉《公羊》,非由龚定盦上溯刘申受也。最后又说:"这顶乌纱帽一再摔都摔不掉,现在都换年轻人了,我这个七五老头子在那里干什么? 三年一任到期,仍要我再干一任,坚辞不允,我只好更加放肆,什么事也不做。"此次钱先生谈锋甚健,为时最久,临别时赠我美国哲学家内格尔(Thomas Nagel,1937—　)新著 *The View from Nowhere*,谓值得一读。杨先生亦赠其新著多种。临别钱先生说,古人云"一会见面一会老",愚夫妇暮景桑榆更深,一会见面一会少(多少之少,非老少之少)之叹,惜别倍感依依,令我动容。钱瑗雇车赴北师大,顺道送我至钢院下车,一路畅谈,得知她曾学俄语,现积极从事英语教学工作,谈话神情,令人振奋。

又过了两年,在1988年的5月20日周五自美东飞西雅图,22日飞香港,24日转往广州,应邀出席在中山大学召开的陈寅恪学术研讨会,会后游桂林,6月2日清晨飞抵北京,宿于玉渊潭之望海楼,步行可至钱府,遂于6月2日下午3时往访。钱先生垂询广州陈会经过后,谓陈先生不喜共产党,瞧不起国民党,

————————
① 语见《钱锺书复汪荣祖书》(1986年9月5日)。

既有遗少味，又不喜清政府，乃其矛盾痛苦之所在，并重申前说。我问冯依北究系何人？答称据知冯原姓刘，诗中如彻骨云云，宋诗多见。我曾寄先师萧公权诗词，故问意见，钱先生答称萧先生自是名家，今能此者已不多，惟不免举轻若重耳。叶公超亦喜作旧诗，差萧先生远矣！因谓许多名人之透明度日见昭然，如毛、如鲁迅皆然。历史确须不断重写，即因透明度之日见昭然也。我曾寄胡颂平记《胡适之先生晚年谈话录》，其中说未曾见过钱锺书，钱先生曾回函说博士健忘。语次又提到此事，钱先生说不仅见过，而且见过三次。第一次在上海合众图书馆。第二次在陈衡哲家吃饭，陈以蟹壳黄小烧饼待客，胡嫌寒酸，故印象深刻。第三次谈时事，大意具见胡日后发表之 "Stalin's Grand Strategy in China" 反共文字之中。钱先生曾提到胡适品格高，因当时世人皆以为胡不二色，尚不知胡身后出现不少艳闻也。钱先生谓近年收到不少台湾出版之书，少见精彩之作。钱宾四虽系史家，然其回忆录极不可靠，穆记事时间亦多误，若谓在常熟见到子泉、锺书父子，大谬不然，钱先生说生平不曾到过常熟，感叹如此历史与 "fiction"（小说）何异？今日回首往事，侍谈极欢，甚感与钱先生相识恨太迟，相见恨不数。当年笔录实记，今日重睹，音容宛在，弥足珍贵，故简述于此，如存佚闻。

　　1989 年 6 月 4 日北京发生动乱，公诸国际媒体，震动一时，我曾去信问安，7 月 13 日杨绛先生回函说："北京动乱，谣言满天飞，官话当然不如谣言动听，但我等身居此间，深知官话非全饰说。我等皆安好，请勿念。"钱先生附笔说："奉书弥感关注，愚夫妇托庇平善，此生尚有晤面期也。17 世纪英国诗人

Earl of Roscommon 有言：It was best to sit near the chimney when the chamber smokes. 言殊中肯，吾兄寻味之，一笑。"后来收入《槐聚诗存》的《阅世》七律，即记此感。

钱先生于 1989 年之冬剧发喉炎，牵动哮喘宿疾，来信说："幸医药及时，未致狼狈，然奄殢二月余，亦甚委顿。"①1990 年后，右拇指痉挛，"举毛笔如扛鼎，用铅笔写亦不能成字，甚矣吾衰！"②此后钱先生病躯日衰，常住医署，未便造访，但从通讯中，可知他病得很辛苦。他于 1994 年 2 月 23 日来函云："去春住医院三月，卧手术台上六小时，割去左肾（乃 Big C），内人陪住医院，辛劳万状，渠身本患血压、心脏，以此加剧。出院后又逢寓所修缮，椓椓丁丁，昼夜喧扰，如是者又四月余。现在愚夫妇皆惶惶以就医服药为常课，谢绝一切外务。"此 1993 年 3 月 5 日动的大手术风险很大，幸而顺利完成③。到 1994 年 7 月钱先生因肺炎住院，却又发现膀胱中有癌细胞，经由激光切除很成功，但导致仅存的一肾，功能衰竭，利用人工肾应急，一个多月后始解除危机，改用"透析"（haemodialysis）法，使肾功能有所恢复，在扶持下可走几步路。到 10 月底又因感冒而引发高烧，常在 39.4 度，人因而变得极为虚弱，怕吃药呛着，改用鼻饲。因用药无效，只好用降温垫以物理降温；体温上升，就开降温垫，"现在

---

① 语见《钱锺书复汪荣祖书》（1990 年 3 月 23 日）。
② 语见《钱锺书复汪荣祖书》（1991 年 1 月 3 日）。
③ 吴学昭记此次手术经过甚详，阅吴学昭：《听杨绛谈往事》（北京：三联书店，2008），页 363—364。吴说住院两个月，二年后钱瑗在信中说住院半年多，应以钱先生说的三个月较正确，因离住院的时间较近。

已一百多天，但烧仍不退”①。到 1995 年 4 月情况未变，主要是
高烧使精神不济，钱瑗来信说，“如果能连续两三天不睡降温垫，
则精神就好一些，也有兴趣听我们讲讲各种事情。最近几天又在
发烧，精神就差一些”②。又过了一个月，体温稍降，“情况还算
稳定”，不过“仍十分虚弱”③。到了这一年的 8 月，钱瑗告知：
“我父亲的情况尚称稳定，只是每天仍需用冰毯物理降温。”④又一
个月后，钱锺书病情反复，使家人“体会到什么是多灾多难”，钱
瑗在信中说：“前不久，情况有所好转，有一个多星期没睡‘冰
毯’，听力也恢复了，说话也比以前‘活泼’点，对时事、家事也
有兴趣点了。但也开始有点‘不乖’，如拒绝理发，两次把鼻饲管
拔出来（也许是在睡梦中拔的，拔了一半，感到很不舒服，就干
脆全拔了出来，放在枕边）。再把管子插进去时，有一次插得不
合适，食物呛进了肺，引发高烧，不得不一天睡三次冰毯，今天
总算好些了，不过人又很虚弱了。”⑤但没有多久钱瑗也病倒了，
于 1996 年 1 月 18 日入住西山脚下的北京胸科医院，我与内人曾
寄卡（get-well card）祝她早日康复，并送她《理智与情感》（*Sense
and Sensibility*）英文版录像带让她在病中观赏解闷，她很高兴，对
她的病仍表乐观，在信中说：“我住院快两个月了，自我感觉不
错，下星期又要去检查（做 CT 等），看治疗是否有效。”⑥哪知

①《钱瑗复汪荣祖陆善仪书》（1995 年 3 月 1 日）。
②《钱瑗复汪荣祖陆善仪书》（1995 年 4 月 10 日）。
③《钱瑗复汪荣祖陆善仪书》（1995 年 5 月 11 日）。
④《钱瑗复汪荣祖陆善仪书》（1995 年 8 月 3 日）。
⑤《钱瑗复汪荣祖陆善仪书》（1995 年 9 月 4 日）。
⑥《钱瑗复汪荣祖陆善仪书》（1996 年 3 月 12 日）。

检查的结果是肺癌晚期①，自此再也没有接到她的来信。他们母女、父女情深，钱瑗得了重病瞒着母亲杨绛，杨绛知道后更不敢告诉卧床累年的钱先生，最后还是瞒不住，也免不了刻骨铭心的悲痛。钱瑗于 1997 年 3 月 4 日病殁，钱锺书于翌年 12 月 19 日逝世，只剩下杨绛孤零零一人年过期颐。

钱先生谢世后，杨先生曾于 1999 年元月初惠函，我于元月 23 日回信说："元月五日手示，昨始递到。晚于上月二十日即得恶耗，又看到李慎之先生在《新民晚报》上的文章，以及新华社的报导。默丈走得如此洒脱，真似化鹤归去，其境界远远超越尘世。我想若追随众贤之后写悼念文章，不如写一本书作为永久的纪念。晚重读了钱先生给我的七十几封信，并一字一句誊写了一遍，内容实在丰富，无论古文或白话，皆是绝妙文章，晚将影印一份以备尊览。"我在信中还提道："上月在南加州与何炳棣先生聚谈了几次（记得默丈在信中提到何先生与你有姻亲），何先生看到我写的《史传通说》，笑称'俨然钱体，难怪他会视你如忘年交'。我听后惭愧之余，又感荣幸。"

我寄给钱先生求教的撰述中，他的确最喜欢《史传通说》一书，于 1988 年 12 月 16 日来函曰："奉书及惠赐新著，喜甚。弟序之题之，兄犹以为未足，并以拙稿传真，荣宠至矣！何以克当？新著快读一过，学识明通，词笔雅适，新旧学者，辈侪中无足偶比。齿及不才，再三再四，独不虑偏爱之讥乎？是则美中不足耳！"我更感激的是，钱先生于赞赏之余，也指出书中的不足之

---

① 详阅吴学昭：《听杨绛谈往事》，页 376—377。

处："大著已卒业，通识博闻，益我神智，开我心胸，必为名世之作。体例极具条贯统纪，吾国《史通》而后，无此综赅之著，而文笔亦明畅可诵。百尺竿头，求更进一步者，则援征近世学人著作较夥，求之古籍者较少。即就第一篇引拙著，'非记言乃代言'一节论之，弟原引 Livy，Hegel 既早在当世学人持此说之前，而 Hegel 之言，实即本于 Thucydides 自道（详见《谈艺录》补订本页363—365）。兄先引 Thucydides 自言，而附近世学人之说于后，庶几穷源探本，而非数典忘祖矣。John Selden 尝云：'To quote a modern Dutchman where I may use a classic author is as if I were to justify my reputation, and I neglect all persons of note and quality that know me, and bring the testimonial of the scullion in the kitchen.'（John Selden, *Table Talk*, ed. S. W. Singes, revised W. S. W. Anson, p. 101）弟老而顽固，甚赏此语，读吾国及欧美近日学人著述，每有 'To cite as an authority a modern academic where he may use a classic author' 之叹，故于兄有厚望焉，不惜遭高明之嗤鄙也。"①偶见有人批评钱先生"厚古薄今"，不重视近人著作，其实是误会，他要强调的是"穷源探本"，重视原创。古典成为经典自有其高度的原创性，后人引用阐发，不能掠美。借用钱先生的话说，原创者是"说自己的话"，引用者是"说人家的话"，不能"用自己的嘴，说了人家的话，硬说嘴是自己的，所以话算不得人家

---

① 钱先生此函写于 1986 年 8 月 23 日，所阅乃我初稿，一语道破，令我受益匪浅，卒因于西洋古典名著学力尚浅，难符钱先生的期盼为憾耳。

的"①。作学术研究势必要认清谁说的是自家的话，哪张嘴说的是别人的话。

记得与钱先生面见时，曾提及想写钱杨文学姻缘与槐聚学记；先生初谦让，直谓不鼓励任何人研究他，后来连声说好，戏称"你要写，我放心"，令我感奋。然我却迟迟未敢下笔，岁月蹉跎，以至于今，偶有疑难，恨不能起先生于地下问之也。幸杨绛先生行年虽已越百岁高龄，体犹清健，十余年来仍容我有多次趋府请益的机会。

我于2003年10月赴天津参加"梁启超与近代中国社会文化国际学术研讨会"，16日转往北京。翌日与吴学昭女士通电话后，九时半坐出租车赴北京西城三里河钱寓访杨绛先生。进门见客厅如旧，墙上改挂陈石遗的对联与条幅各一。杨先生说我的《史学九章》槐聚五论，长达百余页，很能阐释锺书的想法，惜锺书不能见之。她气色出乎我意料地好，健步又健谈，只是有点耳背。她说钱锺书留下不少尾巴由她来收拾，有许多烦心的事。正说话时，电话铃响，乃无锡钱锺书纪念馆事，都是为了招引游客作为景点。她说政府要做，她无法反对，但要什么文物，一概不给。她只在故居住不到十天，原来的家具早已没了，那些家具都是别处弄来的，还要标明哪张床是杨绛睡过的。她又说锺书在医院时，有人不断打电话来骚扰，甚至说钱锺书死了吗？显然恨之入骨。她送我《围城》中英文对照本，并签名代奉，又示我已出手稿

---

① 语见钱锺书：《近代散文钞》书评，《新月》，第4卷第7期（1933年6月1日），页2；《钱锺书散文》（杭州：浙江文艺出版社，1997），页105。

影印本三巨册，密密麻麻，十分壮观，谓共有四十五册之多。关于《宋诗纪事补正》，有杨绛序，原稿钱先生做过批注，由栾贵明誊钞，钱先生又批改过一次，之后由栾续做，但栾说他与钱之订补难以分辨，不肯注明，以至于有人指出有些错误以钱先生的程度不应该有，等于让钱先生背了黑锅。杨先生特别提到，锺书晚年很欣赏陈寅恪的诗，曾说早知陈先生如此会作诗，在清华读书时，一定会选陈先生的课，成为恩师，但也不必讳言，他们在释诗上有不同的看法。夏志清写文章谈《我们仨》说钱瑗嫁给工人，在共产党统治下一事无成，皆非事实。钱瑗先后二次结婚，夫婿都是书香门第；而她的英语教学事业在北师大有目共睹。杨先生说，夏捧钱锺书却又捧张爱玲，张在沦陷区上海曾参与东亚共荣活动。夏志清称杨绛为"大姐"，因他曾 court 小妹杨必。接着杨先生说，有一位海外作家写钱锺书传颇令她失望，她提供的资料未善加利用，却多有侵权，最不可取的是引用明显不实之事，虽略做辨正，却又何必？午时吴学昭女士来，我们步行至三和居午餐。杨先生很少外出吃饭，"文革"后这是第二次，上一次是与亲家吃饭，吴女士说善仪与我的面子大。三和者，天和、地和、人和也，名菜有清蒸桂鱼、香酥鸡、红烧乌参。钱先生生前有意将所藏《柳如是别传》相赠，但吴女士在席间说，此本已不存在①。

杨先生于钱先生身后，整理编辑遗稿，不遗余力，大批读书笔记之出版，嘉惠学子，阙功至伟。杨先生十余年来勤于练字，文学之外，书法亦已自成家。钱先生生前所谓"最贤的妻，最才

---

① 据汪荣祖 2003 年 10 月 17 日周五日记。

的女",谁曰不然?

本书分内外两篇,内篇写钱先生的生活世界,外篇写其学术世界。万物所寄身之地球为既已存在的世界,有其自然规律与景观;万物中唯有人类能解释此外在之世界,凡人对此外在世界的认识,莫不由人所建构,而由人所建构的世界则可分为微世界与生活世界。生活世界由人在其文化群体中观察其周遭的形形色色以及体会个人的处境,凭其最基本的思考,以所创之语文,将之呈现出来。"微世界"有异于生活世界,是一抽象的形而上学之思考境界。"微世界"亦即是人所建构出来的富有系统的知识,包括宗教、哲学、文学、史学、科学等方面,需要精密的文字与专业的知识和思考才能建构。所以生活世界与微世界是两种不同的世界,人人都有生活世界,唯有专家或学者才拥有微世界①。钱锺书对其所处"生活世界"的认识如何?他对此认识的反应与诠释是什么?他又如何建构其学术微世界?从"行动者的自我"可观察"个人"的生活世界,而"能知者的自我"则有助于了解其人的学术"微世界"。

钱先生是不世出的学人,除了要了解其生平、人格特质与处世心态之外,不能不深探其学,其学横跨文史哲三大领域,先生之学既广且深,我虽欲登堂奥、探细微,终感力不从心,唯能尽所知略陈其人其事,及其学术宫室之美,以与同好共享云尔。书后列出钱译西文名词,皆钱先生细心考究所得,足可备览。此稿既成,已是钱先生辞世的第十六个年头,临风遥想,惆怅无已,欲献此书,墓门何处?先生若有灵,亦能识我心乎?

---

① 参阅黄光国:《社会科学的理路》(台北:心理出版社,2001,2003),页8—10。

# 导　论


　　心理学在 20 世纪的发展为研究个人提供了概念、方法，以及学理，使"心理分析"（psycho-analysis）成为犀利的治学工具。钱锺书早已注意及之，称之为"心解"之学，于其大学时代已熟知心理学创始人弗洛伊德（Sigmund Freud, 1856—1939）及其门徒的学说①。弗洛伊德经多年思考后于 1923 年出版《自我与本我》（*The Ego and the Id*）这本小书，首揭人的心灵结构由"本我"（Id, es）、"自我"（Ego, Ich）与"超我"（Superego, Über Ich）所组成。"本我"是最原始的本性，完全是潜意识的，无法控制的力量；"自我"是自觉而理性的，如果"本我"像是一匹野马，"自我"可譬喻为"驭马师"，导向正途；而"超我"则是良心的呼唤，对"自我"作道德约束。所以"自我"除必须面对现实世界的"骚扰"之外，下有"本我"的挑激，上有"超我"的制约。弗洛伊德认为，"自我"既有反

---

① 钱锺书译弗洛伊德为萧罗乙德，参阅钱锺书《为什么人要穿衣》，初刊于 1932 年 10 月 1 日出版的《大公报》上，收入钱锺书：《人生边上的边上》（北京：三联书店，2002），页 236—238。

叛"超我"的危险，也有臣服于"本我"之虞①。

　　人一出生，呱呱坠地，蒙昧无知，在生理上只有依靠父母的养育，完全依附父母，父母叫他"阿大"，他也自称阿大，在心理层次仅有"本我"，只具备强烈的原始欲望，需要立即满足，如感到饥饿或其他不适，马上会哭闹不休，只有潜意识的自我需求。满足基本的需求之后，就会有"信任感"，用埃里克森(Erik H. Erikson, 1902—1994)的话说，也就能解决了出生下来的"危机"；否则会对不确定、不可知的环境产生疑虑与不安全感，并会影响到后续的生命。当小孩逐渐成长之后，才会从潜意识中出现有意识的"自我"，而后才有了"自我"。婴儿的慢慢成长，将片段的潜意识凝聚为有意识，有如在茫茫大海上逐渐浮现的岛屿②。自我意识浮现的过程，由教化推动，也就是"社会化"的过程。孩儿最先进入的"社会"，就是家庭。心理学家发现，大部分的婴儿要到十八至二十四个月时，才"认得自己"(self-recognition)③，也就是说，大约到

①Sigmund Freud, *The Ego and the Id*(1923), James Strachey ed. & trans. In collaboration with Anna Freud, *Standard Edition of the Complete Psychological Works of Sigmund Freud* (London: Hogarth Press), vol. 19, pp. 3-66.

②此乃荣格之比喻，略谓："The unconscious might be compared to the sea, while consciousness is like an island rising out of its midst." 不过，荣格同时提醒勿将此比喻过度引申，因有意识与无意识之间的关系并不像海与岛那样稳定。参阅 C. G. Jung, *The Development of Personality: Papers on Child Psychology, Education, and Related Subjects*, transl. by R. F. C. Hull, Bollingen Series XX (Princeton: Princeton University Press, 1954, 1991), p. 51。

③参阅 M. Lewis & J. Brooks Gunn, *Social Cognition and the Acquisition of the Sense of Self* (New York: Plenum, 1979)。

两岁时孩童已能分辨人我之别，亦即取得了"自我"的感觉，学龄儿童则能以家庭或教室来界定他们的自我。埃里克森也认为两岁正是"自主感"（sense of autonomy）成长的时期，孩童能有表现其"才能"的机会，如果遭遇到无法表现或表现失败的挫折，则会对幼小的心灵产生"羞愧"与"迷惘"，会种下过度依赖或苛求他人的"祸根"①。

弗洛伊德的学说经过埃里克森的拓展，将"自我"视为"人格理论"的核心，即所谓"自我心理学"（ego psychology）。他认为"自我"是一个正常人的根本，直接与创造动力、艺术表现、逻辑思维、情绪宣泄相关，以及为人生与经历与行为提供意义与和谐，并演成"自我"在整个人生中如何成长之说②，为"心理传记"（psychobiography）建立了理论架构。

历史学家们长久以来一直怀疑"心解"是否真能解古人之心，盖既已往生之人，如何能起死回生，将其置于病榻之上作心理分析？著名史家彼得·盖伊力排众议，认为凡文史学者莫不从事解释工作，所以都属于业余的心解者，自当深思心理分析运用之道，不宜轻易排斥，并进而畅述有关"心解"的诸多议题，传记与历史的关联、方法上的陷阱，以及不必局限于"心解"的观点③，

---

① 是故当代心理学家认为父母应多让孩童自理，从旁协助，使娃娃有成就感，以培养成长后的自信心，参阅 S. A. Kelly, C. A. Brownell, & S. E. Campbell, "Mastery Motivation and Self-evaluative Affect in Toddlers: Longitudinal Relations with Maternal Behavior," *Child Development*, 71 (2000), pp. 1061–1071。

② 可见之于 Erik H. Erikson, *Childhood and Society*, Revised and Enlarged Second Edition (New York: W. W. Norton, 1950, 1963)。

③ Cf. Peter Gay, *Freud for Historians* (New York: Oxford University Press, 1985), pp. 3–5.

皆可解治史者借助"心解"之惑。心解作为史学方法纵然具有高度的争议性，无可怀疑的是，在过去百年来由弗洛伊德创发的心解学，追寻潜在意识对历史人物的影响力，为整个世纪的知识氛围定了一个不可回避的方向，改变了自我及其社会的看法，许多新的词汇与概念，诸如"本我""自我""超我""压抑"，以及"心解"等等，成为日常用语，影响到各种不同的学术领域，史学自无可能置身事外[1]。

研究一个人物，原应掌握此人的个体或本我、自我、超我，以及身份与人格。人一出生就有个体，但个体在成熟之前，只是一个受到大人保护的生物体。以研究儿童史著称的法国学者阿里艾司（Philippe Ariès，1914—1984）就曾指出，在中古之前连孩提的概念都没有，因小孩是大人的附属体而已，至十六七世纪仍视小孩为大人之所钟爱与欢愉的宝贝[2]。18 世纪的西方，仍以小孩为应受保护的脆弱个体。在中华父权社会里，儿辈更具依赖性。小孩先在家庭中"社会化"（socialization），包括牙牙学语，获得名字，初步辨识年纪与性别。然而入学与同学交往，慢慢从孩提到成年，在"青春少年"（adolescents）阶段，个体多少受到入学前以及童年时代"社会化"的影响，诸如父母对孩子的教导、老师对学生的训诲、身体的成熟，再由于环境与文化因素的熏陶，个体所

---

① 参阅 Siân Nicholas, "History and Psychoanalysis," in Peter Lambert and Phillipp Schofield ed., *Making History: An Introduction to the History and Practices of a Discipline* (London & New York: Routledge, 2004), pp. 125-134。

② 阅 Gen H. Elder, Jr., *Adolescent Socialization and Personality Development* (Chicago: Rand McNally & Co., 1968), p. 6。

处之境遇有其意义；由于不同的境遇，意义亦不尽相同，以及认知的发展、品德的培育，在心理的层次上逐渐形成自我意识与自我认同①。

心理分析往往聚焦于个人，而忽略了环境中的文化因素，观察人格的发展必须兼顾内在心理因素与外在文化因素的互动②。个体的人格则是由文化与社会环境所塑造，孩子在成长的过程中，吸取文化，接受训练与教育。大多数人共享同一文化中的核心价值，使文化持续发展，而社会化使其成员无意或有意行其必行③。文化既有其一致性，自然能够形塑人格，人格乃是文化的"内化"（culture internalized in the individual），文化是人格的"主观小宇宙"（subjective microcosm）。

人类学家强调，"自我"乃社会与文化经验的产物④，"自我"应可在特定社会中建构出来。在社会秩序中有身份者，谓之"人身"（person），或"社会行动者"（agent-in-society），或有身份之人，因不是人人都有身份，唯具有身份之人始能影响人生。合乎社会准则与规范的行为，出之于具有判断与选择能力的人；人可

---

① 参阅 Gen H. Elder, Jr., *Adolescent Socialization and Personality Development*, pp. 1–4。另参阅 Grace Gredys Harris, "Concepts of Individual, Self, and Person in Description and Analysis," *American Anthropologist*, 91 (1989), p. 600。

② 参阅 Joseph Nuttin, *Psychoanalysis and Personality: A Dynamic Theory of Normal Personality* (London: Sheed and Ward, 1954), pp. 62–63。

③ 社会化使人"行其必行"（want to act as they have to act），Sargent 与 Smith 语（1949），引自 Anthony F. C. Wallace, *Culture and Personality* (New York: Random House, 1966), p. 29。

④ 参阅 Charles Horton Cooley, *Human Nature and the Social Order* (New York: Scribner's, 1912); George Herbert Mead, *Mind, Self and Society* (Chicago: University of Chicago Press, 1934)。

能做出错误的判断与选择，甚至触犯道德或法律，但势必会受到
社会的制裁①。人在社会中扮演不同的社会角色，呈现不同的身
份；不过，若谓扮演社会角色愈多，愈具行动能力，人格愈伟
大，则是荒诞的。社会中不同类型的人，代表社会结构与价值的
各种模式，只是同一类型中人，活动能力不一而已②。将人视为
社会的行动者，更能凸显社会秩序与文化形态。

　　然而"社会化"也不能过度强调，认为个人完全由社会与文化
所形塑，以至于忽略了个体内心的挣扎与冲突，个人与社会之间的
冲突，以及"本我"与"超我"之间的紧张关系。在这一方面，心理
学家观察内心潜在的冲突要比社会学家所见外在的顺从，更见精致
入微；如果说社会学家认为人是"社会动物"（social animal），心理
学家则认为人是没有完全社会化的动物③。所以史家彼得·盖伊主
张在"社会人"（the social share in the individual mind）与"顽固而独
特的自我"（the stubborn and unique self）之间取得平衡④。人类学
家华勒斯（Anthony F. C. Wallace, 1923—2015）进而指出文化与
人格是两套系统（an intersystem relation and there as itself a
system）。每一个人由于天生或后天的偶然因素，即使在最合群的
社会里也有所不同；不过，这些不同只像是同　座房子内的不同

---

① 参阅 Herbert Morris, "Persons and Punishment," in *On Guilt and Innocence: Essays in
　Legal Philosophy and Moral Psychology* (Berkeley: University of California Press, 1976),
　pp. 31-88。
② Grace Gredys Harris, "Concepts of Individual, Self and Person in Description and Analysis,"
　*American Anthropologist*, 91(1989), p. 605.
③ 参阅 Dennis W. Wrong, "The Oversocialized Conception of Man in Modern Sociology," in
　*Skeptical Sociology* (1976), pp. 36-45。
④ Peter Gay, *Freud and Historians*, p. 180.

设计，仍属于同一蓝图。换言之，人格既有社会文化的普遍成分，也有其独特性。心理学家荣格（Carl G. Jung, 1875—1961）也认为，个性是特殊的，常常是例外的，并无一成不变的理论或规则可循。不过，个人也是人，所以也可以从人类通性中去理解①。华勒斯更从"才性"（genius）、"世界观"（world view）、"思潮"（ethos）、"议题"（themes）、"价值"（values）、"民族性"（national character）、"基本人格结构"（basic personality structure）以及"范式人格结构"（modal personality structure）诸方面作为分析个人的模式②。

　　在此必须回顾一下从 19 世纪到 20 世纪的思想走势，由于进化论的流行、客观知识的当红，以及科学的昌明，导致思想界趋向"普世主义"（universalism）。例如才兼文理的英国剑桥大学学者怀德（Lancelot Law Whyte, 1896—1972）于二战后著书立说，认为人类思想文化将合而为一，下一代的人将成为他所谓的"单一人"（unitary man）。怀德虽非全盘西化论者，但他无疑以先进的欧洲文明为主体，以摆脱传统的心物二元论，容纳百川，无论种姓、阶级、文化，皆统而一之，成为完善的普世一元之思想与文化，"单一人"于焉出矣③。然而，于今视之，怀德于 20 世纪中叶虽预见到环球化之大趋势，但文化多元之发展应

① 参阅 C. G. Jung, *The Undiscovered Self*（Boston & Toronto: Little, Brown and Co., 1958），pp. 3-18。

② Anthony F. C. Wallace, *Culture and Personality*, pp. 25, 88, 93.

③ 参阅 L. L. Whyte, *The Next Development in Man*（New York: A Mentor Book, 1948, 1956），所谓"单一人"可详阅页 197—222。

出乎其意料之外。物质文明或日常生活虽渐趋于同，但精神文明不仅歧异且有冲突，亨廷顿（Samuel Huntington，1927—2008）所谓之"文明冲突"实即精神文明之冲突。所谓"单一人"仍然是遥不可及的"乌托邦"。

个人既然无可避免受到不同社会与文化的影响，由西方文化中提炼出来的心理分析学理，也就未必能正确解释沉浸于非西方文化之个人。所谓华人本土心理学，就是要从中华文化中去建构自我；由于社会与文化之异，华人固然不宜"太过依赖西方的概念与理论"①，但也不能以中西文化之异，将华人与洋人作简单的两极区分，若谓西方是"自恋"的文化，中国文化是"自制"的文化云云②，又未免过于两分地约化。人性无论华人或洋人仍有其相通之处，如何从通性中见特性，从特性中见通性，或如文化心理学者所说的，"一种心智，多种心态"（one mind，many mentalities）③，才不至于以偏概全或顾全略偏。

既然多种心态才能说明特定文化中个人的心态，华人本土心理学者黄光国据哈里丝（Grace Gredys Harris，1926—2011）女士对"个人"（person）、"自我"（self）、个体（individual）的区分以及佛教"欲界"（Kamadhatu）、"色界"（Rupadhatu）、"无色界"

----

① 参阅杨国枢、陆洛编：《中国人的自我：心理学的分析》（台北：台湾大学出版中心，2008），页79。

② 杨国枢、陆洛编：《中国人的自我：心理学的分析》，页96。

③ 参阅 R. A. Shweder, J. Goodnow, G. Hatano, R. LeVine, H. Markus, and P. Miller, "The Cultural Psychology of Development: One Mind, Many Mentalities," in W. Damon ed., *Handbook of Child Psychology：Vol. 1：Theoretical Models of Human Development* (New York: Wiley, 1998), pp. 865–937。

（Arupadhatu）三个修炼境界的启示，为华人我观、人观之研究开出一新模式，称之为"自我的曼陀罗模型"①。"个体"即弗洛伊德所说的"本我"、佛教的"欲界"，与其他生命共有的本能欲望与冲动，属生物学的层次。"个体"经社会化而成为"个人"，由该社会的特定文化界定个人所扮演的角色，及其意义与价值，亦即佛家所谓的色界，属社会学的层次。"自我"乃一个人的主体，在不同的情境做出不同的行动，并能反思其行动，属心理学的层次。自我因而是行动者，且能觉察与反省其行动；自我也是能知者，记忆并储存与整合其所获致的知识。

作为行动者的自我，了然与他人的区别，获致"自我认同"；同时自觉与外在客体之间的关系，身为社会群体的一分子，而产生"社会认同"。个人认同社会，与人沟通，有时需要调适，而调适或有认同社会与个体欲望之间的"紧张"，有如弗洛伊德所说"本我"的挑激与"超我"的制约，故自我必须寻求解决之道。作为能知的自我，认识外在的世界，其智力发展有其过程，逐渐形成"个人资料库"，以备"智慧行动之需"。当个人资料库有所不足时，则有赖于文化群体累积下来的"社会资料库"，其中所储存最重要的莫过于"客观知识"，即个人在其精神世界里所获得与建构的知识内容，包括科学与艺文思想；不过，客观知识一旦形成，即独立存在，成为全人类共享的"存在"，不受个人主观意识的影响②。

---

① 参阅黄光国：《心理学的科学革命方案》（台北：心理出版社，2011），页2—23。
② 参阅黄光国：《心理学的科学革命方案》，页16、21—22。

# 内　篇
## 钱锺书的自我

# 第一章　自我意识

　　研究钱锺书这位杰出学者的自我意识与人观，必先探究"人"（persona）作为"社会代理人"（agent-in-society）在社会秩序中的立场、策划、行动与目标。进而探究引导参与社会互动之人的文化特质，诸如价值观、认识论、思维方式，以及道德规范，以厘清不同文化中的"为人之道"（accounts of personhood），始能发掘文化中"人观"的意义。至于"我观"（self-concept）是一个人对自己的认识与感觉，有异于群体的自我认同，以区别人我之别，而后探索"自我的认同感"（sense of self identity）、自我在社会里的处境与回应。然而哲学家以及心理学家对于自我的性质到底如何，仍有争议①。笛卡尔（René Descartes，1596—1650）的名言"我思故我

---

① 参阅 M. Lewis Newton，"Einstein, Piaget and the Concept of Self: The Role of the Selfin the Process of Knowing," in Laura Liben ed., *Piaget and the Foundations of Knowledge* (Hillsdale, New Jersey: Lawrence Erlbaum Associates, 1983), pp. 141-177 and R. M. Golinkoff, in"Infant Social Cognition: Self, People, and Objects,"in Liben ed., *Piaget and the Foundations of Knowledge*, pp. 179-200。

存在"（cogito，ergo sum），意谓即使一切皆虚妄，自我知识是最可靠的，所以我确切知道自己的存在，然而是否永久的存在，仍然不能确定。所以康德（Immanuel Kant，1724—1804）就指出存在之后才能"思"，然则因思而存在是错误的。休谟（David Hume，1711—1776）认为自我是具有内涵的心灵，内涵有变，不再是原来的我；换言之，每当获得新知，已非昔我，所以休谟不认为自我可知、可见、可思、可致；我们可知任何物件及其用处，但非自我。康德承认自我是"见者"，而非"被见者"，不可能自己看到自己，就像照相机不能替照相机照相。然则自我又从何而知？康德的解答是，自我可以见及与自己相关的事，由此能间接看到自己，比如由自己驾车的动作，知道自己在驾车；若然，则自我可从与其相关的世界得知。康德相信"现象自我"（phenomenal self）或称"外来感觉"（Sensations）的背后必有"实体自我"（noumenal self）或称"内生意识"（Innate Ideas），外物的"本体"（Ding an sich）无法直接知道，只能从经验物之现象中得知。所以有了外在的事物，内在的悟性才能将散漫的事物形成知识。狄尔泰（Wilhelm Dilthey，1833—1911）对自我来源的经验也作了重要的界定，经验是具有整体意义的某件事或许多事的综合，经验随时间延伸，自我作为整体也能与时俱进；经验既然是发展的，随时而变的自我仍然是同一自我，解决了休谟所提出来的悖论[1]。虽然尼采（Friedrich W. Nietzsche，1844—1900）以及近代分析哲学家

---

[1] 参阅 Arthur Melnick, *Kant's Conception of the Self* ( New York Routledge, 2009 )；Roy F. Baumeister, *Identity: Cultural Change and the Struggle for Self* ( New York: Oxford University Press, 1986 ), pp. 3-15。

如维特根斯坦（Ludwig Wittgenstein，1889—1951）等人仍然否定经验的背后有实存，然而自我不可能只是一堆"意识流"（a stream of consciousness），具体的个人既有意识也有肉体，粲然可见①。

"我观"既存在于肉体经验之中，"自我"跟随生老病死的经验而存在，同时也存在于社会文化脉络之中，能够知道自己是谁，辨别善恶，如何做人。易词言之，自我不仅是生物的个体，也是文化的个体。个人在生活世界里，认识日常生活经验并作出反应；不同的经验产生不同的感受，但个人无法超脱其所生存的时空。生活在同一文化与历史时间中人，共同经历日常生活中各种形形色色的变迁，而后累积的诸多经验，成为"文化遗产"②。"文化遗产"能决定诠释此一文化的方式，并授予更新的说法。

钱锺书何人耶？若按现代学术分类，应入文学家之列；然而自其四大卷《管锥编》巨著问世之后，充分证实钱学之深博，实已跨越文、史、哲三大领域③，其国学之造诣，当世固已罕见，而其对英、法、德、意等西方语文的熟练，通解其经典，更无国人能望其项背。他亦因而最能表扬中西思维冥契之处，旁征博引，

① 参阅 Richard Sorabji, *Self, Ancient and Modern Insights About Individuality, Life, and Death* ( Chicago：University of Chicago Press, 2008 ), p. 18, cf. pp. 20-22。
② 参阅黄光国：《心理学的科学革命方案》，页195。
③ 钱锺书自填的中国作家协会第四次全国会员代表大会代表登记表上，指明《管锥编》是"文学、哲学、历史研究"，影本见吴泰昌：《我认识的钱锺书》（上海：上海文艺出版社，2005），页28。

新语浑似旧句，东海西海圣人同心异趣，颇能开展眼界，疏荡心胸①。其深研西学而不废中学，力主中西并举，其文化多元立场甚明。钱锺书博览群书，具有充沛的"个人知识库"(personal stock of knowledge)②，用语言文字建构其理论世界(包括伦理、美感、好恶、宗教、信仰等等)。若将他的"理论世界"视为一种"文本"(text)，则"生活世界"是"文本"的历史与文化背景，也就是"文本"的"语境"(context)，再从这两个世界去研究不同的"我观"与"人观"。"生活世界"显示人如何行动，"理论世界"则透露人如何建构理论，并影响到人在"生活世界"里的行动。

　　钱锺书生活中的不同场域与人我互动，固然在共同享有的文化遗产内沟通，然他的行动与智慧不尽源自中华文化。他的跨文化经验增添了"我观"与"人观"的复杂性与重要性。中华文化里的"人观"，诸如儒家的"圣人"或"君子""小人"，道家的"真人"，法家的"明主"，兵家的"良将"，以及史学中的"良史"，在西潮冲击下的现代中国都起了变化，导致重新认识与诠释的契机。钱锺书心目中的"人"与"我"，以及所遵循的"为人"与"自处"之道，都是值得探讨的主题。所以在策略上，可用西方知识或理论来检视他的"实践智慧"，并据此检验以呈现西方与华人社会的若干差异。

　　钱锺书于 1910 年 11 月 21 日诞生于江南的一个书香之家，这

---

① 例不细举，如见到德国铁血宰相俾斯麦有言："法不良而官吏贤尚可为治；官吏否恶，则良法亦于事无济"，即想到此言与荀子"有治人，无治法"之旨"旷世冥契"，阅钱锺书：《管锥编》(一)(北京：三联书店，2007)，页 35。
② 此词见黄光国：《心理学的科学革命方案》，页 10。

个书香之家也就是他来到人间后，进入的"小社会"，无形中或在
潜意识里感染到这个"小社会"里的传统文化气息。清朝末年由于
国势积弱，经济凋敝，读书人的家庭大都并不再富裕，甚至"清
贫"，但钱氏在无锡所住的宅院并不很小，杨绛八岁时到过钱家，
记得"门口下车的地方很空旷，有两棵大树；很高的白粉墙，粉
墙高处一个个砌着镂空花的方窗洞"，门前还有大照墙，照墙
后有一条河从门前流过，后来又自建七尺场的新屋①。在当时的
中国社会里，钱家的条件算是优厚的。最主要的是，读书人家的
孩子能够闻到书香，即时受到教化，资质聪慧的孩子更能掌握机
缘，及早在认知上以及品质上得到快速的发展。至今未见钱锺书
比较完整的日记与回忆录，有关他早期的事迹唯有从杨绛的转述
以及其他零星资料中，得知一二，我们只有依据这些弥足珍贵的
材料②，参照言之成理的学说，略作蠡测管窥。

　　钱锺书一出世，于蒙昧无知中，来到一个大家庭，据传于周
岁"抓周"时，抓到一本书，因而取名锺书。此一动作似不可思
议，但心理学家认为婴儿虽尚不能区分自身与外在环境，仍然有
先天的自我反射机制，在没有思想与理解的情况下，仍有潜意识
的"外延"（extension）与"内涵"（comprehension），去"图谋"
（scheme）一种情境，例如随手去抓奶瓶或玩具，而钱锺书"图谋"

---

① 杨绛：《记钱锺书与〈围城〉》（长沙：湖南人民出版社，1986），页23—24。
② 杨绛：《记钱锺书与〈围城〉》，页16—39。另见杨绛：《将饮茶》（北京：三联书店，
　　1987），页117—138。许多传记作者都重复杨绛所记，而本书视为分析的依据。另
　　参阅刘桂秋：《无锡时期的钱基博与钱锺书》（上海：上海社会科学院出版社，
　　2004），其中颇多有关钱锺书早年的资料。

的正好是一本书①。

　　中国传统的大家庭无论在结构与运作上，与西方的小家庭颇不相同，五四运动以后在西潮冲击下遭遇到严厉的抨击，甚至认为是罪恶的一个渊薮；其实，并不尽然。传统中国家庭，父权至上，是一威权结构，个人的自主性较弱，形成有别于西方"个人取向自我"之东方性"社会取向自我"，使华人易与其所处的环境"高融合，低自主"②。钱锺书生长于这样的家庭，宜受制于威权的约束。然因父辈长房没有子息，按照传统习俗，祖父钱祖耆命长孙出嗣给长房来承祧。长孙钱锺书因而不由他生父母抚养，而由大伯父钱基成（子兰）抱来当作儿子教养。大伯父性情随和，人又正直，得到承续血脉的儿子，兴奋之余，特别疼爱，亲自"连夜冒雨到乡间物色得一个壮健的农妇"，做钱锺书的奶妈③。奶妈不仅健壮，而且呵护有加，钱锺书称之为"姆妈"，视同母亲；不过，奶妈于一年后就去带二弟与三弟。生母行事谨慎，而不任情，长子既已出嗣，不宜多管，嗣母则对他疼爱而不能管，他也不觉得亲④。所以都不及嗣父（伯父）与生父之亲，嗣父对他无异又是慈母，生父则是严父兼慈母，所以弗洛伊德著名理论所谓"恋母仇父情结"（Oedipus complex），由于家庭结构与背景的不同，以简单的"性潜能"（libido）为说，全不适用。钱锺书生在一

① 参阅 J. Piaget, *The Principles of Genetic Epistemology*, translated by W. Ways（London：Routledge，1981），pp. 21–57。

② 参阅杨国枢：《华人自我的理论分析与实证研究：社会取向与个人取向的观点》，《本土心理学研究》，第 22 期（2004），页 11—80。

③ 杨绛：《记钱锺书与〈围城〉》，页 16。

④ 杨绛：《我们仨》（北京：三联书店，2004），页 101。

个有异于西方小家庭的大宅内，得到嗣父母与生父母双倍的爱护、照顾与教育，不可能会发生西式"恋母仇父情结"。心解大师埃里克森从临床经验得知，父母与家庭背景可以决定青少年是否能够克服青春期的"生命危机"（a life crisis）以及是否有机会在有利的条件下发展特殊才能①。钱锺书是一幸运儿，他一生下来就受到生父母、嗣父母以及奶妈的异常爱护，必然得到口欲上的满足，当然会轻易地度过埃里克森所谓初生下来的第一个危机，不可能产生不安全感。即使他生在父权至上的中国传统家庭里，然由于嗣父的慈祥，大大冲淡了生父的严厉，没有受到明显的抑制，更无挫折感，而生父在旧学上的勤勉与执着，从小就为他提供了有利的学习环境，发展他的特殊才能。钱锺书的兄弟虽多，跟他关系最密切，一起念书成长的是比他小一岁的堂弟钱锺韩，系钱基博双胞胎弟弟钱基厚的长子，人极聪明，各科成绩俱佳，均衡发展，最后选择理工专业，毕业于上海交通大学，成为自动控制学专家，虽然成就斐然，但在理工的领域内并没有像钱锺书在文史上的辉煌表现。

心理学者发现，亲子之间的互动愈频繁，愈能促使孩子语言能力的发达②；然则钱锺书后来惊人的语文能力，除了来自天赋、

① Erik H. Erikson, *Young Man Luther: A Study in Psychoanalysis and History* (New York: W. W. Norton, 1962), p. 8.
② Gen H. Elder, *Adolescent Socialization and Personality Development*, p. 42. B. S. Bloom, *Stability and Change in Human Characteristics* (New York, Wiley, 1964), 第7章。另参阅 Erik H. Erikson, *Childhood and Society* (1963)，其中提出"本我"的八个进程：trust vs. mistrust; autonomy vs. shame; doubt, initiative vs. guilt; Industry vs. inferiority; identity vs. role confusion; intimacy vs. isolation; generativity vs. self-absorption; integrity vs. disgust and despair。前三项属入学之前。

天资与勤学之外，似乎尚来自得天独厚的亲子关系。18世纪英国大史家吉本(Edward Gibbon，1737—1794)在其自传中曾指出，中资以上之人一生中可以得到两种教育，其一来自老师，其二来自自学[①]。

　　现代儿童大致于入学之后才接触到老师，然而钱锺书四岁就由伯父教他识字[②]，所谓四岁乃中国习惯的虚岁，他生于年底，实际上还不满三足岁，正是"自我"开始跃动的时候，展现他读书的"才能"，在幼小的心灵里得到"自信"与"成就感"。从六岁到十二岁是小学生阶段，开始入学，与其他孩童有了互动，彼此比较，增强了自我意识[③]。钱锺书六岁进入秦氏小学，但家学并未终止，更由于上学不到半年因生病回家在亲戚办的私塾里读《诗经》，一年以后又回到家里。身为嗣父的大伯父坚持要由自己来教，显因喜欢与这个孩子多亲近，上午出门时常带钱锺书同行，到茶馆喝茶，与朋友聊天，还在街上买大酥饼给他吃，在书摊租小说书给他看，到下午才上课。嗣父秀才出身，足以引领钱锺书进窥中国旧学的堂奥，培养他的"自我"。他跟嗣父母回江阴娘家的大庄园去玩，在田野里奔跑，观览大自然的景色，愉悦异常，也"自主"得很[④]。嗣父可说一身兼父、师、友三重角色，使钱锺书的童年生活在轻松愉快中进入认知世界。在此情况下，嗣母与

① Edward Gibbon, *Autobiography*(New York：Dutton Everyman's Library，1911)，p. 60.
② 杨绛：《记钱锺书与〈围城〉》，页19。
③ 参阅 P. S. Kaplan, *A Child's Odyssey：Child and Adolescent Development*(Belmont，CA：Wadsworth/Thomson Learning，2000)。
④ 杨绛：《记钱锺书与〈围城〉》，页19—23。

生母对他的影响必然比较薄弱，在生活技能上没能多加教导，以至于使杨绛注意到，钱锺书"拙手笨脚"，"不会打蝴蝶结，分不清左脚右脚，拿筷子只会像小孩儿那样一把抓"[1]。此非天性，而是后天"失调"，自小没有得到生活上的训练。当时中国士人家庭出身的男孩，多半不会自己料理生活细节，而钱锺书在生母与嗣母两不管的情境下，更不会料理日常起居的琐事了。类此生活上的不顺手，使他回想起童、少年时期唯一的"苦楚"，而这些缺陷当他娶到杨绛为妻后得到完美的"补偿"。但是暮年碰到"文革"，钱锺书必须亲自扫厕所、搓麻绳、烧开水、供建材，真苦不堪言矣！

民国九年(1920)钱锺书考入无锡的东林小学，然不久嗣父突然过世，小小年纪的钱锺书听到噩耗，哭着从学校回家奔丧，虽年仅十岁，因一直与嗣父特别亲近，所以感到特别伤痛。九岁的堂弟锺韩也写了哀伤的挽联，展示这位后来学理工的钱门子弟在幼年时也有高超的文字才能。钱锺韩的挽联如下：

六载授诗书，回溯从前尚赖析我疑解我惑；
一朝谢尘世，自今而后不复闻其声见其人。[2]

钱锺书在《题伯父画像》一文中则说："呜呼！我亲爱之伯父死矣，不得而见之矣"，见到伯父的遗像，又不禁哀之，然以犹

---

[1] 杨绛：《我们仨》，页68。
[2] 转引自刘桂秋：《无锡时期的钱基博与钱锺书》，页154。

见宛在之音容为慰，但仍不能无哀，"哀死者之不可复生也！嗟夫！我伯父乃终不可得而见矣！"并希望自己的伯父，"岁时令节，魂兮归来"①。此文使我们看到童年钱锺书在智力上的早熟，不仅已发展出逻辑思维，而且掌握汉字的运用，充分利用文字感念伯父之爱，表达出真挚的悲痛、复杂的感情，具有一种"目的导向的行为"（a sense of goal-directed behavior），理解到生命的意义与目标，呈现出一个完全自主的"自我"，并已经具备相当的知识"能力"，同时印证了中国传统学问的基本功已出现在小小的心灵之中，而此能力自有助于日后在学问上的进取②。

西方学者的研究发现，孩童在入学之前是"智商"（IQ）增加得最快的时候，故而没有良好的家庭环境，是孩童智力发展受阻的最大原因③。钱锺书的家庭环境，显然有利于他在智力方面的发展，为春花早发提供了条件，超过同年龄的"自我"发展。我们也可从钱锺书八九岁读小学时的几件事，窥见在他稚小的心灵中，自我意识的跃动，以及对"超我"的回应。其一，他常常于临摹《芥子园画谱》时，自署"项昂之"④；他的名字由父亲所取，而这是他自取的字号，是个人自觉的表现，从"个体"中出现了"自我"，所要认同的是雄赳赳气昂昂的项羽，把楚霸王奉为"楷模"（role model）。这个年龄的儿童普遍会模仿，钱锺书模仿英雄未必

① 全文见刘桂秋：《无锡时期的钱基博与钱锺书》，页 154。
② 参阅 Bernardo J. Carducci, *The Psychology of Personality*, Second Edition（West Sussex：Wiley-Blackwell, 2009），pp. 190–191。
③ B. S. Bloom, *Stability and Change in Human Characteristics*, pp. 89, 124。
④ 杨绛：《记钱锺书与〈围城〉》，页 32。

有抽象的英雄概念，但他已有特定的英雄项羽在胸，可说是英雄的"前概念"（preconcept）。其二，钱锺书十岁时嗣父过世后，学费改由生父负担，但买纸、笔等读书用具，以及添购衣、袜、鞋等零用钱，便无人照顾。然而他不肯主动向生父要钱，即使嗣母叫他向生父要，他也不肯开口，情愿因陋就简，用毛边纸自己装订练习簿，钢笔尖断了，把毛竹筷削尖，蘸墨水写字，写得"一塌糊涂"也不在乎。钱锺书自觉地说，他从来没有想到过要向生父要钱，但在潜意识中是一种"自尊"（self-esteem）的表现①，自尊也就是呼应"超我"的"道德"因素。于此可见，钱锺书在十二岁之前，在生理上仍然是孩子，但在智力与自我认同上已经迈向成年。

在另一方面，杨绛说钱锺书小时候："比较稚钝，孜孜读书的时候，对什么都没个计较，放下书本，又全没正经，好像有大量多余的兴致没处寄放，专爱胡说乱道。"②他像一般聪明的小男孩一样会顽皮，但看起书来很专心。他小时候对旧小说特感兴趣，看得入神，对哪条好汉使用何种兵器、各种兵器的斤两，尤其如数家珍，看完后兴高采烈地讲给弟弟们听。他少年时看的这些书，完全出于兴味所在，未必是当时长辈心目中的"正经书"，但在幼年的脑海里留下深刻的印象，牢记于胸，至老不忘。杨绛特别点出他的痴气，被大人们唤作"痴颠不拉""痴舞作法"或"呒着呒落"，这些无锡俚语的意思就是有点傻憨稚气。钱锺书在孩

① 杨绛：《记钱锺书与〈围城〉》，页 25—26。
② 杨绛：《记钱锺书与〈围城〉》，页 17。

童时期与堂弟锺韩用铅笔刀吓裁缝师傅的小女儿，透露男童对异性的自觉，以及女童被吓到后男童的"本我"快感。至于独自在后院挖人参，刨伤玉兰树的根，上课时玩弹弓，穿鞋不分左右，穿衣不分内外，披着一条被单自扮"石屋里的和尚"，扮和尚连杨绛都不懂有什么好玩，但他却玩得津津有味①，要因其具有丰富的想象力，自说自话，以自得其乐。凡此种种，都在说明"自我"意识的跃动，看起来痴，不一定是呆，而是"外呆中慧"，外表上看起来神经兮兮，有点疯癫，其实内在精力过剩，"自我"在调适"本我"，而"超我"尚未能完全节制"自我"。神经与天才之间的界线，有时很难划分。天才多有痴气，19 世纪的英国文豪王尔德（Oscar Wilde，1854—1900）赴纽约演讲，入境时海关人员问他有什么要报关的，他回话说："除了我的天才之外，没有什么要报的"，足见才子带痴气，不乏先例。钱锺书的痴气并没有随着年龄的成长而完全消失，如他爱看《人猿泰山》电影，以及平生对《西游记》一书有"强烈兴趣，至老不少减"②，都是童心未泯的表现，多少成为他人格特质的一部分。他对亲近的人喜欢抬杠戏

①杨绛：《记钱锺书与〈围城〉》，页 21、17—18、24、26—28。胡河清将"石屋里的和尚"延伸到"预示了钱锺书注定要成为一个艺术家的命运""内省性的沉思""沉浸在自己的幻想世界中乐而忘返"，甚至认为"钱锺书先生终身扮演这石屋里和尚的角色"，见氏著《真精神与旧途径——钱锺书的人文思想》（石家庄：河北教育出版社，1995），页 37、54。胡氏似过度发挥其个人的想象而缺少理据与实证，若要作心理分析，为何一个小孩会幻想自己是石屋里的和尚，石屋与和尚各是何种象征，而不是泛论"幻想"是艺术家的心理特征。更何况这只是杨绛回忆钱锺书"痴气"的一个表现。

②语见王水照：《钱锺书先生的"西游"情结》，《万象》，第 7 卷第 3 期（2005 年 3 月），页 108。

谑，在清华读书时与同窗好友开玩笑，常风回忆道："锺书这个人性格很孩子气，常常写个小纸条差工友送下来，有时塞进门缝里，内容多为戏谑性的，我也并不跟他较真儿"，又说"经常能听到他与这位老同学吵嘴，他吵完后又嘻嘻哈哈的"[1]，很形象地透露了钱锺书天真烂漫的性格。至交许振德也说锺书"喜欢给同学起绰号"，"天真无邪，性格健谈，以其学识渊博故也"[2]。

　　这一性格到结婚生女后仍然存在，在家里与妻女没大没小，在牛津留学的时候，想给午睡的妻子画花脸，给她画像加添眼镜与胡子，有了女儿之后，还趁女儿熟睡时，在她肚子上画大脸，在女儿被窝里埋"地雷"等等[3]，以自得其乐。后来在和朋友谈笑与高谈阔论时往往语无遮拦，一语道破，写文章有时下笔不稍假借，忍不住引经据典说些讽刺与嘲弄之语，都不失为纯真顽童心态的不同表述，不免会得罪缺乏幽默感的人。说到幽默，弗洛伊德有一短文指出，幽默的效果正是要解除"自我"与外在世界的紧张，使得"自我"感到纾解，弗氏认为，"幽默是罕见而又珍贵的天赋，有许多人无法承受来自幽默的快感"[4]，也难怪幽默经常会被误解为刁钻刻薄，或出语尖刻。事实上，钱锺书也时而幽自己的默，作"自嘲"性的回应。至于指一针见血的犀利评论为刻薄，真要贻笑西方学界了。

---

① 常风：《和钱锺书同学的日子》，《山西文学》，2000 年第 9 期，页 41。
② 许振德：《忆钱锺书兄》，《清华校友通讯》新 3—4 期合刊（1963 年 4 月），页 14—15。
③ 杨绛：《记钱锺书与〈围城〉》，页 34—35。
④ 转引自 Giovanni Costigan, *Sigmund Freud: A Short Biography*（New York: The Macmillan Co., 1965），p. 235。

　　钱锺书自少年起就爱看闲书，他从学校的图书馆借阅到在家中罕见的大量文艺作品，接触到"五四"以来的新学，对各种小说的兴趣尤浓，为小说里生动的描述所吸引，至老犹能琅琅上口。他对林纾（琴南）翻译的西洋小说，尤其读之忘倦，甚至引发他学习外文的欲望与热情。他也爱跟着嗣父出门游玩，在家与弟弟们淘气，快乐得很。嗣父的过世，对少年钱锺书显然是一大打击，虽按传统习惯仍然跟嗣母住在一起，但教读已全由生父接管。他的生父钱基博是一位传统学者，生性比较严肃，管教十分严格，即使在嗣父生前，有时也按捺不住要管教已经出嗣的长子，甚至偷偷体罚，冀其长进；当嗣父已经不在，生父更可毫无顾忌地管教，难免不在被管教者的心灵中产生"危机"。钱氏父子在认知上的"代沟"是显而易见的，钱基博在钱锺书十岁时，就嫌这个儿子爱发议论，告诫他要"善自蕴蓄"，不要"好臧否人物""议论古今"，认为不是"早慧"，而是"浮薄"[1]。钱基博将"早慧"视为"浮薄"，仍然囿于传统的教育观，要儿童多背诵，少议论，循规蹈矩，深藏不露，以至于只能"缀辑故言"，而不擅"冥心孑思"[2]。钱锺书在稚年就能"臧否人物""议论古今"，正见其好学深思，具有批判能力，而乃父却刻意压抑，使其"蕴蓄"，幸钱锺书自有主见，不为所动，并无严重的挫折感。

　　当钱锺书已经是十五岁的中学生时，有一次还遭父亲痛打[3]。

① 钱基博：《题画谕先儿》，转引自刘桂秋：《无锡时期的钱基博与钱锺书》，页155。
② 章太炎语，参阅徐复注：《訄书详注》（上海：上海古籍出版社，2000），页102—108。
③ 关于钱基博教子之严厉，可参阅刘桂秋：《无锡时期的钱基博与钱锺书》，页172—173。

打孩子是用暴力使孩子顺服，不只在传统中国，西洋亦复如此。在马丁·路德（Martin Luther，1483—1546）"宗教改革"（Reformation）的时代，鞭打孩子依旧像公开拷打罪犯一样。不过，随着时代的进步，愈来愈少人打孩子，唯其用心无非是要孩子上进。然而用之过度或不当，会对孩子的心理造成虚伪、焦虑、自卑甚至报复等负面影响。马丁·路德就在他父亲的暴力下成为"叛徒"①。钱锺书被父亲责打，他的"自我"无疑受到"抑制"，然而反应是正面的，并无明显的"挫折感"，他的"超我"很快从嗣父的宽松调适到生父的严厉，自此在他父亲的威权下，自动自发地发愤念"正经书"。他念古书，原已有根底，在严父的督导下，自然大有增益补强的效果，使他在民国以后新学勃兴的时代里，仍然能够进入旧学的堂奥，获得坚硕的旧学基础，在家里就已读完四书五经，以及史部与集部等经典之作。父权与传统形塑钱锺书的"超我"，对其"自我"的影响既深且远。不过，由于钱锺书已非旧时代的学子，在父亲的威严下虽只读传统典籍，但他也有机会上新式学堂，学习来自西洋的课程，开了另一扇知识之窗，产生替代的权威与理念，有助于"超我"的增益，对中西学问由景仰而模仿，更进而达成超越前人的意志、决心与成效。晚年极具自信地认为，说理析事已超越前人②。前人自亦包括他自己的父亲在内，曹聚仁所谓，"基博老博极旧学，食古而不很化；锺书恰好把这一缺点补救过来了"③，可谓知言。

---

① 参阅 Erik. H. Erikson, *Young Man Luther*, pp. 68-70。
② 见《钱锺书复汪荣祖书》（1983 年 2 月 27 日）。
③ 曹聚仁：《中国学术思想史随笔》（北京：三联书店，1986），页 397。

　　钱锺书十三岁高小毕业后，考入由美国圣公会在苏州办的桃坞中学，是一教会学校，全用英语讲课，为他提供了良好的学习英文环境，而这种环境非他上一代的学子所常有。1928 年桃坞中学停办后，转入无锡辅仁中学，乃上海圣约翰大学无锡同学会于1918 年所创办，一样重视英语教学，使他从十三岁到十八岁之间能够掌握学习外语的关键岁月，无异置身于"外国"，而自己又勤奋好学，奠定了良好的外语基础，得以通解西方经典名著。他学习外文之余，并未荒废旧学，古文尤其精进，并前往无锡国专听课，在中学毕业前已能替父亲代写文言书信与序文，以及撰写墓志铭①，水准不仅不在乃父之下，甚且过之。他在进大学之前，曾代父写就《复堂日记续录》一书的序文，由钱锺书署名。晚年在书函中有云："《复堂日记》序文，仅忆成于十九岁暑假中，方考取清华，尚未北游。此外不记作何痴妄语，兄乃从故纸堆中求得之，此与掘墓劈棺何异！'Good friend, for Jesus's sake forbear/To dig the dust enclosed here/Blest be the man that spares these stones, /And cursed be he that moves my bones'，莎士比亚语为兄诵之，一笑。"②钱锺书素不喜其旧作，弃如敝履，愿其永远埋没，更何况是代作？然而此一少作，以"简策之文，莫或先乎日记"开笔，气势不凡。从《黄氏日钞》到顾炎武《日知录》，形同札记，未有如晚近所谓日记之详"燕处道俗之私"，而晚近之大部头日记，

①　杨绛：《记钱锺书与〈围城〉》，页 29—30。有关"代笔"之考证可参阅刘桂秋：《钱锺书为钱基博代笔考》，王玉德主编：《钱基博学术研究》（武汉：华中师范大学出版社，2008），页 39—48。
②　见钱先生 1981 年 12 月 13 日来书原件。

如曾国藩、翁同龢、李慈铭、王闿运，皆"累累挟数十巨册"，而谭献"独能尽雅"，"以少胜之"。因曾国藩事业文章虽然"鲸铿春丽"，但"连篇累牍，语简不详；知人论世，未克众愉"，至"笔札悃愊无华，尤疑若与公生平学问不称"。翁同龢"才德逊乎曾公"而又"愊于群小，蹙蹙靡骋"，然久为帝王师，故"内廷之供奉、宫壶之禁约、亲贵之庸、人才之滥，旨婉词隐，时复一见"；"至如臣力已穷，征女君之为衰世；居心叵测，谏长素之非纯臣"，都能"广益陋闻"。翁相亲历过的大婚大丧，亦"琐屑举书，补会典所未备，拾国史之阙遗，综一代典，成一家言"。曾、翁都是"达官贵人"，而王、李写日记，则是"穷士自娱"。王闿运"能以文字缘饰经术"，"乃所作支晦无俚，虽运而无所积，与世为趣"，不如李慈铭能厌学人之望；"李生小心精洁"，"观其故实纷罗、文词耀艳，洵近世之华士闻人也"，然而"征逐酒色，奔走公卿"，不免"自累其书"，就不如谭献复堂"先生尽刊以去之，而情思婵媛，首尾自贯，又异乎札记之伦"；并进而指出李、谭两人虽同是越人，但学问途径有异，"李承浙西乡先生之绪，嬗崇郑、许"，而谭则"颠倒于常州庄氏之门，谓可遥承贾、董"。李慈铭"矜心好诋"，谭复堂则"多褒少贬，微词申旨，未尝逸口"；至于文字，李"祈向齐梁，虑周藻密"，"谭则志尚魏晋，辞隐情繁"。这篇序文视野开阔，纵览晚清五大家日记，如数家珍，议论纵横，评说自如，词藻之典雅璀丽，尚其余事[1]，凸显未臻而立之年的钱锺书，阅览之广泛，才华之洋溢，已卓然能够自立。

---

[1] 此序收入钱基博所刊徐彦宽辑：《念劬庐丛刻初编》八种(1931)，第 4 册，页 1a—3a。

　　另一篇是他大学一年级时，代父为钱穆的《国学概论》所写之序，主要虽讨论该书的第九章，但"可以三隅反者也"，指出钱穆叙清学之始而不及毛奇龄，"未为周匝"，之后又不提及陈澧，"是述清学之终，未为具尽也"；而毛氏"虽奉著意精微之学，雅不欲拾前人余唾，以支离榛塞斥朱子。乃务为弘览博物，针朱膏肓，起朱废疾，以见即朱子之于传注，亦非真能留心。此则承数百年朱陆异同之辨，而入徽国之室，操矛以伐徽国者也"。至于陈澧，"骏作粤中，不以时人托朱子以自重者尊朱子，而以（毛）西河之所以斥朱子者归功于朱子，以为凡考证之讥朱子，皆数典忘其祖者也"。毛、陈两人之重要性可知，竟然"无一字及之，不已略乎"！？明言钱穆"概论"之未备，而所失又是漏网的吞舟大鱼，其严重性已呼之欲出。更可议者，此书称引梁启超所著概论"颇繁"，"其非'经学即理学'一语，亦自梁书来，然梁氏忍俊不禁，流为臆断。李详所驳，虽其细已甚，足征梁书于名物之末，疏漏亦弥复可惊。宾四佳人，乃亦耽此耶？"隐指不仅有抄袭之嫌，奈何佳人做贼，而且所抄乃疏漏之书，责备就更加严厉了。序文更明说："宾四论学与余合者固多，而大端违异，其勇于献疑发难，虿后生风，鼻头出火，自是伯才"，要害是"大端违异"。文末虽云"余执不全之本、未是之稿，以定宾四之所新得，于是乎不足以尽宾四矣"，稍微转缓，然其批判之力度、明褒暗讽之精妙、绵里藏针之细致，青年钱锺书之狂傲自信，尽在眼底，断非囿于儒行的乃父所能为、所欲为。而用词遣句之典雅飘逸，如末句"相视以笑，莫逆于心"，所显露的明明是儿子而非老子的神情①。钱穆本人似亦未觉，若谓："锺书亦时称余言以微讽其父"②，殊不知锺书"讽"宾四之甚，至晚年未变，两人学思之异，真如风马牛不相及也。难怪钱穆后来得知序文乃钱锺书代笔，遂于再版时将之删去。即使消除的动机难说，删除的事实确切无疑。

总之，钱锺书在中学毕业之前的青春期，中英文均已能卓然自立，必然给予他坚硕的自信。他之所以能兼通中西学问，不仅因其天资聪明，由于外在环境的"文化"因素，领受到相当丰富的家庭教育，更因家庭背景，得与当时硕果仅存的晚清遗老，诸如陈衍、徐森玉、李可拔辈来往，得到在国学方面的指点，而这些"家学"在民国成立以后迅速消逝，一去不返。钱锺书的父辈随旧时代而去，然他生于新时代，接受新教育，却仍有幸继承到旧时代丰盛的学术遗产而超越先贤。从此钱锺书毕生以读书为志业，博览中西典籍，但他对书"无情"，自少到老既不藏书，更不将书视若拱璧，而是尽量"消化"之，在书上随兴眉批，勤作笔记，阅后往往将书转送别人，弃如敝屣，他所景慕的是书中的知识，而不是书的本身。他读书成癖，无日不看书而独具只眼，在清华与牛津读书时期，在湘西荒野间以及坐困孤岛的岁月里，经常是"读书如恒"③，而且留下大量的读书笔记。他不藏书，藏书万卷

① 此序文原见钱穆：《国学概论》，但后来的版本已将此序删去，当然是作者的意思。
② 钱穆：《八十忆双亲 师友杂忆》（北京：三联书店，2005），页128。
③ 语见钱锺书1939年岁末残存日记，除"读书如恒"外，连日"温拉丁文""阅英法德文书"，参阅《钱锺书手稿集·中文笔记》，第2册，页98—101。

者不一定能读，而他的笔记则是他读过的藏书，不仅读过，而且心到、手到①。他的人生除了在意看他喜欢看的书之外，其余如穿着与用品都不放在心上。

---

① 王水照指出从钱氏笔记可以看出他的读书生活，《中文笔记》是比较原始的笔记，勤于抄写，《钱锺书手稿集·容安馆札记》已非原始笔记，多见评论，与《管锥编》之间也有迹可寻，阅《王水照谈〈钱锺书手稿集·中文笔记〉》，《东方早报·上海书评》，2012 年 4 月 8 日，第 182 期，页 2。

# 第二章　社会群体与自我认同

　　"我观"乃自我意识的呈现，发生于孩提而持续到少年与成年，而"我观"除了有别于他人的"自我观"（personal self）之外，还包括与他人沆瀣一气的"社会自我"（social self）。所谓"社会自我"，不仅仅是与家人或友朋互动的"自我"，而且是由个体或所属社群所产生的"自我"。"社会自我"提示了不容忽略的、从孩提起就有的"集体认同"（collective identity）[①]。人自以为都有"自知之明"（self-knowledge），凡具自我意识的人都以为知道自己，但心理学家荣格认为，此一自知仅仅是个人从社会环境中去自知，甚是有限，因忽视了浩荡绵密的潜意识，即隐藏于深处而不受自觉批判所控制的"心理事实"（psychic facts），无法抵制各式各样的"心理感染"（psychic infections）。在西方"心理感染"多由宗教

---

① 参阅 Diane N. Ruble, et. al. "The Development of a Sense of 'We'：The Emergence and Implications of Children's Collective Identity，"in Mark Bennett and Fabio Sani eds., *The Development of the Social Self*（Hove and New York：Psychology Press，2004），pp. 29，63。

的狂热主义所传布①，而钱锺书所安身立命的是中国文化，以及自己的国家受到动乱、战争，以及极权主义的"感染"。既知感染为何物，始能应付感染。他的"自知之明"基于特殊的境遇及其个人的经历，诚然如荣格所谓，不能全靠科学的通则来理解特殊的个人②。

钱锺书从小读书投入，几无书不读，中学尚未毕业时，胸中已腹笥满满，中英文都已斐然成章，并代父捉刀，才情毕露，不仅令他的生父感到格外得意，更使他本人有了明确的"自我认定"，增添信心与自尊。这种信心与自尊使他"成为自己"（become himself），清楚知道自己所要走的路。他未满二十那年考进清华大学，为他生命史上的重要时刻，被录取的全国二百名菁英学子中，他中英文分数最高，但因数学不好，平均成绩名列第五十七。当时嗣母去世，他于1929年之秋离开无锡到北京上学，自此很少回老家③。他已是一个独立而成熟的成年人，解脱在潜意识中的家族认同，建立更具自主性的"自我"，譬如鲤跃龙门，顿感海阔天空，自由畅饮知识之泉，尽情发挥，以研读文、史、哲为终生的志业，没有彷徨与犹豫④。

他在清华读书，受到相当完备而良好的四年西洋文学教育。

---

① "The Psychic Infection Spread by Religious Fanaticism," 语见 C. G. Jung, *The Undiscovered Self*, p. 35。

② 参阅 C. G. Jung, *The Undiscovered Self*, pp. 3–18。

③ 钱锺书自称无锡"名虽故土，实等互乡"，见《谈艺录》（北京：中华书局，1984 第 1 版，1987 补订本），页 121。

④ "认同"（identity）概念，经埃里克森氏之运用，已将此理论工具自心理治疗推广至历史人物研究。埃氏本人对历史人物马丁·路德与甘地均有深入的研究。

从老师吴宓的介绍可知，清华外文系的课程编制讲究博雅，"先取西洋文学之全体，学生所必读之文学书籍及所应具之文字学知识，综合于一处，然而划分之，而配布于四年各学程中，故各学程互相关连，而通体成一完备之组织，既少重复，亦无遗漏"①。学程之完备，师资之优良，唯有行有余力如钱锺书者能充分享用之。清华外文系以英文为主，旁及法文、德文。钱锺书的英文原有根底，四年下来，精益求精，仅次于英文的法、德两种文字的基础，亦于此四年中奠定②。课余之暇，时间多花在图书馆里，如入宝山，乐此不疲。他虽以中上的总成绩入校，但超群的中英文素养使他成为全校最高才博学的学生，广受师长与同学们的赞赏与敬仰。同学好友许振德回忆道，开学不久，钱锺书"即驰誉全校，中英文俱佳，且博览群书"；又说："我班三十人中，得蒙叶（公超）温（源宁）二师赏识者，仅知友钱锺书一人耳。"③高他两班的邹文海也说，"他（钱锺书）到清华时，文名已满全校"④。坚强的自我认同使他产生强烈的自信、确实无疑的自我感受，勇往直前、义无反顾，因为明确知道自己要做什么。他在给杨绛的情书中自明心迹说："志气不大，只想贡献一生，做做学问。"⑤所谓志气不大，乃就世俗而言，世俗的志气是升官发财，轻描淡写一

---

① 见吴宓：《外国语文学系概况》，《清华周刊》(1935年6月14日)。
② 据清华同班同学许振德说，他与钱锺书同修德籍教授普来僧之法语，见许振德：《忆钱锺书兄》，《清华校友通讯》，新3—4期合刊(1963年4月)，页14。
③ 许振德：《水木清华四十年》，《清华校友通讯》，新44期(1973年4月)，页26、30—31。
④ 邹文海：《忆钱锺书》，杨联芬编：《钱锺书评说七十年》(北京：文化艺术出版社，2010)，页50；《传记文学》，第1卷第1期(1962年6月)，页21。
⑤ 引自吴学昭：《听杨绛谈往事》，页77。

句"做做学问"，却是他平生坚定不移的大志业。从事后看，确是终生不渝，足见其从早年起，已肯定一己人生的方向；在求学上自持之稳定与自信之坚强，使他很早就知道自己要成为什么样的一个人。而他在学问上的自信与认同，又很快得到师友们的认可。诚如泰勒（Charles Taylor，1931——　）所言，"我之所以为我以及我之认同，主要取决于对我具有意义之事"（What I am as a self, my identity, is essentially defined by the way things have significance for me）①，对钱锺书而言，最具意义之事就是"做做学问"。他轻松地解决了埃里克森所谓的青春期认同危机，得到"一种再生"（a kind of second birth）的喜悦②。

当他考进清华大学时，虽未满二十岁，已不是一般初出茅庐的大学生，而俨然已是一位学有所成的年轻学者，受到校长罗家伦的赏识，老师们也视之为可敬、可畏的后生。当时清华改制为国立大学不久，环境清幽，名师如云，文学院长杨震声以及叶公超、张申府、吴宓、温源宁等教授，以及来自欧美的外国学者，也都是一时之选，特别是瑞恰慈（Ivor Armstrong Richards，1893——1979），为 20 世纪非常著名的英国文评家，于 1929 年到清华执教，所著《文学批评原理》（Principles of Literary Criticism，1924）与《实用批评》（Practical Criticism，1929）两书影响尤大。后来瑞氏于 1944 年成为哈佛大学教授。钱锺书选这些中外名教授的课，但他们都不把他当一般学生看待。当钱锺书留学英国时，回想大

---

① 语见 Charles Taylor, *Sources of the Self* (Cambridge, Mass.: Harvard University Press, 1990), p. 34。
② 语见 Erik H. Erikson, *Young Man Luther*, p. 14。

学时代五位最敬爱的老师，"以哲人导师而更做朋友的"师情之外，尚有友情①。这五位应该就是罗家伦、温源宁、张申府、吴宓、叶公超，他们是他自我认同确立后所建立的、有意义的友情②。这种友情"并非由于说不尽的好处，倒是说不出的要好"③，"说不出的要好"，乃基于在学问上的惺惺相惜，也就是对学术价值与准则的认同，在学术问题上不会因人情或友情而打折扣。但回国以后与老师叶公超同事，产生许多不愉快之事，就变得很不够朋友了。

　　钱锺书敬爱的师友并不很多，没有形成任何小圈子，也没有真正师从哪一位他所敬爱的老师。当时清华大学的师生正代表现代中国新学人的两个世代，老师这一代已是受到西方文化熏陶的新学人，尤其是外文系的老师几乎都受过比较完整的西方教育，更高一辈的学人例如章太炎、梁启超、王国维等仍然是从传统到现代的过渡人物。两代新学人之间的师生关系，显然已有异于儒家伦理传统里的座师与门生之间的关系，师生关系更不能与父子或君臣相比。学生不会不尊重老师，但也不至于曲意盲从，尤其像钱锺书那样在学问上颇有自信的学生，自会将学术是非置于师尊之上。他情愿"弟子之青出者背其师"，雅不欲"弟子之墨守者累其师"，他认为"宗师之'反倒'，每缘门徒之'礼拜'"④，他是

① 钱锺书：《谈交友》，《人生边上的边上》，页80。
② 心理学家认为有了坚强的自我认同之后，才会付出与承诺与别人建立感情关系，参阅 M. Bellew-Smith & J. H. Korn, "Merger Intimacy Status in Adult Women," *Journal of Personality and Social Psychology*, 50(1986), pp. 1186-1191。
③ 语见钱锺书：《谈交友》，《人生边上的边上》，页80。
④ 参阅钱锺书：《谈艺录》，页517。

不赞成学生墨守师说的，深信学生崇拜老师反而害了老师。钱氏毕生坚持不愿开宗立派，亦即因此故。

　　钱锺书几位老师之中，吴宓是关系较密切之一人。他推崇吴宓是一位好老师，认为吴老师拥有的欧洲文学史的知识，足使年轻学子受益匪浅，吴宓更是极力推崇这位学生，曾对一群清华学生说：出类拔萃、卓尔不群的人才，自古难得，当今文史杰出人才，老一辈要推陈寅恪，年轻一辈要推钱锺书，他们都是人中之龙，其余如你我，不过尔尔①。老师出自内心的赞美，展示真诚与气度，学生虽亦尊重老师，但并不因此而师弟相昵。当老师陷入爱情苦恼时，学生曾奉诗相慰；不过，当《吴宓诗集》由中华书局于抗战前初版后，已经出国的钱锺书应《天下月刊》(*T'ien Hsia Monthly*)编者之邀，写了一篇简短的书评②，并不认为自己的老师是伟大的诗人，若按中国旧诗的严谨声律而论，诗集中佳作实在无多。他毫不忌讳直陈问题之所在，老师的诗作中有"太多的自己"(copiously and embarrassingly autobiographic)，有点像履历表，甚至"偶尔当众外扬家丑"(wash occasionally his dirty linen in public)。就理性思维而论，吴宓及其《学衡》诸君子莫不"膜拜"(lick the shoes)哈佛人文主义大师白璧德(Irving Babbitt, 1865—

---

① 引自当年清华学生郑朝宗的转述，见郑朝宗：《但开风气不为师》，收入《海夫文存》(厦门：厦门大学出版社，1994)，页1。此话流传甚广。

② 钱锺书应月刊编者而写，在回信中，答应写一"完整的评论"(a full-dress article)；不过，他在回信中已作了要点评论，编者并将之刊登。所以，当完整的评论寄达时，有些重复，编者觉得没有必要再登。钱先生晚年偶得手写残稿，略作修改，钱夫人杨绛女士将此一信一文都收录在北京出版的 *A Collection of Qian Zhongshu's English Essays*(《钱锺书英文文集》)(Beijing: Foreign Language Teaching and Research Press, 2005)里，见 pp. 66-81。

1933)。白氏以人文主义力拒浪漫主义，故吴宓也极力反对浪漫
主义。然而有趣的是，正如钱锺书所指出的，吴宓"在理智上所
痛恨的正是他在情感上所喜爱的"（abhors intellectually what he
loves temperamentally），也正如温源宁所说：吴宓"立论上是人文
主义者，但是性癖上却是彻头彻尾的一个浪漫主义者"。显而易
见的是，吴宓的言行都呈现"永不悔改"的浪漫主义人格色彩，并
将其浪漫行径记录在诗集里。吴宓肆无忌惮地追求爱情，结果
"失去了乐园，并没有得到夏娃"（he has lost Paradise without
gaining an Eve）；他实在无法驱除那挥之不去的浪漫恶魔。吴
宓的悲剧与苦恼，岂不是源自灵魂深处的"剧痛"（splitting
headache）？因而吴宓写诗好像就是为了在感情上求解脱，所
以情诗占了最多的篇幅，其目的似乎不是为了"没脑筋的轻浮
少女"（scatterbrained flappers），就是为了"过气的风骚妇人"
（superannuated coquettes）①。吴宓在日记里对"风骚妇人"一语，
尤引以为憾。钱锺书于晚年见到《吴宓日记》稿本中对他的"讥诋"
感到"痛愤"后，为之歉然，并公开告罪②。其实，钱锺书对老师
的批评，十分中肯，鞭辟入里，西方人有"吾爱吾师，吾更爱真
理"之说，但依照华人社会的伦理标准，似乎要倒过来说："吾爱
真理，吾须更爱吾师。"讲究师道尊严的华人社会，学生直言不讳
批评老师，再有理也很难得到谅解。钱锺书虽在学问上高度重视
知识，不稍假借的自主性，但在华人社会的压力下，仍不免要依

---

① Qian Zhongshu, *A Collection of Qian Zhongshu's English Essays*, p. 69.
② 见吴宓：《吴宓日记》，第 1 册(北京：三联书店，1998)，钱序。

循"社会取向"，公开为年轻时的直话直说、"弄笔取快"感到愧悔，以符合社会的期待①。

钱锺书与老师叶公超的关系更具启示性，叶氏最初对这位才高八斗的学生颇为赏识，并在主编的《学文》与《新月》月刊上发表钱锺书的文章②。钱对老师的"相知"也曾表示感谢③。叶公超不仅欢迎钱锺书自英国留学回国到西南联大教书，而且以系主任的身份，亲自向学生介绍这位年轻老师。钱锺书亦不负师望，在联大授课讲得有声有色。据当时学生赵瑞蕻的回忆，"他讲课可真生动活泼，妙语连珠，又引经据典；为了穷源溯流，他可以毫无疑难地写出几种外语的出典来"④。另一位学生许国璋说：钱老师讲课，"凡具体之事，概括带过，而致力于理出思想脉络，所讲文学史，实是思想史"⑤。学生许渊冲说，"钱先生讲的课文是《一对啄木鸟》（"A Pair of Woodpeckers"），他用戏剧化、拟人化的方法，把这个平淡无奇的故事讲得有声有色，化科学为艺术，使散文有诗意，已经显示了后来写《围城》的才华"⑥。联大英语

---

① 参阅陆洛：《个人取向与社会取向的自我观：概念分析与实证测量》，《美中教育评论》，第4卷第2期（2007年2月），页1—6、17—19。
② 参阅许振德：《水木清华四十年》，《清华校友通讯》，新44期（1973年4月），页26；杨联陞：《追怀叶师公超》，秦贤次编辑：《叶公超其人其文其事》（台北：传记文学出版社，1983），页237。
③ 见钱赠叶七绝："毁出求全辨不宜，原心略迹赖相知；向来一瓣香犹在，肯转多师谢本师。"吾人不必对"谢本师"过于敏感，因时代不同了，没有谢本师的必要。
④ 赵瑞蕻：《岁暮挽歌——追念钱锺书先生》，李明生、王培元编：《文化昆仑——钱锺书其人其文》，页33。
⑤ 许国璋：《回忆学生时代》，《外语教育往事谈——教授们的回忆》（上海：上海外语教育出版社，1988），页209。
⑥ 许渊冲：《逝水年华》（北京：外语教学与研究出版社，2011增订版），页58。

系学生李赋宁听了课之后，使他也"大开眼界"①。

钱锺书固然赢得学生的敬仰，却与自己的老师因购书事而引起不快。吴学昭整理吴宓遗稿时，才发现钱锺书所写《上雨僧师以诗代简》，提到此事，有云：

> 生锺书再拜，上白雨僧师：勿药当有喜，体中昨何如？珏良出片纸，召我以小诗。想见有逸兴，文字自娱戏。尚望勤摄卫，病去如抽丝。书单开列事，请得陈其词。五日日未午，高斋一叩扉。室迩人偏远，怅怅独来归。清缮所开目，价格略可稽。应开二百镑，有羡而无亏；尚余四十许，待师补缺遗。滕书上叶先，公超重言申明之。珏良所目睹，皎皎不可欺。朝来与叶晤，复将此点提；则云已自补，无复有余资。由渠生性急，致我食言肥。此中多曲折，特以报师知。匆匆勿尽意。
>
> Ever Yours，四月十五日下午第五时②

钱氏到晚年对乃师仍深致遗憾，有云："公超先生为弟业师而倾轧弟颇甚，Theodore Huters（胡志德）作弟传中，即窥其隐"③，其隐是叶公超对这位美国传记作者说，"不记得有这个

---

① 北京大学校友联络处编：《笳吹弦诵情弥切——国立西南联合大学五十周年纪念文集》（北京：中国文史出版社，1988），页132。
② 钱锺书：《上雨僧师以诗代简》，全文见吴学昭：《听杨绛谈往事》，页164—165，收入《吴宓诗集》（北京：商务印书馆，2004），页349。其中传达委屈颇多。
③ 引自《钱锺书复汪荣祖书》（1991年11月6日）。

人"，后来又说"他是我一手教出来的学生"，也曾对袁同礼说钱锺书骄傲①，可见衔怨之深。钱锺书深深感受到"业师"的压抑，在内心深处自会有不平与"逆反"的心理反射，对某些师尊的学问与人品也就相当不服气。同时也可见到他在学问上充满自信，而他的高度自信使他对人、对事不屑媚世苟合，展露出敏锐、机智、进取、不乡愿、反流俗等人格特质。

青年钱锺书在清华园"初长成"（young adulthood），他听课之余，主要是自己博览，利用图书馆丰富的藏书，尽情阅读，如同学常风（常凤瑑）所见："他是一个礼拜读中文书，一个礼拜读英文书。每礼拜六他就把读过的书整理好，写了笔记，然后抱上一大堆书到图书馆去还，再抱一堆回来。"②钱锺书自己也说：

> 及入大学，专习西方语文。尚多暇日，许敦宿好。妄企亲炙古人，不由师授。择总别集有名家笺释者讨索之，天社两注，亦与其列。以注对质本文，若听讼之两造然；时复检阅所引书，验其是非。欲从而体察属词比事之惨淡经营，资吾操觚自运之助。渐悟宗派判分，体裁别异，甚且言语悬殊，封疆阻绝，而诗眼文心，往往莫逆暗契。至于作者之身世交游，相形抑末，余力旁及而已。孤往冥行，未得谓得。③

这一段话说出他在清华读书时的心情与趋向，所谓"孤往冥

---

① 杨绛：《我们仨》，页100、111。
② 常风：《和钱锺书同学的日子》，《山西文学》，2000年第9期，页41。
③ 钱锺书：《谈艺录》，页346。

行"，就是他毕生自学的写照，至于"未得谓得"，显然是谦词。
同时也可见他献身学术决心的牢固，认同自己所学之信心十足，
深具自己的看法，不随俗起舞，更无惧挑战权威，形成一种"反
潮流"（anti-current）的异趣。从他清华读书期间向他父亲报告学业
的残笺可知，在书函的形式上对他的尊大人敬礼有加，但在内容
上呈现两代人在思想上的截然异趣。儿子学业精进，难掩自喜之
情，有时也不免向老父自夸一番，讨父亲欢喜；有时又要跟父亲
抬杠，显得"才辩纵横，神采飞扬"，溢于言表。然而，老父却一
意压抑儿子在学问上的锋芒，强调做人，要求"淡泊明志，宁静
致远"，儿子对古人不敬的批评，更视为"轻薄"。钱基博所谓"在
儿一团高兴，在我殊以为戚"，又说"现在外间物论，谓汝文章胜
我，学问过我，我固心喜；然不如人称笃实过我，力行过我，我
尤心慰！"[1]足见父子之间性向各异，志趣不类，父辈仍然秉持读
书为了做人的旧传统，而儿辈早已为读书而读书，为知识而知
识，不可能再做谦恭的惇惇儒者。钱锺书敬聆父教，然而内心的
逆反，势所必然；钱基博自认为"儿子锺书能承余学"[2]，希望儿
子能够养其志，但儿子已不能认同父志[3]；志既已不同，道难相
谋。青年钱锺书的学问非浸润于旧学的老父所能牢笼，已经脱颖
而出，展翅高飞了。

----

① 参阅钱氏父子三信。钱基博曾将钱锺书家书书辑为"先儿家书"，惜多已亡失，只剩下
　父子三封信，分别写于 1931 年 10 月 31 日、1932 年 11 月 17 日、1933 年初春，因
　曾在《光华大学半月刊》披露而得以传世。
② 语见钱基博 1935 年 2 月 21 日日记。这批书信可惜可因"文革"而烧毁，使许多钱锺书
　在清华求学时期的见闻，永远湮没。
③ 吴学昭：《听杨绛谈往事》，页 177。

　　事实上，钱锺书对当时知识界的尖锐批评与"逆反"，最可见之于他在清华求学期间所写的若干书评。他的清华学长曹葆华以写新诗闻名，并于 1932 年由新月书店出版了一本新诗集《落日颂》。钱锺书虽不写新诗，但已读过不少西洋诗篇，故以"美感的锐遁"与"文心的灵滞"的角度来评诗。美感的敏锐与否，文心是否灵活，要靠雕琢的功夫与修饰的技巧，但这位新诗人在钱锺书的眼里无论功夫或技巧都相当缺乏。由于技巧不够，既看不到珠玑耀眼的字句，也听不到潜伏于腔内的回响，于是搔不到心头的痒处，更熨帖不了灵魂上的伤痛，只有原始的冲动与强烈的感受；由于作者功夫不够，未能将文字"驾驭如意"，甚至有不少"文法上不可通，在道理上不可懂"的地方，以至于留下"狼藉的斧凿痕迹"，好像是镶金牙那般俗气。曹葆华像其他诗人一样，用了许多比喻，而钱锺书以善用比喻著称，由此书评可知，他在大学时期已是熟手。他将比喻分作"显比和隐喻"（simile and metaphor），比喻作为修辞，必有逻辑根据，两物相比，多少要有相合之处；否则就很牵强，在逻辑上不伦不类。因此"比喻不仅要有伦类并且要能贴切"，但是曹葆华的比喻"不是散漫，便是陈腐；不是陈腐，便是离奇"，佳句如"倾听暮色里蜿蜒的晚钟"，生动地写出钟声的形状，经微风相送，由浓趋淡，渐渐消失于空蒙里，在此集中可谓绝无仅有的佳句。整本诗集显得"单调"，因为"几十首诗老是一个不变的情调"，情绪变化既少，结构也多重复。不过，钱锺书并不认为曹诗一无是处，譬如一泻千里的河流，虽然挟泥沙俱下，但"气概阔大"，更具有"一点神秘的成分"，有足够的"自我主义"以及透露出来的"神秘主义"，或可别开诗境。神秘主义是一种不可言传、无理可说的抽象境界，足可吸纳宇宙，自我与宇宙互为主客，以潜修与滋养灵性；灵修之道，不外向中西经典里求智慧，庶几取得"通行入宇宙的深秘处的护照"①。

学长之外，钱锺书对前辈学者，亦不希风承窍。周作人于1932年在北平出版了一本《中国新文学的源流》，将"源流"追溯到明代的公安派与竟陵派，认为无论在趋向上和主张上与五四新文化运动竟无意中巧合，颇引以为异。但钱锺书却说"不足为奇"，因同属"革命"的文学运动，必然能"合"，据此更可上溯到初唐与北宋，如韩愈、柳宗元"革初唐的命"；欧阳修、梅尧臣"革西昆的命"。于此可见，所谓革命就是不满于当时的文体，而趋向新的自我表现，如果仔细观察，在文学史上屡见不鲜；言下之意，周先生少见多"怪"了。钱锺书认为文学革命成功了，新的文体为大家所接受，便成为"遵命文学"。韩、柳与欧、梅的"革命"都成功了，所以只能产生"遵命的文学"，然而公安与竟陵没有成功，才使周先生"旷世相感起来"。钱锺书也不同意周作人根据"文以载道"与"诗以言志"来分派，因为两者在传统的文学批评上并不是"格格不相容的命题"，"文"指古文或散文，故其所载之"道"，是客观存在的自然现象或抽象之"理"，而诗的目的"仅在乎发表主观的感情"，没有很大的使命。所以"载道"与"言志"，"并行不背的，无所谓两'派'"，

①参阅钱锺书：《落日颂》书评，《新月》，第4卷第6期(1933年3月1日)，页19—28，收入钱锺书：《人生边上的边上》，页309—317。

载道的文人做起诗来往往"抒写性灵"。换句话说，只是不同的文体有不同的写法，文讲"气格"，诗讲"性情"而已。所以不能说一切"载道"的文学都是遵命的。钱锺书进而指出"革命"与"遵命"之间有趣的逻辑关系：要革命就是因为不肯遵命，革命成功后便要别人遵命，并引申说："不仅文学上为然，一切社会上政治上的革命，亦何独不然"，更达到一则钱氏通则："革命在事实上的成功便是革命在理论上的失败。"钱锺书也不同意周作人所谓公安派持论之周密，说是"袁中郎许多矛盾的议论，周先生又不肯引出来"，非不能也，是不为也，他甚至认为"袁中郎的识见，远不如周先生自己来得'高明'"，是一则极为含蓄而又技巧的批评①。

　　如此直言批评学长与前辈，在当时仍然崇尚温良恭俭让的中国社会里，可称异数；然而在西方学界论学向不序齿，早已事属寻常，青年钱锺书已经走在时代的前面，在他的自我意识中，已将类此传统中国的学术伦理视为过时，并不足取。大致而言，钱锺书在大学时代所写的书评，在相当程度上透露了他的个性。所谓性格，往往见诸个人对其所处情景的反应。钱锺书面对学术问题时，他的反应是认真、不徇情、直言不讳、幽默而带机锋，多少将"人情"置于"真理"之下。他因受到西方理性学风的影响，所以警觉到中国诉诸权威而缺乏分析与批判的传统；事实上，当章太炎在晚清接触到西学时，已经感受到中国传统学术里慎思明辨

---

① 参阅钱锺书：《中国新文学的源流》书评，《新月》，第4卷第4期（1932年11月1日），页9—15，收入钱锺书：《人生边上的边上》，页247—252。

功夫之不足，讲求是非对错的分析能力也欠缺①，钱锺书的学养使他感受更深。当时他虽然年事尚轻，但在学问上已实现了他的潜能，达到"心理上的成熟"②，力求讲是非、争对错、不假借、不乡愿，在论学上展现了高度的自信与自主。更值得指出的是，他毕生在学问上，对别人固然不假借，对自己也毫不留情，始终不满意自己的作品，一改再改，自称"文改公"。

青年钱锺书的学术视野当然不限于其周围的知识界，其眼光已投向国际学界。他在清华选读的专业虽是西洋文学，但阅读的范围远远超越文学，他的兴趣甚广，文学之外涉及哲学、史学、心理学等学科，不仅显示他博览群籍、学术讯息灵通，而且识见高明，能洞察利弊。他的清华老师们也不把他当一般学生看待，而视之为可畏的"青年朋友"，他自己也认为"孤往冥行，不由师授"，因他想要"亲炙古人"，不经转授，更能体会原汁原味，上课时从来不记笔记也就不足为异了。这位大学生展现了高度的自信与对学术的坚强认同，而这种自信与认同使他无论在理智上或感情上都超越了师道与友情，近乎西方社会里的师生关系，在人际关系上也呈现了高度的自主性。

钱锺书从清华毕业后考取公费留英，入学牛津大学，他在英法三年，在智性上积极吸取西方知识，但在感情上不仅没有"异

---

① 参阅汪荣祖：《章太炎对现代性的迎拒与文化多元思想的表述》，《学人丛说》（北京：中华书局，2008），页130。

② 参阅 A. H. Maslow, *Toward a Psychology of Being*, 2nd Edition (New York: Van Nostrand, 1968)。

化"，反而增加对中国的认同，"清凉烟雨非吾土，敢乐他乡忘故乡"①？离乡背井之后的家国之思滋润了这份认同，身在牛津，心系故园。到英国后的第一个新年，所感怀的是"故都寇氛"；开春以后，触景生情，所念者仍是故园："不见花须柳眼，未闻语燕啼莺。开户蒙蒙细雨，故园何日清明？"因思念之切，故睡梦中犹盼通梦："睡乡分境隔山川，枕坼槐安各一天。那得五丁开路手，为余凿梦两通连！"②在牛津第二年又逢陈衍（石遗）之丧，这位前辈诗人赏识年轻小友，钱锺书也视之为旧诗一大宗师，相濡以沫，没有新旧两世代的隔阂；及其逝也，能不"重因风雅惜，匪特痛吾私"③？陈老先生认为钱锺书不必到国外去学文学④，因不知别国也有高水准的文学，而钱锺书到英国学文学，并未下视中国固有的文学。他甚至想要以"中国对英国文学的影响"为题写作论文，只是他的英国老师有陈衍一样的心态，瞧不起别国，看不见中国能对英国文学会有任何影响，也无兴趣看看这位来自中国的学生会写出什么影响来。钱锺书只好将题目改为《十七十八世纪英国文献里的中国》（"China in the English Literature of

---

① 钱锺书：《来伦敦小雨斑斑中国此时已入伏执热可念》，《国风》，第 8 卷第 12 期（1936），页 28。
② 钱锺书：《槐聚诗存》，页 10、13、14。《诗存》定稿与当年所写在修辞上颇多改动，但意境不变，如将"梦乡"改为"睡乡"，"蝴蝶庄周"改为"枕坼槐安"，槐安即槐安梦也。钱先生曾谓我曰："物易钩通，而心难贯穿"，五丁力士或可通蜀道，仍难通梦。
③ 见钱锺书：《石遗先生挽诗》，《槐聚诗存》，页 17。
④ 语见钱锺书：《林纾的翻译》，载《七缀集》（上海：上海古籍出版社，1985 第 1 版，1994 修订本），页 102。

the Seventeenth and Eighteenth Centuries")①，以符合老师的"自我"意识。这种迁就却是对钱锺书"自我"的一种抑制，决定不顾世俗的价值观，不再追求更高的学位，在毫无拘束下读自己爱读的书。

钱锺书在留英几年中，花了相当多的时间完成他平生所写最长的一篇英文论文，取得牛津大学的文凭。我们可从这篇论文中体会到青年钱锺书的写作心境，他运用英文十分熟练，展现文学家的想象力、史学家的渊博与辨识之才，以及哲学家的妙思。

这篇英文论文并不是在纯粹研究文学作品，取用资料甚广，除了小说、戏剧、诗歌之外，还包括见闻录、旅行志、日记、书信、随笔等其他文字记录，所以原文中的"literature"一字不应译作较为狭义的"文学"，而应视作包括文学作品在内的各类"文献"。此一论文主要涉及 17、18 世纪英国人心目中的中国，就内容而言，与其说是文学研究，不如说是思想文化史的研究。他自己说他所选择的 17、18 世纪是属于西方"汉学研究的前期"(the pre-sinological age of Chinese studies)。西方人研究中国学问，号称"汉学"(sinology)，所谓"前期"无非是指"专业"研究汉学之前的"业余"时期。西方的汉学到 19 世纪才比较专业化，才较有思想性或具实用价值；在"前期"则比较倾向人文关怀，对中国的关怀

---

① 此论文初发表于 1940 年第 1 期的 *Quarterly Bulletin of Chinese Bibliography*(《中国图书季刊》)，pp. 351–384。今收入 *A Collection of Qian Zhongshu's English Essays*，pp. 82–280。

虽是真诚的，但仍然是不经意的或者是随兴而次要的①。欧洲走向中国的大背景是 16 世纪的地理大发现，在此之前欧洲人心目中的中国，几乎全靠传闻。16 世纪最早到达中国的是葡萄牙人，他们的兴趣在商业利益，而非知识交流。耶稣会士的文化讯息十分重要，但他们直到 17 世纪初才在北京立足；利玛窦（Matteo Ricci，1552—1610）在华二十七年的记录要到 1615 年才在欧洲出版②。英国人到中国较晚，钱锺书的论文从 17 世纪谈起，乃理所当然。

钱锺书认为如果英国伊丽莎白女皇的讯息及时送达明廷，中英可能在 16 世纪末就建立了邦交，汉学也早已在泰西建立了，中国不至于使 17、18 世纪的英国作者感到如此遥远与缺少理解③。我们也觉得，如果郑和下西洋能绕过好望角，中欧关系可能更早在 15 世纪就可以建立了。此一延误使中国走向世界比欧洲走向中国更晚，到 19 世纪后半叶在外力的压迫下才迟缓地去了解西方，对西方更觉得遥远而无知。钱锺书原来也想用英文写一本晚清输入西洋文学的书，但是只写了一个片段④。

英国文献中有关中国的最早记载，多半是略述风土人情，诸如生活习惯、庙宇信仰、科举考试、地方政府等。较为详细的第

---

① Qian Zhongshu, "*China in the English Literature,*" in *A Collection of Qian Zhongshu's English Essays*, pp. 83-84.

② 参阅 Donald F. Lach, *China in the Eyes of Europe* (Chicago & London: University of Chicago Press, 1968), pp. 794, 802。

③ Qian Zhongshu, "*China in the English Literature,*" in *A Collection of Qian Zhongshu's English Essays*, p. 84.

④ 见钱锺书：《七缀集》，页 137。

一本英文中国史《中华大帝国史》出版于 1588 年，译自西班牙文，作者是门多萨（Juan González de Mendoza，1545—1618）。西班牙人、葡萄牙人、荷兰人之东来，都早于英国人，后来者借重先驱者的知识，乃情理中事。英国人自己所写最早有关中国的书，不是过于简陋，有欠信实，就是根本不提中国本土。最早具有实质内容有关中国的英文书却是根据一位意大利旅行家的口述，其中首次提到中国文学，言及中国诗出奇地正确①。值得指出的是，钱锺书在行文时屡次很有自信地用"最早""首次"等字眼，足见他对文献掌握之完备与信心。

钱锺书认为，17 世纪英国大哲学家培根在其文集中涉及中国诸事大多完善，但也有令人不解之处，如谓中国人脸色不好，所以颊上必须抹红，又引所谓"众所周知"的事实说，中国用火炮已超过两千年。他进而考定培根所讲中国语文、律法、火炮诸事多从门多萨而来。17 世纪英国史家雷利（Sir Walter Raleigh，1552—1618）在其《世界史》（*History of the World*）一书中言及中国，如印刷术的发明与输入欧洲，也从门多萨之书而来②。

这本论文颇具史家手眼，尽量以当时材料呈现当时英国的中国观，那时代注意中国的外人多少会知道一些基本知识，如有长城、会制作陶器、用筷子吃饭、婚姻不能自主、专制体制、贪官污吏、清兵入关等，也不无道听途说、一知半解处，如谓中国人

① Qian Zhongshu，"*China in the English Literature*，" in *A Collection of Qian Zhongshu's English Essays*，p. 89.

② Qian Zhongshu，"*China in the English Literature*，" in *A Collection of Qian Zhongshu's English Essays*，pp. 92–97.

傲慢，是愚昧的无神论者，嗜吃马肉、喜溺婴等等。最有趣的先入之见，无过于读过圣经的西洋人看到奇怪的汉文，相信"诺亚方舟"（Noah's ark）被洪流送到东方，汉文就是方舟带来的、在洪水之前所使用的、简要而实用的"原始语文"（primitive language），汉文也就是诺亚所说的话。英人威伯（John Webb，1611—1672）于 1669 年出版专书，书名是《中华语文可能是最早语文之历史考察》（*Historical Essay Endeavouring a Probability that the Language of the Empire of China is the Primitive Language*）。威伯认为洪水时代之前，最原始的语文是汉文而不是希伯来文，显然推测过甚，但他仍然亟力论证，涉及中国的宗教、哲学、科学、艺术、伦理、书法等领域，建立古典性以配合圣经。钱锺书断定威伯之夸张与偏见，但在英文书之中已达到前所未有的高度。令钱锺书惊讶的是，威伯完全不懂汉文，自称得益于其他许多作者，然而却成为英文书中第一本试图透视事实，解释中国，不再仅仅复述旅行家的故事；赞赏中国的学术思想、政府体制、语言文字，不再谈帆船与火炮①。

　　钱锺书在论文中指出，威伯之后威廉·坦普尔（William Temple，1555—1627）亦盛赞中国，使英国人对华之热情达到巅峰。他赞美中国行政完善之余，讲述中国庭园之美，疏落有致，中医能经由脉搏探索疾病之因，以及中华文物为全球之冠。他也知道秦始皇焚书事，但综述儒学在当时英国最称详尽，并作中、

---

① 参阅 Qian Zhongshu，"*China in the English Literature*," in *A Collection of Qian Zhongshu's English Essays*，pp. 99-111。

欧间的比较。他也留心当时的时事，如科举考试，以及清兵入关征服中国诸事。钱锺书称威廉·坦普尔为良史，并追索其史料的来源①。

钱锺书发现，第一本有关中国的英文文学作品是《鞑靼人征服中国记》(The Conquest of China by the Tartars)，是一部悲剧剧本，出版于 1676 年，作者是塞特尔(Elkanah Settle，1648—1724)。这是一则虚构的故事，但也有些史实。钱锺书照例追究剧本故事的来源，认为不可能取自 1644 年以前的出版品，因而断定很可能得自帕莱福(Juan de Palafox y Mendoza，1600—1659)所著之《中国史》(History of China)，因述及两贼于 1640 年反抗明廷，其一名曰李(自成)决定夺取天下，明朝皇帝在危急中选择了极为悲惨的下场，亲手割断唯一女儿的喉咙，然后咬破手指，写下血书，以发掩面，自缢于树下。明将 Vsangué(吴三桂)为复君父之仇，迎清兵入关。这就是塞特尔剧本的本事，但并不完全按照史实，任其自由发挥②。

在 17 世纪终结之前，已有英国人到过中国，但只限于广东一地，也已有英国人懂一点汉语，但钱锺书发现随着 17 世纪的消逝，英国知识界对中国的尊敬不再，18 世纪并不如一般人认为是"疯华"(Sinomania)的世纪，前一世纪的热情已失，对中国的兴趣只成了小小的点缀，以往的赞赏变成谴责，对中国大肆批

---

① 参阅 Qian Zhongshu，"China in the English Literature,"in A Collection of Qian Zhongshu's English Essays，pp. 111-117。

② 参阅 Qian Zhongshu，"China in the English Literature,"in A Collection of Qian Zhongshu's English Essays，pp. 118-124。

评，但并不是因为对中国了解多了而生轻蔑之心①。英国人对东方的研究一直落后于法国，有赖于法国提供资讯，而18世纪的法国人如大哲伏尔泰（Voltaire，原名 François-Marie Arouet，1694—1778）对中国文明敬重有加。钱锺书视此英法之异为"难以言说的品味好恶"（inscrutability of the whirligig of taste）②。

　　18世纪英国人对中国文化的轻蔑，可略见之于文豪约翰生（Samuel Johnson，1709—1784）与弟子鲍斯韦尔（James Boswell，1740—1795）之间的对话。约翰生认为东印度人是野蛮人，包括中国人在内；他认为中国技艺之精只有陶器，说中国人没有能力像别人一样用字母来书写。当弟子说汉字所组成的学问大于任何其他国时，老师居然回答说："那不过是未开化的艰涩。"（It is only more difficult from its rudeness.）当约翰生说，中国人的伟大与聪明仅仅是与其周边国家相比而言，这位英国大文豪的态度已一览无遗：他只向往长城和陶器，他认为中国是一落后的国家，当代人的称赞不过是由于好奇而已③。

　　钱锺书在清华读书时就已读过18世纪哲学家休谟（David Hume）的一些著作，他写此论文时发现休谟在《国民性格》（*Of National Characters*）一书中提出很有意思的一个问题：何以疆域辽阔、风土迥异的庞大中华帝国，会出现如此统一的民族性格？休

---

① 参阅 Qian Zhongshu, "*China in the English Literature*," in *A Collection of Qian Zhongshu's English Essays*, pp. 127-130。

② Qian Zhongshu, "*China in the English Literature*," in *A Collection of Qian Zhongshu's English Essays*, pp. 142-143.

③ Qian Zhongshu, "*China in the English Literature*," in *A Collection of Qian Zhongshu's English Essays*, pp. 167-168.

谟认为中国的气候条件导致向心力与严肃的风尚，中国这样一个大国，用同一种语文，在同一法律统治之下，而且情同手足，理性而好礼，几千年来自然会有完好的结果以及未来。休谟的批评是帝国的大一统使后人不敢挑战前人，缺乏发明与创新，使科学发展缓慢，中国因而停滞不进。类此批评并非由休谟首发，但休谟之前无人将停滞之由归罪于儒学。"耶稣会士论述中国每将儒家文教视为装饰"（Confucianism and uniformity in language and manners have been feathers in the caps of Jesuit writers on China）①，约翰生虽对儒学评价不高，但也不曾视为中华文明的阻力。钱锺书慧眼洞见，休谟是一"彻头彻尾的怀疑论者"（all-pervading sceptic），他怀疑儒家威权一如他怀疑基督教之威权②。

钱锺书例举了 18 世纪英国的各类文献中许多轻蔑中国之语，还有讥嘲那些仰望中国的洋人的话，于是整个世纪中看不到为中国讲好话的英国人③。赫德（Richard Hurd，1720—1808）算是第一个作中西文学比较的英国人，他随法国伏尔泰之后注意到历史剧《赵氏孤儿》，此一被王国维认为悲剧中的悲剧，且谓纪君祥所写的元剧《赵氏孤儿》"即列之于世界大悲剧中，亦无愧色也"。此一大悲剧受到莎翁故乡人的青眼，并不意外；赫德视此

---

① 钱锺书在此很巧妙地用了一个美国原住民的典"a feather in your cap"，原住民习俗赠羽毛给勇士，意谓值得令人骄傲之举。于此可见二十几岁的钱锺书英文书写能力之高。

② Qian Zhongshu，"*China in the English Literature*," in *A Collection of Qian Zhongshu's English Essays*，pp. 171-172.

③ Qian Zhongshu，"*China in the English Literature*," in *A Collection of Qian Zhongshu's English Essays*，p. 175.

中国的悲剧故事,可与希腊悲剧比美,呼应了王国维的看法。然后赫德在论及戏剧诗时,则语带保留,认为中国的悲剧与喜剧似乎没有明显的差别,使钱锺书感到惊喜,不解何以这个不懂中文、对中国文学又所知有限的英国人,竟能无意中涉及有关中国悲剧的核心问题,几同奇迹①。钱锺书一直觉得传统中国没有真正的悲剧,《赵氏孤儿》的悲剧英雄程婴为了道义,当赵氏一家遭到灭门之祸时,为了拯救赵家遗孤,牺牲了自己的婴儿,大夫公孙杵臼更为此牺牲了自己的性命。最后赵氏孤儿长大成人,复仇成功,道义伸张,还是落入"劝善惩恶"(poetical justice)的窠臼。于是悲剧过程的惨烈与其皆大欢喜的结局,不成比例,大大冲淡了悲剧之悲。而且悲惨几多来自外缘,几乎没有内心挣扎之苦。当程婴在选择因道义救孤儿而牺牲自己的爱儿时,好像是理所当然,并无在"义"与"爱"之间的挣扎与悲苦,公孙杵臼更"义"无反顾,就大义凛然地牺牲了自己的性命②。这种中西差异,洋人多归之于"民族性",但钱锺书毋宁认为在心同理同之余的文化差异是事实,差异并无所谓好坏。

英国作者要改编"赵氏孤儿",显然认为原剧有所不足,认定中国诗之"粗鄙",因而不仅改变了角色的轻重与情节,甚至添加蒙古征服中国的故事,使剧情更加合乎西洋品味,而且认为西洋品味改变了原作的沉闷无趣,提高了剧本的水平,自称故事愈欧

---

① Qian Zhongshu, "*China in the English Literature,*" in *A Collection of Qian Zhongshu's English Essays*, pp. 178–181.

② 参阅 Qian Zhongshu, "Tragedy in Old Chinese Drama," in *A Collection of Qian Zhongshu's*, *English Essays*, pp. 60–61。

化就愈完美，意在贬抑中国人在创作上的缺乏想象力与热情①。钱锺书意不在辩谬驳误，而在呈现英国人在那个世纪中赤裸裸的中国观。

到 18 世纪中叶以后，英国人到过中国后所写的游记多了起来，到过的地方不仅是沿海的广东，而且直达京师北京。约翰·贝尔（John Bell，1763—1820）随俄国使团访华，钱锺书认为很可能是抵达北京的第一个英国人，并留下了记录。马戛尔尼（Lord George Macartney，1737—1806）使华，见到乾隆皇帝，记载更多。但是包括马戛尔尼在内的记载，对他们目睹的中国，多有微词，有异于传教士以及伏尔泰等人的中国观，落实了钱锺书所说的，在 18 世纪的英国人对华多半持负面的看法②。

钱锺书在论文的最后指出，中英关系持续恶化，从 18 世纪的轻蔑与嘲讽到 19 世纪的仇恨与霸凌。马戛尔尼使华后，汉学成为英国学术的一部分，然而专家知识虽然增加了，但大众愈来愈不在意中国，到了 20 世纪每况愈下，更乏兴趣。虽有少数作者排除种族歧视，作持平之论，但这些作者看中国仍然与实际的中国有异。钱锺书长篇大论后的结语引用歌德（Johann Wolfgang von Goethe，1749—1832）的话说："东方与西方不再分离。"（sind nicht mehr trennen Orient und Okzident.）歌德并不知道后生吉卜林（Rudyard Kipling，1865—1936）的名言："东方与西方永不相遇。"

---

① 参阅 Qian Zhongshu, "*China in the English Literature*," in *A Collection of Qian Zhongshu's English Essays*, pp. 222-230。

② 参阅 Qian Zhongshu, "*China in the English Literature*," in *A Collection of Qian Zhongshu's English Essays*, pp. 260-262。

(*The East is East and the West is West, the twain shall never meet.*)①
钱锺书明显站在歌德的一方,可以想见他向西方学习,同时也想
知道西方对中国的了解。他于论文杀青之际,已有沟通中西学术
文化的志向,不仅要中国人了解西方,也要使外国人更能了解中
国。中国需要走向世界,世界也要走向中国。钱锺书于平铺直叙
欧洲人对华的轻蔑之余,必然会引发无限感慨,除中西文化须相
互了解外,也增强了他对祖国文化的认同。

钱锺书自牛津大学毕业后,不愿再为学位而学问,自此尽情
读自己爱读的书。他虽留学在外,但对所学与国家认同之坚硕,
足以抵挡世俗环境的诱惑。他拒绝了富豪史博定(Henry Norman
Spalding,1877—1953)要他放弃庚款并提供经费请他与其在牛津
的弟弟(Kenneth Jay Spalding,1879—1962)一起研究老庄哲学以
合作写书。他也婉拒了与纽约大学文学教授白克乐斯(John E.
Bakeless,1894—1978)合写中国文学批评史②。他如果接受了,
不仅将改变其生涯规划,而且根本是"为人作嫁",洋人要与他合
作,有求于他,因自知中国学问之不足,然而钱锺书却无求于
人,他的英文极好,无须别人加持。他如果接受了,不啻是为了
钱而出卖了自己宝贵的时间,岂其所愿? 他自牛津毕业后,一说

---

① Qian Zhongshu, "*China in the English Literature*," in *A Collection of Qian Zhongshu's English Essays*, pp. 262-264.
② 事见《杨绛复汤晏函》,阅汤晏:《民国第一才子钱锺书》(台北:时报文化出版企业有限公司,2001),页 155—156、157—158。

他辞谢了在牛津教汉语的机会①，亦雅不欲为了一个安定的教汉语的职位，浪费自己宝贵的精力。另有一说，史博定夫妇还在牛津设立"中国哲学与宗教讲师教席"，钱锺书曾与王维诚同时被考虑这个职位，冯友兰还写了推荐信②。钱锺书是否曾主动申请此一教席，虽不得而知，但他不至于不愿意被考虑，但以他的聪明，不会不知道当时的王维诚无论在资历、专业，还是人际关系上都超过他，他不会对此一教席有所期待，当然更不会在乎。他更想要的是，趁难得的留学机会，多多学习。事实上，他随即带着妻女前往巴黎继续求学去了，诚然"对钱锺书而言，这一结果或者是'塞翁失马，焉知非福'。1937 年 8 月底，这位中国未来的大学问家挈妇将雏，坐船前往法国，开始了对欧洲文化更进一步的深入学习与研究"③。钱锺书坚强的"自我"使他在作抉择时，往往异于常人，而且无怨无悔。

---

① 胡志德在钱传中说，"牛津大学还很照顾他，给他很高的中文教席，但他拒绝了"（the university thought enough of him to offer him a readership in Chinese in 1937, an offer he turn down），阅 Theodore Huters, *Qian Zhongshu*, Twayne's World Authors Series, 660(1982), p. 5。"Readership"在英国是很高的教职，可等同美国的教授级，牛津不可能给刚毕业的钱锺书如此"照顾"，杨绛在回复汤晏之函中已否定授"Readership"，见汤晏：《民国第一才子钱锺书》，页 155。很可能只要他当一般教汉语的"语言老师"（language teacher）。

② 按照西方的习惯，未必需要自己申请，推荐人也可主动推荐理想的人选，如果冯友兰是应钱锺书写推荐信，不可能在同一封信里推荐两个人。钱锺书最初未必知道别人推荐他这一职位，后来必定知道，但并不在意，因他的选择是去法国进修。

③ 语见杨昊成：《钱锺书在牛津大学》，载《文汇报·文汇学人》（2015 年 7 月 3 日）。另参阅 Frances Cairncross and Chen Li, "Qian Zhong Shu and Oxford University"，收入《从无锡到牛津：钱锺书的人生历程与学术成就国际学术研讨会论文集》（无锡：江南大学，2014），页 76—90。

# 第三章　钱杨三人"互依我"

　　钱锺书具有坚强的自我认同，但在学问以外的应付人事方面，作为承受外在压力的自我以及作为自我防卫的自我，都显得"薄弱"，但这方面的薄弱得到妻子杨绛与女儿钱瑗的补强。杨绛于女儿与丈夫先后去世后写出《我们仨》一书悼念"失散了的我们仨"，更可证明钱锺书有了杨绛与钱瑗才是一个完整的自我，于是他就不可能是一"孤独"的自我。

　　埃里克森将十八岁到四十岁视为成年人的早期，在这一时期如能建立坚强的自我认同，便不会感到孤独，而能获致友情与爱心，也就是能对他人愿意付出、承诺与关切，展现真诚地照顾、理解、同情、信任、支持别人①。钱锺书于大学毕业之前在清华园初识杨绛，订下六十余年的文学姻缘。这是他一生中最关紧要之人，他的爱情伴侣对他关怀、尊重、爱惜与负责，超过任何

---

① 参阅 S. Sprecher & B. Fehr, "Compassionate Love for Close Others and Humanity," *Journal of Social and Personal Relationships*, 22(2005), pp. 629-651。

人。杨绛原名季康，也是无锡人，但在北京出生，比钱锺书小一岁。父亲杨荫杭曾留学日、美，为法律学者，有声于时。杨绛原就读于苏州东吴大学的政治系，在大三时曾获得美国著名的Wellesley女校每年一千美元的奖学金，但是因为不想继续读政治，放弃了奖学金，而心心念念要到清华读外文系，当时并不知道世上有钱锺书。至1932年的春天东吴因学潮停课，于是北上借读于清华大学，才初识钱锺书①。

在那个"父母之命，媒妁之言"仍然非常普遍的时代，两性在婚姻上往往不能自主，尤其是女性特别受制于传统的文化结构，没有独立的自我，听命或依赖于男性的安排，钱锺书的妹妹锺霞就是全由父亲的意志许配给其门人石声淮。但钱锺书在婚姻上完全自主，他与杨绛两人都是初恋，原本是自由恋爱。交朋友的时候，互相介绍书籍，用英文写情书。有一度钱锺书误以为杨绛不理他了，写下"答报情痴无别物，辛酸一把泪千行"的伤心句，道出年轻人初涉情场的烦恼与肺腑直言②。但这仅是茶杯里的小风波，此后来往密切，春游玉泉山，"久坐槛生暖，忘言意转深"③。之后登门求亲，双方家长均感满意，遂于1932年的冬天在苏州订婚，男女两家各有一位共同朋友当媒人，举行了简单的仪式，而后两家同时备酒会面。1933年的春

---

① 据《杨绛复汪荣祖书》（1988年12月16日）。此话证实杨绛并非因钱锺书考清华，杨绛母亲说，"阿季脚上拴着月下老人的红丝"，显然是后见之明。

② 句见钱锺书《壬申年秋杪杂诗并序》十首，《国风》，第3卷第11期（1933），页56，就是误以为失恋的感伤之诗，另有句如"别后经时无只字，居然惜墨抵兼金"，以及"呕出心肝方教休"等均情见乎词。

③ 句见《玉泉山同绛》，《槐聚诗存》，页3。

天钱锺书与师友们到山东去旅游，有如毕业旅行，有句曰："乞取东风晴十日，今年破例作春游"；此后他很少再破例①。是年秋天，杨绛考取清华研究院，北返继续学业，而钱锺书已经毕业，在上海的光华大学执教，与父亲钱基博同事，准备服务两年后考庚款公费留英。他初执教鞭，甚是认真，所开英美散文一课，最受欢迎。授课之外，兼任《中国评论周报》(*The China Critic*)的编辑，并发表文字，另外又为老师温源宁主编的《天下月刊》撰稿。公余之暇，不免思念刚订婚不久的未婚妻，有诗为证："人间离恨当填海，衔石他山借亦堪。"②他似乎没有太多时间花在准备留学考试，因腹笥满满，用不着临时抱佛脚。

1935 年之春，留学考试放榜，钱锺书名列榜首。金榜题名后，接着是洞房花烛夜，钱锺书准备结婚后再出洋。婚礼于 1935 年 7 月 13 日在苏州杨府举行，然后迎新娘到无锡钱府，仪式仍然不得不按照旧礼，还选了黄道吉日。杨绛事后有生动的回忆：

　　1935 年的婚礼，两家都力求简约。因我父亲患高血压，婚礼在我苏州家里举行。默存由他父亲弟妹等陪同来苏州。古口由钱家选定(阳历七月十三日，阴历六月十三日)，正是最酷热的天。默存穿西式礼服，我披长纱，都热得发昏。我家雇照相师来家摄影。赤日炎炎，我们只好立在廊下，因大厅上太暗。当时还没有闪光灯，背光而摄，

―――――――――

① 此次春游，钱锺书作诗二十二首，兴致颇高，曾发表于《国风》杂志，然均未收入《槐聚诗存》。
② 句见《别绪》诗，《槐聚诗存》失载。

一张张照片上的人个个像刚被警察拿获的小偷。吃完喜酒，
客人半散，下午我随默存一家人回无锡，复用旧式礼节，
放炮仗、拜祠堂，拜见舅姑尊长和平辈，晚上再吃团圆喜
酒。一个婚礼，连续两处举行，实在是新旧两式的复合。
不过究竟还算简约，说不上盛况。①

　　两人于婚后一个月就相伴出国留学，在海上兼度蜜月。钱
锺书进入牛津大学的埃克塞特学院读书，杨绛以自费的名义出
国，未能正式入学，一份公费两人用，省吃俭用，相对苦读，
他俩都喜欢读书，仅觉其甘，并不觉其苦。钱锺书将藏书极富
的牛津大学图书馆译作"饱蠹楼"（Bodleian Library），不仅谐音，
且也写真，他除了与导师面谈与上课之外，将大部分的时间泡
在"饱蠹楼"内饱啃楼里的藏书。从 1937 年元月残存的日记，
得知他在"饱蠹楼"借书、读书、写笔记的实况②。因书不能外
借，所以他勤写笔记，因而养成习惯，一直写到 1990 年代，留
下令人惊羡的大量读书笔记③。新婚夫妇于假期曾赴巴黎一游，
曾做《清音河（La Seine）河上小桥（Le Petit Pont）晚眺》一诗，其一
云："万点灯光夺月光，一弓云畔挂昏黄。不消露洗风磨皎，免
我低头念故乡"④，乡思盎然。两年后的 1937 年钱锺书写完论文

① 阅《杨绛复汪荣祖函》（1988 年 12 月 16 日）。
② 见钱锺书：《钱锺书手稿集·中文笔记》，第 1 册，页 663。
③ 北京商务印书馆另有西文笔记四十巨册。
④ 钱锺书：《清音河（La Seine）河上小桥（Le Petit Pont）晚眺》，载《槐聚诗存》，页 15。
《国风》，第 8 卷第 12 期（1936），页 28 原稿为"点点灯光兑月光，一梳云畔挂昏黄。
不烦露洗风摩洁，免却低头念故乡"。定稿于字句推敲后显然胜出。

毕业，应该获得牛津大学的 B. Litt. 学位①，然因钱锺书没有书面申请，也未能参加毕业仪式，所以没有领到学位证书，于是有实无名②。两年后的 1939 年耶诞前夕，钱锺书只身在孤寂的蓝田，又怀念起与杨绛在牛津宁静而又温馨的生活，在日记里写道："今日为基督诞辰，念在牛津与季围火炉听窗外唱赞美诗，怦然心动。"③

他们在英国又喜获女儿钱瑗，小名阿圆，生于 1937 年 5 月 19 日。钱锺书用情专一，爱女爱到不愿再生第二个孩子，怕再生一个孩子比阿圆好，会对不起阿圆④。自此三人"相依为命"，随着时光的消逝，感情愈来愈深，不可割舍。诚如杨绛自道：

> 我们与世无求，与人无争，只求相聚在一起，相守在一起，各自做力所能及的事。碰到困难，锺书总和我一同承当，困难就不复困难；还有个阿瑗相伴相助，不论什么苦涩艰辛的事，都能变得甜润。我们稍有一点快乐，也会变得非

① B. Litt. 不能从字面解作"文学士"，而是高于学士的学位，在当时多半授予有大学文凭的外国留学生，后来改为"文硕士"，相当于苏联的"副博士"。后来美国大学广授博士学位给外国留学生，英国也开始改授外国学生 D. Phil.（博士）学位。据我牛津友人 Michael Hurst 教授说，英国人最感荣耀的是大学"一等毕业生"（First Class），他与他的著名导师 A. J. P. Taylor 都是"一等毕业"，都没有博士学位。
② 参阅 Frances Cairncross and Chen Li，"Qian Zhong Shu and Oxford University"，收入《从无锡到牛津：钱锺书的人生历程与学术成就国际学术研讨会论文集》（无锡：江南大学，2014），页 76—90。
③ 见钱锺书：《钱锺书手稿集·中文笔记》，第 2 册，页 100。
④ 吴学昭：《听杨绛谈往事》，页 127。

常快乐。所以我们仨是不寻常的遇合。①

确实是"不寻常的遇合"，钱之"自我"加上杨之"自我"才是一个完整的"自我"，再加上女儿钱瑗，这"自我"更形充实与欢愉。

1938 年他们仨在巴黎过着自由自在的读书生活，暇时逛书店或与友人在咖啡馆聊天。但悠闲快乐的心情被日军疯狂侵华所打乱，念及祖国遭遇到惨烈的战乱，写下"白骨堆山满白城，败亡鬼哭亦吞声"的诗句，道出南京大屠杀的惨绝人寰，以及死者之众与生者之悲；"熟知重死胜轻死，纵卜他生惜此生"，写"他生未卜"而"此生"堪惜，写死者之无辜，以及此身虽殁而此恨难销；"身即化灰尚赍恨，天为积气本无情"，叹天地之无情；"艾芝玉石归同尽，哀望江南赋不成"，哀贤愚同尽，借庾信《哀江南赋》之意，隐指江南各地之相继沦陷，令他不胜悲戚②，遂决定早日结束三年远游，启程回国。钱锺书于 1938 年 3 月 12 日自法国回复友人司徒亚（Donald Stuart，1913—1983）原函中③，说得更为详尽。从信中可知，司徒亚离开牛津后去参加了西班牙的反法西斯战争，钱锺书担心他的安危，当接到他的长信时，始感释怀。钱锺书致意之后，开始说他自己的情况。他说他一家将在法国再停

①　杨绛：《我们仨》，页 67。
②　见钱锺书，1938 年《哀望》，《槐聚诗存》，页 22。
③　笔者在澳大利亚国立大学图书馆得见钱函原件，并手抄一份存档。钱锺书在法国的住址是"28 Ave Laplace，Arcueil（Seine），France"。此函今已收入 *A Collection of Qian Zhongshu's English Essays*，pp. 409—411。吴学昭：《听杨绛谈往事》，页 137 简略说到此信的内容。

留四到五个月，庚款 8 月到期，所以 9 月返国。这不是说他们一家有家可归，家乡的房舍虽未毁于战火，但已被抢劫掠夺一空，钱杨两家逃难到已被盗贼破坏的山中。接下来的警句是："内人失去了母亲，而我自己也全无把握找到像样的工作；不过，一个人的命运仍然与他自己的人民在一起；我不在意闯它一下。"①这是对自己国家与人民的认同，由于日本侵略祖国而更感运命共体。

钱锺书然后向司徒亚报告读书情况，他目前完全为自己读书，他要有系统地阅读法国文学，已经读到 19 世纪中叶。他也努力阅读德国浪漫文学，同时没有荒废英文与中文方面的研读。接着他得意地说，他的宝贝阿圆正在长胖，已长出六颗牙齿，她每长一颗牙意味着一个星期大家的担心与失眠。她很调皮而自主，完全是难以对付的"恶客"，下一个月她将稍为会走路了。信尾意犹未尽，在附言中继续说："内人要我告诉你，宝贝是她父亲的女儿。她爱书胜过一切，撕书又咬书，当然还不会念书。她已经毁损了一本《德文初阶》，更不必说无数的宣传品与小册子。她丢掉手里的玩具，来抢我们正在阅读的书。"这封给洋朋友的信，时而幽默与不忘宝贝女儿的种种，对妻女的温情，仍难掩明知前途艰困而知所进退的风骨，以及勇往直前的气概。他又写了两首律诗，名曰《将归》，其二是：

---

① 原文是："My wife lost her mother, and I myself have no prospect whatsoever of getting decent jobs in China. Still one's lot is with one's people; I don't mind roughing it a bit."

结束箱书叠箧衣，浮桴妻女幸相依。

家无阳羡笼鹅寄，客似辽东化鹤归。

可畏从来知夏日，难酬终古是春晖。

田园劫后将何去，欲起渊明叩昨非。①

　　钱锺书客居海外，整装待归，庆幸与妻女相依为命，可惜没有相传阳羡人所携之鹅笼，可容书生寄身而行；"笼鹅寄"与"化鹤归"相对，俱言归心似箭。然而将归之祖国已敌骑纵横，可畏之"夏日"应借指当时侵华之日寇；若然，则"春晖"亦未尝不可解作哺育自己的"祖国"②，而"春晖"适与"夏日"对照。最后借陶渊明"实迷途其未远，觉今是而昨非"之句，感叹故园沦陷，不知归处尚在否？钱锺书的《哀望》《将归》诸诗实与元好问于金国败亡时所写"白骨又多兵死鬼，青山元有地行仙。西南三月音书绝，落日孤云望眼穿"等句③，可谓异代同慨。此一心情在出发前夕所写的另一首律诗中，有更进一步的发挥："置家枉夺买书钱，明发沧波望渺然。背羡蜗牛移舍易，腹输袋鼠挈儿便。相传复楚能三户，倘及平吴不廿年。拈出江南何物句，梅村心事有同怜。"④

　　当时的中国处处烽火，钱锺书与杨绛抱着一岁的娃娃搭乘法国邮轮自马赛港回国，在启程之前才接到西南联大文学院院长冯友兰寄来的聘书，出任外文系教授，"锺书喜出望外，当即决定

---

①　钱锺书：《将归》之二，《槐聚诗存》，页23。

②　刘梦芙：《二钱诗学之研究》（合肥：黄山书社，2007），页171。

③　见《元遗山诗集笺注》（清道光二年南浔瑞松堂蒋氏刻本），卷8，页19下。

④　钱锺书：《巴黎归国》，《槐聚诗存》，页24。

应聘回母校服务"①。当时联大已搬到昆明，文学院则在蒙自。所以当船到香港后，钱锺书经越南的海防转往云南，独自前往昆明的西南联大就职，从1938年的11月教到1939年的7月。杨绛带着女儿回上海看望父亲，三人首次分离，"不胜相思之苦"。他独居昆明，屋小如舟，自称"冷屋"，心系沪滨妻女，日日思念，勤写情书，正是"萧然四壁埃尘绣，百遍思君绕室行"②。若得不到家书，顿感"剩有微波托词赋，最怜鸿断与鱼枯"③。这一年的暑假三人久别重聚，欢喜异常，与小女儿玩得尤其高兴："惯与伴小茶(女儿昵称)，儿戏浑忘倦。鼠猫共跳踉，牛马随呼唤。自笑一世豪，狎为稚子玩。"④

　　钱锺书与妻女在上海重聚后不久，于1939年11月，应父命远赴湖南蓝田师院任教，同行者有徐燕谋、邹文海、潘振球等人⑤。他们在一个寒冷的晚上坐船从吴淞口出发，波涛汹涌，颠簸甚剧，翌日抵达宁波；从宁波到溪口，水陆两路一共走了整天，狼狈不堪。溪口之后，行路既难，车票更难买到，好不容易抵达金华，旅社破旧肮脏。离金华进入江西，来到鹰潭，食物不堪入口，继往南城、宁都、兴国、吉安，冈峦叠嶂，苦不堪言。到达邵阳后，终于来到目的地——位于湖南安化县蓝田镇上的国立师范学院。钱锺书回想此行，有谓"形羸乃供蚤饱，肠饥不避

①　吴学昭：《听杨绛谈往事》，页138。
②　句见钱锺书：《昆明舍馆作》，《槐聚诗存》，页29。另有《诗存》未收的《夜坐》长句，有云"心花勒待三春放，泪海偿将万顷干"，亦亟见思念之切。
③　句见钱锺书：《此日忽不乐》，引自《听杨绛谈往事》，页166。《诗存》失载。
④　句见钱锺书：《杂书》，《槐聚诗存》，页38。
⑤　潘氏曾任在台北的"国史馆"馆长，亲自告诉笔者在同行之列。

蝇余",又说"每至人血我血,掺和一蚤之腹;彼病此病,交递一蝇之身"①。真实情况恶劣如此,又何必再渲染?小说《围城》所描述前往三闾大学的艰辛,足可反映他亲身所经历的实况②。

途中钱锺书在溪口观览雪窦山,借物抒情,所见山山水水,都化作对妻女的思念:"田水颇胜师,寺梅若可妻。新月似小女,一弯向人低。平生寡师法,开径自出蹊。挈我妻女去,酷哉此别离。老饥方驱后,津梁忽已疲。行迈殊未歇,且拼骨与皮。下山如相送,青青势向西。"③日有所思,夜有所梦,女儿一再来到梦中:"汝岂解吾觅,梦中能再过。犹禁出庭户,谁导越山河。汝祖盼吾切,如吾念汝多。方疑背母至,惊醒失相诃。"④其中"挈我妻女去,酷哉此别离",尤见思念之深。全诗亟写远道相思,殷盼之切,望女来会,方疑女儿果然背母而来,突然惊醒。当收到女儿与其他表姊弟的合照时,高兴之余,毫不犹疑题上"五个老小,我个顶好"⑤。当从家书中知道三岁的女儿见到"朋"字,立即说出,此字乃两月相昵,高兴得想起唐朝刘晏的故事,写下一绝:"颖悟如娘创似翁,正来朋字竟能通。方知左氏夸娇女,不数刘家有丑童。"⑥从在蓝田的残存日记得知,钱锺书日常的生活除了上课、办公、读中英德法书、作笔记,陪父亲散步之外,就

---

① 语见钱锺书:《谈艺录》,页184。
② 参阅李洪岩:《智者的心路历程——钱锺书的生平与学术》,页190—197。
③ 钱锺书:《游雪窦山》,《槐聚诗存》,页43—44。
④ 钱锺书:《宁都再梦圆女》,《槐聚诗存》,页44。
⑤ 照片与题词均见吴学昭:《听杨绛谈往事》,页178。
⑥ 见钱锺书:《槐聚诗存》,页59。

是"作书致季"①。季就是远在上海的妻子杨季康(绛)。1940 年的暑假急着想回沪探亲,"岂料居难出更难"②,旅途过于艰险而折返,更增离愁别绪,于 1941 年的农历正月十五日写了哀伤的《上元寄绛》:

> 上元去岁诗相祝,此夕清辉赏不孤。
> 今日仍看归计左,连宵饱听雨声粗。
> 似知独客难双照,故得天怜并月无。
> 造化宁关儿女事?强言人厄比髃苏。③

钱锺书在蓝田除陪伴父亲子泉先生外,主要还是读中外文书籍,观碑帖临写以自娱。虽在乡野僻壤中,也有一些谈得来的朋友,与吴忠匡、徐燕谋过从密切,唱和尤多。

他在蓝田将近一年半的时间,直到 1941 年的夏天才能回到上海与妻女团聚;因有人干扰而无法回到联大复职。是年岁暮,日本偷袭珍珠港,太平洋战争全面爆发,日军进入租界,上海完全沦陷,反而成全了他们仨在一起,共度抗战最后几年的艰苦日子,至少"胜于别离"之苦,并誓言:"从今以后,咱们只有死别,不再生离。"空袭警报来时,他们仨一起藏在楼梯底下,钱锺书说:"要死

---

① 残存日记从 12 月 20 日至 12 月 27 日,未见年份,不是 1939,就是 1940,见钱锺书:《钱锺书手稿集·中文笔记》,第 2 册,页 98—101。
② 句见钱锺书:《示燕谋》,《槐聚诗存》,页 75。
③ 钱锺书:《上元寄绛》,《槐聚诗存》,页 64。

也死在一块儿。"①此后，他们仨确实形影不离，并以此感到满足。旁观者清，有位名叫陈麟瑞的好友到访，才知道钱锺书这样高兴快活，"原来他有这样一个 wife（妻子）"②，当然还有一个疼爱的 daughter（女儿）。当女儿毕业后要分配工作时，深怕分到远地，难以见面，故当得知分配留校当助教时，"可以永远在父母身边"，感到"说不尽的称心满意"。他们仨在一起，"总有无穷的趣味"③。女儿也依恋父母，为了陪伴父母亲，甚至不想出嫁；既嫁之后，家里一直留有女儿的房间，随时来住。他们一起冲过革命狂潮，面对政治风暴，相互护持与照顾。钱瑗工作认真，办事积极，人缘又好，在"文革"时属于"革命群众"，不得不在表面上公开与父母"划清界线"，但私底下深情地为母亲缝制睡衣，给父亲带来爱吃的夹心糖。杨绛说"我看得出她是眼泪往肚里咽。看了阿瑗，我们直心疼"④。钱锺书与杨绛从干校回来，受到邻居欺负，钱瑗建议"逃难"到北师大她当学生时的宿舍。杨绛说"三人同住一房，阿瑗不用担心爸爸妈妈受欺负，我们也不用心疼女儿每天挤车往返了。屋子虽然寒冷，我们感到的是温暖"⑤。

　　他们一家历劫归来前后的经过见诸杨绛写的《干校六记》。改革开放后，他们仨有了比较安适的家，都曾奉派短期出国。1990 年女儿钱瑗赴英进修出国访问两年，尤使他俩"忍受离别的滋味"，虽

---

① 语见吴学昭：《听杨绛谈往事》，页 181—182、210。
② 语见吴学昭：《听杨绛谈往事》，页 190。
③ 杨绛：《我们仨》，页 139、140。
④ 杨绛：《我们仨》，页 142、143。
⑤ 杨绛：《我们仨》，页 145。

是短暂的离别，仍感"小女出门后，愚夫妇大有美语所谓"empty nest syndrome"（空巢症候群），一笑"①。最后他们三人都不愿再出国了，即使是短期的访问，也感兴趣缺缺，"只愿日常相守"②。

依常情而言，婚前一见钟情，情意绵绵，世所多见，婚后如胶似漆，也甚寻常；然而钱杨文学姻缘，却极不一般，他们结褵六十余年，始终不作第二人想，每次即使短暂的分离，钱锺书"必详尽地记下所见所闻和思念之情"，感情不退反进，直到晚年，他们仍然一起到公园散步，"还像年轻时那么兴致好"③。文学所的同仁朱寨注意到钱杨形影不离，杨绛处处照顾钱锺书，钱锺书赴宴见有好吃的小点心，包好带回给杨绛吃，就像在干校时杨绛带切好的西瓜来与钱锺书相会，确实"钱锺书先生和杨绛女士却共同为爱情栽植了一株常青树"④。

钱杨文学姻缘几臻化境，主要由于性情上的互补、心理上的平衡、人格上的相敬，以及品味上的契合。"婚姻是一漫长的对话"（marriage is one long conversation）⑤，钱杨有无尽的对话，只可惜对话过早地中断。钱府有异于一般以男性为主的家庭，灵魂人物是杨绛；然而，并非由于女主人的强势，而是由于钱锺书埋首读书，沉潜于学问而拙于处世，但在生活上自称"拙手笨脚"，

---

① 语见《钱锺书复汪荣祖书》（1990 年 5 月 16 日）。
② 杨绛：《我们仨》，页 160。
③ 语见杨绛：《我们仨》，页 159、155。
④ 朱寨：《走在人生边上的钱锺书先生》，沉冰主编：《不一样的记忆——与钱锺书在一起》，页 303、304。
⑤ 我好几次听钱先生引英国小说家罗伯特·路易斯·史蒂文森（Robert Louis Stevenson, 1850—1894）所说的这句话。

有赖于杨绛善于理家，他毕生在生活上得到她的照顾。在牛津苦读时，既吃得饱，又吃得好，尤其使他感念，有诗为证："卷袖围裙为口忙，朝朝洗手作羹汤。忧卿烟火熏颜色，欲觅先人辟谷方。"①杨绛则外向，又勇于任事，处变不惊，从容应付外来的压力，表现出决心与决断力，化解人生中不时而有的危机，无意中扮演了"男性化自我"（androgynous self）的角色，唯有摆脱旧传统的现代社会才会出现。但是杨绛同时未离对固有"女性"（feminine）的自我认同，仍然是体贴的妻子与充满爱心的母亲。杨绛出生于一个由旧趋新的家庭，父亲杨荫杭曾留学日本与美国，从事翻译西学工作，尤擅长法律②；而她自己更受过完整的现代教育，已是现代的新女性。不过，杨绛无须在婚姻关系中争取女性的自主，因钱锺书不仅尊重她自主，而且依靠她做主，被照顾得好像孩子一样。钱锺书被朋友称有"誉妻癖"（uxorious），自称有故，因妻子成名不骄，临危不乱，使钱锺书赞佩不已③。

　　钱杨因能共度艰危，共享欢愉，共爱圆女，与世无争，以三人在一起为最大乐事，相互不可或缺，真是难得的遇合。他们仨就是三位一体的自我，缺其一就不完整，成为一个难以分隔的"互依我"。这是很不寻常的事，钱锺书自认为这段姻缘之所以不寻常的原因是"妻子、情人、朋友"的不寻常结合，而杨绛则认为最重要的是朋友关系，"夫妻而不够朋友，只好分手"④。诚如钱

---

① 见钱锺书，1936 年《赠绛》，载《槐聚诗存》，页 10。
② 参阅杨绛：《回忆我的父亲》，《将饮茶》，页 1—72。
③ 参阅吴学昭：《听杨绛谈往事》，页 225—226。
④ 吴学昭：《听杨绛谈往事》，页 220。

锺书所说，"真正友谊的产物，只是一种渗透了你的身心的愉快"①，有了这种超越精神与物质帮助的愉悦、难以言传的快活，才是杨绛所说的"够朋友"。

钱锺书于 1959 年，写了十首绝句，回顾二十六年来的感受，其中提供了不少他夫妻俩的往事。妻子不仅照顾他的生活，而且还特别"护持"他视若敝屣的手稿，特别是他的诗稿与《谈艺录》写本，因她而幸存。当年写作"气粗语大"，如今虽然较为审慎谨严，但才华已退，未知尚能有当年写作的情怀否？此问发于"拔白旗"与"大跃进"之后，自亦有故。忆及在清华初识杨绛，同游近郊玉泉潭，巧遇男女学生，对钱杨之亲密情影，投以羡艳的眼光，目送久之。钱锺书曾以七言绝句记此事："欢子懊侬略已谙，嬉春女伴太痴憨。干卿底事一池水，送我深情百尺潭。"②如今回想，仍记忆犹新，大似"秋月春风闲坐立，懊侬欢子看销魂"③。他们一起乘船远赴英国留学，为了生活，忙无止境，自此读书写作之外，还要为柴米油盐操心。今日妻子的容貌仍然白里透红，忆及当年快乐之余，竟在她睡脸上涂墨的趣事。她忙于写作，可称大才女。才女的剧本如《称心如意》《弄真成假》《游戏人间》等作品，甚是成功，曾搬上舞台，轰动沪上。文人争名成为习尚，他当然不会与自己的妻子争胜，他一直是以妻子的成就为荣，而自己也有自信，绝非

---

① 钱锺书：《谈交友》，《人生边上的边上》，页79。
② 转引自吴学昭：《听杨绛谈往事》，页 90。《诗存》未录，谅因游戏之作故。
③ 钱锺书：《偶见二十六年前为绛所书诗册电谢波流似尘如梦复书十章》，《槐聚诗存》，页 122。

李清照与赵明诚之比①。他写的《围城》是"满纸荒唐言"的小说，也是他的成名之作，其中当然会有一些真人实事。大哲学家康德曾说，"知识必自经验始，而不尽自经验出"，文艺创作亦复如是，若干故事情节自有来自经验者，但毕竟是虚构的，许多人却认真起来，务必要索隐，真令他有痴人说梦的无奈，杨绛也不得不写一篇《记钱锺书与〈围城〉》，以正视听。他俩虽然历尽霜雪，但在岁寒时"冰姿粲粲"，沉淀在自己清幽的天地里，不知窗外已"桃李漫山"，更能体会到范石湖诗所说"老景增年是减年"②，愿在平静的读书写作生活中"相随老"③。

德国汉学家莫芝宜佳（Monika Motsch，1942—　）注意到钱杨夫妇文坛双璧，性格迥异，钱较内向，不擅办事，往往逆来顺受，而杨则较外向，遇事有主意，勇于排难解困；在文风上也各不相同，钱较尖锐，在意人性与文化的通性，而杨较内敛，偏重其个人的世界④，不谓无见。然性格迥异，钱杨之自我正可互补，庶成合璧。钱先往生未尝不是不幸中之幸，因杨之性格易于自理，而其坚毅得以让浩瀚的钱氏笔记编辑成册。若钱独存，不仅生活难以董理，且未必珍视旧稿。至于钱杨文风不同，则可说是

---

① 可参阅吴学昭：《听杨绛谈往事》，页349有云："锺书曾对杨绛说：'照常理讲，我应妒忌你，但我最欣赏你。'"

② 见《钱锺书复汪荣祖书》（1980年12月27日）。

③ 参阅钱锺书：《偶见二十六年前为绛所书诗册电谢波流似尘如梦复书十章》，《槐聚诗存》，页122—123。

④ 参阅莫芝宜佳：《清茶和洋酒——比较钱锺书与杨绛的性格与文风》，汪荣祖主编：《钱锺书诗文丛说：钱锺书教授百岁纪念国际学术研讨会论文集》（桃园："中央大学"出版社，2011），页401—407。

异曲同工，各登高峰。或谓杨之白话文炉火纯青，堪称典范①；或谓钱"融文于白""化西入中"的句法，启示深远，使当代散文名家余光中感叹："在他（钱锺书）的启示下，我的文体虽不能说'添了一甲子功力'，至少也早熟了十年。"②钱杨之文譬如雌雄双剑，路数有别，合则无敌。

钱杨犹如文友，而他俩与独生女钱瑗之间也是最好的朋友关系，完全没有传统或一般父女与母女之间可能会有的距离，甚至隔阂。女儿从小就是钱锺书的玩伴，玩得"最哥们"，与母亲更是亲密，长大后更是像好朋友一样，始终照顾父母，即使在政治风暴中，钱瑗不稍减照顾与爱护被指为"牛鬼蛇神"的父母③。父母也欣赏女儿的"刚正"与勤奋，痛惜她是"可造之才"，而未能尽其才④。

他们仨如此亲密地生活在一起，相依为命，却无法永远在一起。钱杨晚年好好在一起时，却常做突然失散的梦，那是潜意识中的"恐惧"浮现在梦境之中，对失去美好事物的潜藏"恐惧"，强入睡梦中的自我意识，将恐惧的"梦想"形之于自觉的"梦境"⑤。杨绛在梦中"惶急"惊醒，正见她睡梦中的自我再也抵挡不了潜意

---

① 范培松、张颖：《钱锺书、杨绛散文比较》，丁伟志主编：《钱锺书先生百年诞辰纪念文集》（北京：三联书店，2010），页 52。

② 见余光中：《新儒林外史——悦读钱锺书的文学创作》，汪荣祖主编：《钱锺书诗文丛说：钱锺书教授百岁纪念国际学术研讨会论文集》，页 175。

③ 参阅杨绛：《我们仨》，页 142—143。

④ 参阅杨绛：《尖兵钱瑗》，《我们的钱瑗》（北京：三联书店，2005），页 21—24。

⑤ 弗洛伊德所论"呈现之梦境"（manifest dream-material）与"潜在的梦想"（latent dream-thoughts）之间的关系可参阅 Sigmund Freud, *An Outline of Psychoanalysis* (New York: W. W. Norton, 1949), pp. 46-48, 52。

识的"恐惧",回到清醒,看到"锺书在我旁边的床上睡得正酣
呢"①。但是梦里的焦虑与恐惧最终成为现实,他们再也不愿"生
离",终不免要"死别"。照常理,黑发人送白发人,然而宝贝女
儿却第一个走了,使母亲伤心欲绝,又不敢立即告诉卧病的钱锺
书,等了四个月,费了整整一个礼拜才慢慢说出"女儿没了"的残
酷事实②。他们仨"走散了",三位一体解体了,杨绛称之为"万
里长梦"③,永远无法逃避的一场噩梦。杨绛记录了这场噩梦,女
儿与丈夫病痛与先后病故的煎熬,以及三人离散的痛楚和独自一
人怀念"我们仨"的凄凉,人散了,也不再有家的感觉了④。

　　钱杨三位一体使钱锺书在有生之年,有了必要的"安全岛"
(safety-valve),友谊对他来说,"只能算是一种奢侈"。他早在牛
津留学时就认识到,期待朋友在物质上的周济或精神上的补助,
都是靠不住的。他自认没有直谅的益友,也不感到有益友的需
要。对他来说,真正的友谊是带些偶然、不知不觉中形成的,而
其结果能使身心愉悦,他称之为"素交",含"有超越死生的厚
谊","比精神或物质的援助更深微的关系"。他回顾在大学时代
有五位哲人导师兼做朋友,以及其他三四位好朋友。而这些少数

---

① 杨绛:《我们仨》,页13。
② 参阅吴学昭:《听杨绛谈往事》,页380—381。闵捷:《情牵携手到白头——听杨绛
　谈钱锺书及家事》,何晖、方天星编:《一寸千思:忆钱锺书先生》(沈阳:辽海出
　版社,1999),页163。
③ 语见杨绛:《我们仨》,页17。
④ 参阅杨绛:《我们仨》,页17—53。

的师友们"并非由于说不尽的好处，倒是说不出的要好"①。他写
这篇文章的时候不过二十几岁，此后经过战乱与革命风潮，人命
草芥，人情日薄，更难有"说不出要好"的朋友。他没有想到的
是，有一种友谊出乎对他才华的爱惜、敬重或仰慕，而相互表达
无私而愉悦的感情。老辈如陈衍(石遗)惜其才而爱其人，成为忘
年之交；清华的五位老师莫不爱其才而接交如友；同好如徐燕
谋、冒效鲁，诗歌唱和，乐在其中；同辈如郑朝宗、夏志清等皆
因敬重其学而道义相挺，张大钱学；晚年有经历"文革"的难友与
改革开放后愿意接交的仰慕者，成为不比旧朋友差的中、外、
公、私新朋友。这为数并不很多的朋友，都可以说是素交；然而
这些素交几乎都是一时的或短暂的，不可能像跟杨绛和钱瑗那样
是终生的哥儿们。

---

① 参阅钱锺书：《谈交友》，《人生边上的边上》，页 73—81，特别参阅页 73—74、75、
77、79—80。

# 第四章　剖解自我

学问助长见识，钱锺书饱学之余，对人性的观察洞若观火，所以他的创作，不仅仅在展示文学技巧，更值得注意的是他刻画人性之细腻，深入人性中的自我，写出活生生的人物，可谓入木三分。钱锺书的散文集《写在人生边上》、短篇小说集《人·兽·鬼》与长篇小说《围城》是常为文评家所称道的讽刺作品；其实，讽刺是深度刻画人性后的效果，展现其蔚为大观的写作技巧、笔法、影射、警句、妙喻与语感之余①，使我们可从另一个角度，观察钱锺书如何看待真实的人性，在文学世界里创造现代人的自我。他在讽刺现代知识分子之余，潜藏严肃的人性问题，关切到这些人在现代中国社会里生存的处境②。

---

① 参阅 C. T. Hsia, *A History of Modern Chinese Fiction*, *1917-1957* ( New Haven： Yale University Press, 1961), pp. 441-459。

② 参阅 Ronald Egan, "Introduction," Qian Zhongshu, *Limited Views：Essays on Ideas and Letters*, selected and translated by Ronald Egan( Cambridge, Mass.： Harvard University Asian Center, 1998), p. 6。

　　人性有其生理层面的通性，例如贪婪、暴力、争胜、才智、企图心、愉悦、嫉妒、偏见、启衅等等。不过，与生理俱来的通性，会随文化之异而有所不同，甚至在同一文化中，因各异的个人，也会有所不同；不同传统的社会可能会"缓和"或"激化"生理层面的基本人性①。钱锺书所要凸现的是 20 世纪二三十年代中国社会知识阶层的一群自我，自有其时空的特殊性。但中国人也是人，自亦具有人类的通性。

　　上帝与魔鬼出现在钱锺书的笔下，显示他对西方基督教文化的熟稔，但他并不认同基督教，所以才会毫无忌讳地说：上帝是好的魔鬼，魔鬼是坏的上帝。他将上帝造男女，视为一场梦，而上帝本身也充满与一般人性同具的自我，诸如虚荣、滥权、刚愎、嫉妒、暴戾、性欲与寂寞。上帝创造人原是要满足他自己的虚荣与私心，以安慰其自己的孤独与寂寞；然而事与愿违，男女相好而冷落了上帝，于是上帝置男女于死地，事后又因不耐孤寂而感到懊悔②。钱锺书将上帝完全人性化之后，道出欲求愈多、痛苦愈深、理想愈高、失望愈大的基本人性，及其无可逃避的悲剧命运。整篇小说只有三个角色，上帝、亚当与夏娃。有学者认为钱锺书受到弗洛伊德的影响，凸显的是这三个人的"性意识、潜意识，或者说病态性意识"③，不无道理。

　　钱锺书在抗战时所写的一些小品散文，对人类的人性与人生

---

① 参阅 George Mandler, *Human Nature Explored* ( New York：Oxford University，1997)，pp. 4—5。
② 参阅钱锺书：《上帝的梦》，《人・兽・鬼》(北京：三联书店，2002)，页 1—16。
③ 袁良骏：《钱锺书简论》，丁伟志主编：《钱锺书先生百年诞辰纪念文集》，页 31。

颇持悲观看法。他借魔鬼夜访，大谈人性的弱点，强烈暗示人性
的堕落，自我标榜，虚伪捏造，夺古人之美，借时人以自重，
"做文章时，引用到古人的话，不要用引号，表示词必己出；引
用今人的话，必须说'我的朋友'——这样你才能招徕朋友"①。
假客气，假谦虚，爱屠杀，爱侵略，既无灵性而又少人格，甚至
会出卖自己的灵魂②。他借魔鬼的口说，"一向人类灵魂有好坏之
分。好的归上帝收存，坏的由我买卖。到了十九世纪中叶，忽然
来了个大变动，除了极少数外，人类几乎全无灵魂"，没有灵魂
的坏人当然"坏得没有性灵，没有人格"③。所以在钱锺书的心目
中，科技与物质文明日进千里，而人性一成不变。他引罗素
（Bertrand Russell，1872—1970）的话说，科学并不能改变人类
的欲望与需求，只是给人类更大的能耐来实现欲望与需求。所
以并非作为"利用厚生之工具"的物质文明导致人性堕落，而是
"病根在人性"，用石器杀人与原子弹杀人，效果不可以道里计，
但"其存心一也"④。钱锺书据此曾借用意大利谚语说，旅行者
"该有猪的嘴、鹿的腿、老鹰的眼睛、驴子的耳朵、骆驼的肩背、
猴子的脸，外加饱满的钱袋"⑤；其实，除了脑袋与钱袋之外，人
类并无禽兽之长，而人性难以满足，欲壑难填，得"陇"又望

---

① 钱锺书：《魔鬼夜访钱锺书先生》，《写在人生边上》（北京：三联书店，2002），页10。
② 参阅钱锺书：《魔鬼夜访钱锺书先生》，《写在人生边上》，页8—18。
③ 钱锺书：《魔鬼夜访钱锺书先生》，《写在人生边上》，页13、14。
④《钱锺书致编者储安平函》，《观察》，第1卷第4期（1946年9月10日），页25。收
　入《钱锺书散文》，页411—412。
⑤ 钱锺书：《游历者的眼睛》书评，《观察》，第3卷第16期（1947年12月13日），页
　20；《钱锺书散文》，页167。

"蜀"，而蜀终不可得。人生苦短，没有永远的快乐；快乐的时光过得极快，而痛苦的日子觉得特别绵长，"留恋着不肯快走的，偏是你所不留恋的东西"，所以若活得愈长，则痛苦相伴的日子也愈长①。

　　钱锺书借《伊索寓言》里的动物故事，发表他的人性观。当蝙蝠遇到恨鸟类的黄鼠狼，说它不是鸟而是老鼠，然而当遇到不喜欢老鼠的黄鼠狼时，就说它是鸟，意在讽刺"见风转舵"的人②。钱锺书所了解的人性要比寓言里的蝙蝠更深一层，人要比寓言里的蝙蝠更加"聪明"，会反蝙蝠之道而行之，会在鸟类里充兽，在兽类里充鸟，比如在武人面前卖弄风雅，在文人面前称英雄③，也就是专门向外行人充内行的人性伎俩。在寓言里蟋蟀（促织）向蚂蚁求食，蚂蚁怪蟋蟀在夏天忙于唱歌而不储藏食物过冬，却讥嘲蟋蟀说，既然在夏天唱歌，何不就在冬天跳舞④。蚂蚁显然"见死不救"，在钱锺书的眼里，蚂蚁简直就是不肯借钱而让诗人饿死者的"前身"。诗人生前养不活自己，死后亲戚朋友写纪念文章，学者和评论家写论文，却"靠他生活"，就像蟋蟀饿死后做了蚂蚁的粮食一样⑤。这就颇具对人性的讽刺，更讽刺的是借狗与

────────

① 钱锺书：《论快乐》，《写在人生边上》，页20。钱氏于《说笑》一文中也说，人生苦日多，而笑时少，另参阅钱锺书：《管锥编》（二），页790—793。
② "Look and see which way the wind blows before you commit yourself," *Aesop's Fables*, a new translation by V. S. Vernon Jones with an introduction and illustrations by Arthur Rackham（New York：A Facsimile of the 1912 edition），p. 5.
③ 钱锺书：《读〈伊索寓言〉》，《写在人生边上》，页33。
④ *Aesop's Fables*, p. 125.
⑤ 钱锺书：《读〈伊索寓言〉》，《写在人生边上》，页33—34。

自己影子争食而失去一切的故事①，认为有些人"最好不要对镜自照"②。

天文学家仰面看星象，不顾地面，失足落井，形容顾上不顾下的人。这种人在钱锺书的眼里，无论落井、下台或下野，都不会承认是失足，而是声称"有意去做下属的调查和工作"，而且"眼睛还是向上看的"③。乌鸦披着孔雀的羽毛去选美，被上帝选上，但众鸟怒而撤其毛，使它原形毕露，说明人不可以貌相，不可以衣冠禽兽。钱锺书意犹未尽，觉得现出原形的人不会善罢甘休，必然希望大家也都"光着身子"，那样就使孔雀与天鹅没有两样了，钱锺书认为这是人类常用的"遮羞的方法"④。蛙与牛比大，结果爆破肚子，说蛙之笨；钱锺书则认为蛙应与牛比娇小，言外之意，人类往往不知己短，而且喜欢"补偿"自己的"缺陷"，如"吝啬说是经济，愚蠢说是诚实，卑鄙说是灵活，无才便说是德"⑤，于是人人都会感觉良好。

狐狸吃不到葡萄，说是酸的⑥，早已成为公认的人类酸葡萄心理。钱锺书更进一步探讨这种心理，认为狐狸就是吃到了葡萄，还是要说葡萄是酸的；一只不易满足的狐狸，会对自己说，表示吃到了的葡萄不够好；容易满足的狐狸，则会对旁人说，

① 原意是自己的影子与肉均随波而逝，见 *Aesop's Fables*，p. 75。
② 钱锺书：《读〈伊索寓言〉》，《写在人生边上》，页 34。
③ 钱锺书：《读〈伊索寓言〉》，《写在人生边上》，页 34。
④ 钱锺书：《读〈伊索寓言〉》，《写在人生边上》，页 35。
⑤ 钱锺书：《读〈伊索寓言〉》，《写在人生边上》，页 35。
⑥ "The Fox and the Grapes," *Aesop's Fables*，p. 1.

"因为诉苦经可以免得旁人来分甜头"①。钱锺书认为《伊索寓言》不适合儿童阅读，不是如法国哲学家卢梭（Jean-Jacques Rousseau，1712—1778）所说，小孩子看了会失去纯真而变得复杂，反而会使纯真的孩子变得简单幼稚了，误以为在复杂的人事里，"是非的分别、善恶的果报，也像在禽兽中间一样公平清楚，长大了就处处碰壁上当"②。于此也透露了钱锺书是很有思想的，而且有独特的见解，深知现代人性之复杂，寓言故事的机智诡诈远不及人世间之万一。

钱锺书对人性悲观的看法使他不认为道德说教有何用处，他问"有这许多人教训人类，何以人类并未改善？"所谓"拯救世界、教育人类"的目的在他看来原有复杂的动机，或掩饰创造力的衰退，或恼怒人生的绝望，或试探改变职业，或嫉妒别人的年轻。教训别人似乎可以增加自己的骄傲，但钱锺书认为骄傲与道德是不能并立的，他因而认定"世界上的大罪恶、大残忍"，"大多是真有道德理想的人干的"，正因这些人自以为是的骄傲，不惜以自信与煽动来推行不切实际的理想才害了人，还以为是必付的道德代价③。钱锺书于1930年代对人性透彻的了解，已预见人性可能所造成的"罪恶"与"残忍"。

钱锺书将自我的"偏见"比做"思想的放假"，因知偏见为人类无法避免的根性，可作为严肃思想的调节，就像放假可以调节人

---

① 钱锺书：《读〈伊索寓言〉》，《写在人生边上》，页35。
② 钱锺书：《读〈伊索寓言〉》，《写在人生边上》，页36。
③ 参阅钱锺书：《谈教训》，《写在人生边上》，页37、38、40。

生的压力。人又是最嘈杂的动物，称之为"人籁"，足以"断送了睡眠，震断了思想，培养了神经衰弱"。所以思想家最好是充耳不闻的聋子，思想方能冷静、公平、客观①。钱锺书更以其对人性的了解，用小说来刻画抗战前后一群华人的性格，这群人从传统社会走过来，多少受到西方文化的影响，仍然是道地的华人，他们形形色色的自我，在钱锺书的人观里是相当负面的。他的短篇小说《灵感》塑造一个没有自知之明而又受到莫名其妙崇拜的作家，竟因拿不到诺贝尔文学奖而气愤致疾而死，呈现一种奇特虚荣心的自我心态②。

短篇小说《猫》刻画一个名叫爱默的家庭主妇勾引在家里当秘书的大学生齐颐谷，被女主人引诱的小男生，神魂颠倒，最后受惊吓而躲闪。爱默与爱猫谐音，影射了猫，隐喻女性与性爱等含义，更呈现女主人喜欢热闹招蜂引蝶而又自感形秽的性格。不称职的男主人是一无能的富家子，高谈阔论、不务正业的公子哥儿，既不学无术而又刻意要做学者。同时揭示一群文人学者的假面具与真面目，诸如大言不惭的政论家、令人不堪卒读的名作家、善于吹捧拍马的政客、浪漫不羁的科学家、善于伪装而又娘娘腔的男士，所呈现的是一个病态的、伪善的知识阶层③。他在《论文人》一文中，更将当时文人的心态一览无遗；他们自惭"无用"，比旁人更轻贱自己，打心底不愿意做文人或不满意做文人，而这些文人其实对文学既不擅长也不爱好，有点不得已而为之，因而尽量要证明自

① 钱锺书：《一个偏见》，《写在人生边上》，页 42、43、45。
② 参阅钱锺书：《灵感》，《人·兽·鬼》，页 69—91。
③ 参阅钱锺书：《猫》，《人·兽·鬼》，页 17—68。

己不是文人的"自卑心结"。钱锺书勾画出当世轻视文学的无用，对文人的鄙夷与自卑，而后作讽刺的总结："我们应当毁灭文学而奖励文人——奖励他们不做文人，不搞文学。"①

他的短篇小说《纪念》，则写一个体面人家小姐婚后的寂寞与空虚，"受够了无聊和一种无人分摊的岑寂"②，以至于想从丈夫表弟——一个健壮的飞行员处，得到感情上的慰藉。当两人发生肉体关系怀孕以后，有女方逾越期望的失望与内疚，以及男方达到目的后的空虚与抱歉，最后仍然坠入空虚与虚无之中。更讽刺的是，戴绿帽的丈夫，不知妻子所怀的胎是表弟的种，还要以战死表弟之名来命名即将出生的婴儿，以为"纪念"，使纪念一题充斥复杂而又具讽刺的意味，不知是纪念英勇战死的表弟，还是腹中儿是畸恋的纪念？

这些众生相反映了钱锺书对他这一世代知识分子"围城心态"的精深观感，西潮澎湃，传统价值式微，国难当头，存活无日的焦虑与困顿下，彷徨无依，追求荒谬的生存。就像鲁迅在《阿Q正传》中描写的愚蠢农民，既麻木又奴性，只能以荒唐的"精神胜利法"来求解脱，以及彼得·盖伊在一系列的专著中揭露19世纪维多利亚时代中产阶级的虚伪，表面上道貌岸然，暗地里淫荡无耻③。在钱锺书眼里，20世纪三四十年代的中国知识分子，也只能以虚荣、懦弱、空虚与寂寞来形容。

---

① 钱锺书：《论文人》，《写在人生边上》，页52、54—55。
② 语见钱锺书：《纪念》，《人·兽·鬼》，页92—121。
③ 参阅 Peter Gay, *The Bourgeois Experiences: Victoria to Freud* (New York: Oxford University Press, 1984)。

　　钱锺书在长篇小说《围城》中，对人性有更深入的了解与刻画，他以爱情与婚姻为主题，以"围城"作比喻，说明没有结婚的人想结婚，结了婚的人想离婚，城堡外的人想进城，城里的人想往外跑①，以此矛盾心态来解剖自我。他所发现的人生，是一个不断追求理想而理想又不断破灭的过程；不断追求幸福，而痛苦却总是挥之不去。由于人性中有愿望，自我的愿望可带来满足的喜乐，也可带来失望的哀怨，愿望既然无穷，哀怨也就没完没了。然则围城之喻，又何止于爱情与婚姻而已。钱锺书本人即曾声明，他所写的虽然是"现代中国某一部分社会、某一类人物"，但他"没忘记他们是人类，只是人类，具有无毛两足动物的基本根性"②。所以说，现代中国某一类人具有人类的通性，但某地某类的中国人也具有"现代"的特性，也分担现代人的孤独、困顿与虚无。钱锺书所要写的"某一类人"就是现代中国知识分子，经由小说体现了他们对存在意义的迷惘。《围城》的故事很平常，但不平常的是作者用丰富而深具意义的比喻、精美的语言、启人沉思而有趣的文字，来表达对人性的敏锐观察，以及深入剖解了现代人的自我。

　　《围城》的主角方鸿渐虽有小聪敏，人不坏，很随和，但性格怯懦，留学无成，为了应付现实，只好买文凭回国交差，自欺欺人；回国后又到处流转，一生不得志，爱情固然失落，婚姻也彻底失败。最初受到鲍小姐的诱惑而终于失恋，苏文纨对他有意，

①　参阅钱锺书：《围城》（北京：人民文学出版社，1980），页96。日译本即称之为《结婚狂诗曲》（东京：岩波书店，1988），荒井健等译。
②　钱锺书：《围城》，序言。

他却爱上年轻貌美的唐晓芙，结果因为表姊苏文纨的挑拨，阴错阳差，不欢而散，最后与赴内地路上结识的孙柔嘉结婚，这段婚姻也终以悲剧收场，落得孤家寡人、寂寞人生，成为知识阶层的"边缘人"（marginal man），因被孤立而逐渐趋于绝望，甚至成为一个"可悲的无赖汉"（a sort of lugubrious picaro）①，象征这一世代人的困惑。小说中的其他男角，如大学校长高松年的伪善，还要与人争风吃醋，训导长李梅亭的猥劣、历史教授韩学愈的不学无术、冒牌诗人曹元朗的贪财好色、赵辛楣的言过其实而无担当、汪处厚的鄙俗小气，以及令人厌恶的陆子潇，在在刻画不同知识分子的人性弱点。这些刻画出来的个别自我，必然会有普世的代表性。

　　钱锺书在其作品中，对女性的现代自我，刻画尤深。他笔下的现代女性多半是民国成立前后出生，已经没有像《红楼梦》里贾母或王熙凤等角色，有的是今日所谓的"女知青"。在《围城》里，有风骚无情的鲍小姐，有抄袭外国古诗的女博士苏文纨，有天真烂漫的唐晓芙，有工于心计的孙柔嘉，有美丽泼辣的汪太太（名娴），以及一些搭配的女角，都写得入木三分，钱锺书似乎比女人更了解女人。有位英国评论家认为，整部小说可按四个女角鲍、苏、唐、孙来分期，每一期的女角莫不使男主角方鸿渐尝到爱的甜头之余，被弃如敝履②。诚如唐弢所说，"《围城》最大的

---

① 英国霍克思（David Hawkes，1923—2009）教授语，见 David Hawkes，"Smiling at Grief," *Time Literature Supplements*（27 June 1980）。
② John Scott，"The Truth is Naked," *National Review*（12 July 1980），p. 18.

成功是它的心理描写"①。

　　钱锺书在小说里描绘出当时中国社会里许多知识分子的丑陋面相，当然极具社会讽刺意味，而讽刺又出之以诙谐幽默之笔，若视为喜剧，则是"冷峻的黑色喜剧"（sardonic black comedy）②。或有人以《围城》与《儒林外史》相提并论，然讽刺虽同，而所讽刺的是两个完全不同世代的中国读书人。钱锺书所要刻画的是现代人的自我，他要写的也不是像《儒林外史》的旧小说，而是采西洋之长的新小说。他写完《围城》未久，曾以英文发表一篇检讨中国文学的文章，指出源自传奇的旧小说没有"纯幽默"，却多"社会讽刺"，而讽刺几乎完全针对官府与士人腐败与势利的表象，由于基于人性本善的传统价值观，从不深察人性之恶劣。所以传统的讽刺小说家缺少像火一般"强烈的怒火"（saeva indignatio）足以荡污去垢③。他写《围城》正要以冷酷与无情挞伐、谴责、讽刺人性，以及要观察两性关系入微，描写细腻，来深刻揭露人性的阴暗面，包括刻薄、冷酷与无情在内。他冷峻而富有学识的比喻，刻画人性入木三分，如将忠厚老实人的恶毒，比作"饭里的砂砾或者出骨鱼片里未尽的刺，会给人一种不期待的伤痛"④，使读者对此不期待的伤痛，感受更加深刻。钱锺书刻意经营的"幽默"与

① 唐弢：《四十年代中期的上海文学（节录）》，杨联芬编：《钱锺书评说七十年》，页185。
② 英国爱丁堡大学讲师史格特用语，见 John Scott，"The truth is naked," *National Review*（12 July 1980），p. 18。
③ Qian Zhongshu，"Chinese Literature," in *A Collection of Qian Zhongshu's English Essays*，pp. 297–298. 此文原载 *Chinese Year Book*（1945）。
④ 钱锺书：《围城》，页 4。

"讽刺"仍会被受传统价值观影响的人视为"冷嘲热讽""大肆挖苦""过火的比喻",来作批评,不啻误以钱之所长为其所短。

正由于钱锺书对人性的洞察力,以及学识之渊博与用词遣句的美妙,使得《围城》成为非比寻常之作。夏志清称之为中国讽刺小说中的最佳之作,并认为是民国时期最受欢迎之作,由于此作描述当代的习俗,令人心旷神怡,读来滑稽诙谐,并感受到悲剧性的洞察力①。钱锺书生平唯一的一本长篇小说,展示了叙事文学之美,经过文字修饰后的新版本,更加完美。例如他叙述方鸿渐与唐晓芙分手那一幕,鸿渐呆立在大雨滂沱里,"风里的雨线像水鞭子正侧横斜地抽他漠无反应的身体",更衬托出漠然呆立时内心的痛苦。晓芙的爱恨交织,心情变化,写得扣人心弦,佣人在电话里误听唐小姐为苏小姐,鸿渐怒接电话,把对苏小姐的气,不加分辨地出在唐小姐身上,以至于造成无法挽回的后果②,真是杨绛所谓的"回肠荡气",也不禁想起金庸在《天龙八部》里写乔峰在大雷雨的桥上误杀心爱的阿朱一幕。虽不知金庸是否从读《围城》得到灵感,但是这两段精彩的叙事,异曲同工,都令人动容。

人性原有善恶两面,然而中国文化传统倾向扬善隐恶,人人可作尧舜,未免忽略了人性的阴暗面,揭恶也正是中国现代文学"现代性"的呈现。其实钱锺书写作的心情并不轻松,有悲无喜,他的笑声中有泪痕,滑稽中有苦涩,幽默中有凄楚,原序有谓:"这本书整整写了两年。两年里忧世伤生,屡想中止。"这两年期

---

① G. T. Hsia, *A History of Modern Chinese Fiction*, *1917-1957*, p. 434.
② 参阅钱锺书:《围城》,第三章。

间，艰苦的抗战尚未终结，多少也反映了抗战时期的现实。有人批评写于抗战期间的《围城》，缺少"时代感"，也少了一点"民族意识"①。钱锺书曾提到，德国文豪歌德曾遭人唾骂不作爱国诗歌，歌德的回答是他既非军士，也未上前线，如何能在书房里呐喊作战歌？在钱锺书的心目里，那些能谈战略、作政论、上条陈的文人根本不安于做文人；他把"国难文学"或"宣传武器"比作"像水浸湿的皮鼓，敲擂不响"②，根本不是掷地有声的文学。其实，反映抗战不一定要强调民族主义与爱国情绪，也可以刻画战时的苦闷、无奈、艰苦备尝，以及许许多多私底下的人性弱点与道德贫乏，反而更能呈现抗战时期日常生活的现实场景。长篇小说《围城》的场景，从上海到内地难以想象的艰苦路程，一路上的"奇遇"、困顿，以及所见之落后，唯有亲历者才能如此鲜活地写出，透露抗战时期被隐匿的图像。再说抗战期间，日军侵占自东北至东南半壁最精华的江山，诚如近人所说，"在日本的侵略下，中国就像一座孤立无援的围城"③。他身在上海孤岛，也宛如围城，孤岛沦陷，围城随之陷落，亦不免呻吟于铁蹄之下。小说固然言虚，仍足以传达现实社会的鲜活神态。

① 见张明亮：《槐阴下的幻境：论〈围城〉的叙事与虚构》（石家庄：河北教育出版社，1997），页 2。
② 钱锺书：《论文人》，《写在人生边上》，页 54—55。
③ 见杨玉峰：《徘徊在围城内外——谈钱锺书围城的象征》，《开卷》，第 14 期（1980年 2 月），页 28。

# 第五章　忧患与补偿

钱锺书出国留学时，中日战争尚未爆发，到他于1938年自法国归国时，中国大地上已是烽火连天。大战在欧洲也是一触即发，应也是钱锺书尽快回国的原因之一，否则将是归途阻滞。他很高兴临行时接到母校的聘书，当时的清华已撤退到西南，且与北大、南开两校在昆明组成西南联合大学。联大的文学院长冯友兰不仅表示欢迎，而且破格以教授聘请；当钱锺书在清华求学时，学识已被老师们"惊艳"，而今学成回国，当然另眼看待。船到香港，即与妻女分别，兼程前往昆明。位于昆明的西南联大，校舍与设备虽然简陋，生活虽然困苦，但集全国师生的精英于此，士气甚高，呈现坚毅的抗战精神，诚如梅贻琦校长所言，要求同仁共赴国难，坚持到抗战胜利，同回北平①。单身在昆明的钱锺书，除了思念妻女而感到不胜凄清之外，读书与教学则分外卖力，开了"文艺复兴时期欧洲文学"与"20世纪欧洲小说"两门

---

① 引自吴学昭：《听杨绛谈往事》，页167。

有深度的专业课程，不仅赢得学生们的敬仰，亦令他老师吴宓甚感佩服①！同时在昆明也交了许多患难与共、谈得来的朋友，心情舒畅，怡然午睡，得句曰"一声燕语人无语，万点花飞梦逐飞"②；若无意外，他一定会在联大"坚持到抗战胜利"。

孰料意外来自他的生父。钱基博与友人远赴湖南蓝田，创建国立师范学院，原也是一种抗战精神的表示③。当钱锺书在联大教完第一学年课程后，回沪省亲，接到父亲手书，因老病而思念儿子，要儿子前往蓝田师院当英文系主任以便侍奉。就常理而言，钱锺书好好地在联大任教，为其个人的前程与利益而言，绝无弃联大而前往偏远的蓝田之理；杨绛为丈夫着想，也极力反对。钱锺书虽然不愿意，也明知父亲并不需要他的照应，只是要他做伴，但在当时中国的社会与家庭氛围下，父命仍然难违，亲友也无人敢干涉，做儿子的只有顺从。从这一件事可以看到，传统的道德规范仍有强大的约束力，个人的决定必须顺从社会规范。钱锺书违背自己的意愿，向无形的社会规范调适，独立取向的自我也会被迫成为"社会取向的自我"，不仅牺牲个人自主，而且付出不能自主的代价，离开联大的教职，踏上艰难的旅途，走向偏远地区，艰苦备尝。其艰难也，钱锺书自己留下证词："十月中旬去沪入湘，道路阻艰，行李繁重，万苦千辛，非言可尽，

---

① 语见吴宓：《吴宓日记》，第 7 册（北京：三联书店，1998），1939 年 9 月 29 日，页 79。

② 句见钱锺书：《午睡》，《槐聚诗存》，页 31。

③ 参阅傅宏星编撰：《钱基博年谱》（武汉：华中师范大学出版社，2007），页 140—141。

行卅四日方抵师院，皮骨仅存，心神交瘁，因之卧病，遂阙音书。"①在穷困的湖南蓝田，生活艰苦，难得欢娱，唯有在油灯下看书写作，自称"笔砚犹堪驱使在，姑容涂抹答年华"②。若钱锺书读书与写作为了排遣苦闷的日子，而其成果则是忧患的补偿。钱氏自知心解学有"造艺之幻想"一说，随心如愿者不复有幻想，唯有恨人有之③。有幻想而后能造艺，亦即唯穷苦之恨人才能造艺，而其本人在困境中谈艺，岂不也为此心解说提供了实例？

过了年，他原意护送父亲返沪后，仍回联大，所以他的行李仍留在昆明④，联大也有意聘请他回任，但由于人事的纠葛以及战事的变化，终使他未能重回联大教书。这一段曲折经杨绛据清华旧档与《吴宓日记》，写了一篇《钱锺书离开西南联大的实情》⑤，其隐始大显于世。钱锺书确无意离开西南联大，只因在父亲钱基博的要求下，不得已前往湖南蓝田师范执教一年，遂向西南联大外文系主任报备，叶公超于 1939 年 9 月收到离职信后，未予理会。杨绛认为"如果叶立即复书或复电挽留，不批准锺书辞职，锺书即可摆脱困境，找到不去蓝田的理由禀报父母，他可以

---

① 《钱锺书致沈履函》，现存清华大学档案馆，转引自吴学昭：《听杨绛谈往事》，页 169。

② 钱锺书：《笔砚》，《槐聚诗存》，页 51。

③ 钱氏引 Sigmund Freud 之"Art as Wish Fulfilment"所说："Happy people never make phantasies, only unsatisfied ones."见钱锺书：《管锥编》(三)，页 1495。

④ 《钱锺书复汪荣祖书》(1992 年 2 月 27 日)有云："弟在联大一年，因先君强欲弟去湘侍奉，故不得已而往，当时衣物行李均留昆明(观内人记《围城》小册，即知梗概)。"

⑤ 此文收入杨绛：《我们仨》(台北：时报文化出版社，2003，其他未注明者均为三联版)，页 195—199。

设法去看望父亲而不必离开清华。可是叶公超没有这样做"①。不过，钱锺书刚刚离沪赴湘，突接清华校长秘书长沈履电报，责怪何以不回梅贻琦校长的电报。钱锺书得知后立即回函，有云"梅公赐电，实未收到，否则断无不复之理"。梅校长的电报对钱锺书而言，至关重要，居然遗失，不免启他的疑窦②。后来吴宓极力争取钱锺书回聘，最后在"忌之者明示反对"下通过③，然新系主任陈福田仍迟不发聘书，一直拖到 10 月前后，才到上海来相聘。钱锺书当时虽失业，也很想回联大，但知道陈福田有口无心，便客气地辞谢了，而陈"未有一语挽留"④。就这样，钱锺书只好困居在孤岛上海，直到抗战胜利。吴宓在日记里提到的"忌之者"，显然就是陈福田与叶公超两位老师。此事真相的重现，足以澄清钱锺书自己要离开西南联大的传闻。钱锺书在回不去联大的情况下，于 1941 年后只能滞留在孤岛上海。珍珠港事变后，日军进占孤岛，遂在沦陷区过着困顿压抑的生活，直到胜利；即自谓"既而海水群飞，淞滨鱼烂。予侍亲率眷，兵罅偷生"⑤。他于抗战期间虽不曾经历过前线战士炮火震耳、浴血奋战、尸体遍野的场景，但也曾长途跋涉，历经千辛万苦，备尝物质缺乏、妻女与亲友离散之苦，更目击自己贫穷的国家遭遇到日寇任意蹂躏，痛心疾首而无可奈何。

---

① 吴学昭：《听杨绛谈往事》，页 168。
② 吴学昭：《听杨绛谈往事》，页 168—169。
③ 语见吴宓：《吴宓日记》，第 7 册，1940 年 11 月 16 日，页 258。
④ 杨绛：《我们仨》，页 99。
⑤ 语见钱锺书：《谈艺录》，序，页 1；参阅吴学昭：《听杨绛谈往事》，页 167—182、204、208—210。

钱锺书自称："余身丁劫乱，赋命不辰，国破堪依，家亡靡托"，"先人敝庐，故家乔木，皆如意园神楼，望而莫接"①，已露国破家亡、思念乡土的极度忧伤。他于抗战期间借元好问的诗句："枯槐聚蚁无多地，秋水鸣蛙自一天"，自号"槐聚"，也是表达这种心情②。就心理学而论，大凡忧伤都会造成"创痛"（trauma）而需要疗伤；疗伤则可经由报复、原谅，以及其他不同方式。钱锺书无法报复，无权原谅，只能寻求补偿，作为学者兼作家，唯有从学术与创作上得到补偿，所谓"困而学之"。钱锺书在《诗可以怨》一文中，道尽诗必穷而后工之旨，从钟嵘所谓"使穷贱易安，幽居靡闷，莫尚于诗"，到周楫所谓"发抒生平之气，把胸中欲歌、欲哭、欲叫、欲跳之意，尽数写将出来。满腹不平之气，郁郁无聊，借以消遣"，到李渔所谓"惟于制曲填词之顷，非但郁借以舒，愠为之解"，到弗洛伊德所谓"在实际生活里不能满足欲望的人，死了心作退一步想，创造出文艺来，起一种替代品的功用（Ersatz für den Triebverzicht），借幻想来过瘾（Phantasiebefriedigungen）"；愉悦之人没有幻想，故不能造艺，唯恨人有之，古来才士多厄运，而后能构楼阁于空中，遂有所成③。

穷而后工固不限于诗，困顿与忧伤实为所有创作的动机与动力，包括学术论著在内。钱锺书的散文集《写在人生边上》在1941

① 语见钱锺书：《谈艺录》，页 1。
② 见元好问：《眼中》，陈沚斋选注：《元好问诗选》（台北：远流出版事业有限公司，1990），页 50。参阅《錢鍾書先生を囲む懇談会》，《颱風》，第 13 号（1981 年 9 月 30 日），页 58—59。
③ 钱锺书：《诗可以怨》，《七级集》，页 124—125。参阅《管锥编》（三），页 1495。

年就有了开明版，诗评名作《谈艺录》与长篇小说《围城》以及短篇小说《人·兽·鬼》虽都于战后才出版，但都成稿于"兵罅偷生"的抗战时期。无独有偶，好几部民国人文学者的经典名著如金岳霖的《知识论》、陈寅恪的《隋唐制度渊源略论稿》与《唐代政治史述论稿》、萧公权的《中国政治思想史》，以及冯友兰的《贞元六书》等都写于艰苦的抗战时期。钱锺书晚年的传世之作《管锥编》更是完成于"文革"动乱的年代①。他在"四人帮横行霸道"的时期，克服查阅图书资料的困难，"凭着自己的刻苦努力、坚强毅力和非凡的记忆能力，并且也得到不少老朋友和一些年轻同志们的热忱帮助，《管锥编》方告成书"②。其实在古史上也不乏其例，如孔子受辱于陈蔡诸国而著《春秋》，左丘失明厥有《国语》，马迁尤奋笔于宫刑之后，借《伯夷列传》，大发感慨，言"天命"（blind fate）而不信"天道"（divine justice），故而人间之成亏荣悴，未如其分，不得所当，令人饮恨，牢愁孤愤，如鲠在喉，不吐不快③。于此也可见忧患与学术确有神秘的关系。希腊哲学家亚里士多德（Aristotle，前384—前322）已发现，痛苦能激励人之创造力与批判意识。钱锺书自己也早知弗洛伊德所谓，以文艺创造替代品的功用④。替代品当然不止是文艺，自也包括学术创作在内。

　　钱锺书自己在1980年京都大学的座谈会上也很明白地说过：

---

① 杨绛明言："《管锥编》是干校回来后动笔的，在这间办公室内完成初稿，是'文化大革命'时期的产物。"见杨绛：《我们仨》，页154—155。
② 参阅马蓉：《初读〈管锥编〉》，《读书》，1980年第3期，页39。
③ 参阅钱锺书：《管锥编》（一），页491、496—498。
④ 钱锺书：《诗可以怨》，《七缀集》，页125。

"从文学史的眼光看来，历代的文学主流都是伤痕文学。成功的、重要的作品，极少歌功颂德，而是作者身心受到创伤、苦闷发愤之下的产品。两千年前司马迁《史记·自序》的名言，实在深具卓见，正如瑞士 Walter Muschg（1898—1965）所谓 *Tragische Literaturgeschichte*（《悲剧观的文学史》）。"①中国的《离骚》与《诗经》亦皆发愤之所为作也；不过，并非所有的伤痕文学都是重要的作品，因多少要看发愤者的才情。传世的学术著作除了才情之外，尚须厚实的学问。

《谈艺录》是钱锺书的第一本学术专书，缘起于与好诗者谈论诗艺，同好者觉得"咳唾随风抛掷可惜"，乃怂恿他写诗话，形诸笔墨，卒创稿于偏远的湘西蓝田师院。生活虽然艰辛，但多空闲，兴致来时，"辄写数则自遣"②。据吴忠匡的回忆，在蓝田小镇上只能买到"极为粗糙的直行本毛边纸"做稿纸，"他每晚写一章，二三天以后又修补，夹缝中、天地上，填写补缀得密密麻麻"。他离蓝田时已经完成初稿，并誊录了一份③。回上海后，孤岛沦陷，在震旦女子文理学院拿微薄的钟点费，偷生于敌人铁蹄下，感叹"故国同谁话劫灰"。直到 1944 年的中秋夜，看到"旧时碧海青天月"，仍然不免"触绪新来未忍看"④，时时在"销愁舒

---

① 原载《明报月刊》，第 16 卷第 41 期，总 181 期（1981 年 1 月），页 100。孔芳卿：《钱锺书京都座谈记》，杨联芬编：《钱锺书评说七十年》，页 83；另参阅记载较为详尽的日文版座谈纪要：《錢鍾書先生を囲む懇談会》，《颱風》，第 13 号（1981 年 9 月 30 日），页 71—72。

② 语见钱锺书：《谈艺录》，卷首，页 1。

③ 见吴忠匡：《记钱锺书先生》，李明生、王培元编：《文化昆仑——钱锺书其人其文》，页 41。

④ 钱锺书：《故国》《中秋夜月》，《槐聚诗存》，页 89、95。

愤，述往思来"①的心情下，继续补写此书，"书癖钻窗蜂未出，诗情绕树鹊难安"②，说出文思汹涌如鹊之难安，以蜂钻窗之典喻读书成癖而不愿出。书稿既成之后，"麓藏阁置，以待贞元；时日曷丧，清河可俟"③，期待抗战胜利之心，昭然若揭。然此稿尚待贞元之时，险被日军于搜索时失去，幸赖杨绛的机智，得以保存，成为劫后幸存之物。此书终于在 1948 年的 6 月由上海开明书店初版，钱锺书自道："虽赏析之作，而实忧患之书"④，以志缘起。晚年将此书大事删润增订，自谓："兹则犹昔书，非昔书也；倘复非昔书，犹昔书乎！"⑤因增订补益颇多，似乎已非原书，内容更为充实精准，但全书无论从结构或志趣而言，仍然是谈诗艺之"昔书"也。

《谈艺录》貌似诗话，的确沿用了中国具有悠久历史的诗话书写传统。传统诗话内容广泛，形式灵活，可令作者自由发挥。事实上，传统诗话包揽不一，记事评诗、溯源辨流、阐述诗理、正讹辨句、标示隽句、考据典故、研讨格律，兼而有之。钱锺书熟知诗话传统，取其可以任意挥洒的写作形式，不足为异；然钱氏《谈艺录》绝非传统诗话所能牢笼，一方面避免旧诗话常见的冗长、浮滥、庞杂之弊；另一方面以诠释、评论以及疏通、解惑与揭橥诗文的利病为要，亦即其自谓志趣在"文艺鉴赏和评判"⑥，

① 语见钱锺书：《谈艺录》，序，页 1。
② 钱锺书：《生日》，《槐聚诗存》，页 96。
③ 钱锺书：《谈艺录》，序，页 1。
④ 钱锺书：《谈艺录》，序，页 1。
⑤ 语见钱锺书：《谈艺录》，引言，页 1。
⑥ 语见钱锺书：《中国诗与中国画》，《七缀集》，页 7。

即西洋人所谓之"诗艺"（the art of poetry）。作者腹笥渊博，故能举证详备，例证似信手拈来，全不费功夫；复兼通西学，熟知多种语文之经典名著与文评家言，相互比观，精见迭出。李商隐（义山）《锦瑟》一诗，千古名作，前贤多论定是悼亡诗。钱锺书独取程湘衡之见，认为此诗乃集首自题之作，言作诗旨趣，并将之条理，指出"'锦瑟'喻诗，犹'玉琴'喻诗"，开笔两句"锦瑟无端五十弦，一弦一柱思华年"，"言景光虽逝，篇什犹留；毕世心力，平生欢戚"。次联"庄生晓梦迷蝴蝶，望帝春心托杜鹃"言作诗之法，"心之所思，情之所感，寓言假物，譬喻拟像；如庄生逸兴之见形于飞蝶，望帝沉哀之结体为啼鹃，均词出比方，无取质言。举事寄意，故曰'托'；深文隐旨，故曰'迷'"，并举西人所谓"以迹显本""以形示神"为说。中联"沧海月明珠有泪，蓝田日暖玉生烟"，"言诗成之风格或境界"，"喻诗虽琢磨光致，而须真情流露，生气蓬勃，异于雕绘泪性灵、工巧伤气韵之作"。钱锺书更进而指出：无独有偶，西方诗人也有与珠泪玉烟类似的比喻。尾联"此情可待成追忆，只是当时已惘然"，呼应首联，"言前尘回首，怅触万端，顾当年行乐之时，即已觉世事无常，抟沙转烛，黯然于好梦易醒，盛筵必散。登场而预有下场之感，热闹中早含萧索矣"。钱锺书指出英国浪漫派诗人拜伦（George Gordon Noel Byron，1788—1824）亦深谙此情，就好像是为"当时已惘然"作了笺证①。钱解此首，确定为李商隐论诗之作，且将其情会通于泰西，明通远迈前人多矣。

---

① 钱氏笺证《锦瑟》诗全文见钱锺书：《谈艺录》，页435—438。

　　论者或病槐聚谈艺，略无统系，少见贯穿全书之理论①；然槐聚并非刻意排斥或回避理论，而认为理论若无实例，"大类盲人之有以言黑白，无以辨黑白也"②。钱氏所列各条，莫不是"施政实例"，虽长短不齐，都是待发的议题，钩玄提要，折中求是，从中获得规律与通则，犹如集腋成裘而自成一家言的一部经典之作。《谈艺录》一书中的重要创见俯拾皆是，如诗以时代区分，久成定说，但槐聚提出，诗之体裁实不必与朝代兴替相吻合。唐诗"多以丰神情韵擅长"，宋诗"多以筋骨思理见胜"，乃"体格性分之殊"，并非因为朝代的不同，所以唐诗未必尽出唐人，而宋人也可发唐音。类此以体裁区别古今，亦可见之于西方，如女皇安娜，君临近世之英国，仍号称罗马帝国时代之文学，以示中外一理，故殊不能以时代区别体裁，古人既可作今诗，今人也可作古诗，或一身兼擅古今③。诗体格调本诸性情，固与时代无关，钱说开宗即能明义，亦可略见其坚持文学不必随时代与世俗而转移的微意。五四新文化取代旧文化，白话取代文言，亦以时代定体裁，槐聚不以为然，故身体力行，平生作文著书正是兼擅古今中外。

　　诗艺既不能以时代分，则常言所谓楚骚、汉赋、唐诗、宋词、元曲等诗体之代兴说，亦不足持。钱氏指出文体的递变，"非必如物体之有新陈代谢，后继则须前仆"，例如骈体文盛行于

① 例见王卫平：《东方睿智学人——钱锺书的独特个性与魅力》（石家庄：河北教育出版社，1997），页206—207。
② 语见《钱锺书复汪荣祖书》（1985年6月19日）。
③ 钱锺书：《谈艺录》，页1—5。

六朝，历代并未中绝，"一线绵延，虽极衰于明，而忽盛于清"①。所以钱锺书的结论是："吟体百变，而吟情一贯。人之才力，各有攸宜，不能诗者，或试其技于词曲；宋元以来，诗体未亡，苟能作诗，而故靳其情，为词曲之用，宁有事理？"②在不同的时代兼擅不同文体者，大有人在；"明清才士，仍以诗、词、骈散文名世，未尝谓此体可以代兴。"③大凡学术的进步，要能商榷、修正，甚至推翻前说。钱锺书说，诗不分唐宋，文体不随时代而兴废，正欲修正或推翻焦理堂"诗亡"之说、李空同所谓"宋无诗，唐无赋，汉无骚"之说、胡元瑞"宋人词胜而诗亡矣，元人曲胜而词亦亡矣"之说。此为《谈艺录》以新说汰旧说之一例。槐聚广征博引，貌似排比资料，实在引发新说，而立其新说于充分的证据之上，绝非将"自己的学术思想与见解淹没在繁琐的古今文献中"④。钱锺书在评论钱仲联的《韩昌黎诗系年集释》时指出，此书汇聚众说，好像是"邀请了大家来出席，却不去主持他们的会议"⑤。当然钱仲联写了许多按语，但按语有点像会议中的插话，还是算不上"主持"。钱锺书则请众多中外佳宾来出席会议，不仅要主持，而且还要调停争执、折衷分歧、驳斥错误、分清是非，两钱各有异趣，极其显然。

　　钱锺书的新见往往出自于他深谙西方典籍，故能了然于胸，

① 钱锺书：《谈艺录》，页28—29。
② 钱锺书：《谈艺录》，页30。
③ 钱锺书：《谈艺录》，页31。
④ 王卫平：《东方睿智学人——钱锺书的独特个性与魅力》，页208。
⑤ 钱锺书：《韩昌黎诗系年集释》书评，《文学研究》，1958年第2期，页183。

洞察到时贤之长短：黄公度以新事物入诗而并无新理致；严幾道点化西谚，将之镕铸入古，如出子史；王静安古诗流露西学义谛、西哲常语暗合柏拉图（Plato，约前427—约前347）的理想，参以浪漫主义云云。然钱锺书认为公度取径不高，"语工而格卑；伧气尚存，每成俗艳"；幾道"本乏深湛之思"，"理不胜词"，为"识趣所囿"；静安"笔弱词靡"，"文秀质羸"①。于康有为、章太炎两家之书也"不甚餍心"，时举诚切，南海诗固然袭取龚定庵诗，"效颦学步"，太炎之文德"朱紫相乱"。槐聚纠太炎之误，谓其"未识貌同心异，遽斥曰'窃'，如痴儿了断公事，诬良为盗矣"②。槐聚词气锐利，却是鞭辟入里，正前人之谬，亦可见其识广见远，以及自信满满。

　　正因其深谙西方典籍，故能从八股之"代言"，"揣摩古人口吻，设身处地，发为为文章"，联想到西方古罗马修辞教学的"代言体"（prosopopoeia），亦尚模拟古人身份，得其口吻③，以示触类旁通、中西互通之例。韩愈"以文为诗"，使他想到一连串西方作者以向不入诗之字句或事物入诗，推广为浪漫文学以及后来的写实文学，更引申说"西方近人论以文为诗，亦有可与表圣、闲闲、须溪之说，相发明者"④。

　　李贺"笔补造化天无功"一语更引发他中西文化的大比观，而

①　钱锺书：《谈艺录》，页23—24。
②　参阅钱锺书：《谈艺录》，页136；钱锺书：《管锥编》（四），页2339—2344；另参阅《钱锺书复汪荣祖书》（1988年4月10日）。
③　参阅钱锺书：《谈艺录》，页32—33。
④　钱锺书：《谈艺录》，页35。

后落实此语乃"道术之大原，艺事之极本"。天工造化与道术学艺似是两事，然道艺无非是"人事之法天，人定之胜天，人心之通天"。中西文化都以道艺为"天与人之凑合"，而在西方演为两宗：一为师法自然，以模写自然为主，亦即韩愈所谓"文字觑天巧"；二则润饰自然，工夺造化，认为"自然界无现成之美，只有资料，经艺术驱遣陶镕，方得佳观"，即李贺所说"笔补造化天无功"，最能为此说"提要钩玄"，且于"道术之大原、艺事之极本，亦一言道著矣。夫天理流行，天工造化，无所谓道术学艺也。学与术者，人事之法天，人定之胜天，人心之通天者也"①。然槐聚认为两宗看起来是二分对立，其实"貌异而心则同"，都归诸艺者之心。因模写自然、师天写实，仍须"简择取舍"的功夫，不外乎"拟议变化"，既有选择，便有"陶甄矫改之意"，即韩愈所谓的"觑天巧"，而矫改或修补似也不能尽离自然，如亚里士多德所说"师自然须得其当然"，故而钱锺书总结说：道艺达到高峰时，既可"师天写实而犁然有当于心"，也能"师心造境而秩然勿倍于理"，需"顺性且不伤其性"，不能尽离自然。亦即莎士比亚（William Shakespeare，1564—1616）所说，"人艺足补天工，然而人艺即天工也"，所以人之巧夺天工，事实上是"天假手自补"，然则"人出于天，故人之补天，即天之假手自补；天之自补，则必人巧能泯。造化之秘，与心匠之运，沆瀣融会，无分彼此"；否则，无论师法自然或师心自造，皆不成体统②。于此，对立二分之异说，在钱锺书

①钱锺书：《谈艺录》，页60—61。
②钱锺书：《谈艺录》，页60—62。

笔下，遂辩证而合一，师天自必运心，欲夺天之功、窥造化之秘，更非巧匠莫办，心与天"沆瀣融会"，方得佳构①。

　　钱锺书所说道术与艺事的"大原"与"极本"涉及西人所谓之美学，亦即因事物和谐而生的愉悦感，于18世纪理性主义当道之世，美感来自合乎自然规范，以合乎自然律者为可取，也就是以师法自然为要，而所法之自然有其理性的规则，所谓自然律；然而当"浪漫主义"（Romanticism）勃兴于18世纪晚期，师法自然的理论受到挑战，认为自然的美感有其缺陷，必须由人艺补之，天工苟无人艺相辅，则如食料，尝之无味，若稍加烹调，可成佳肴；然则在西方从师法自然到润饰自然有其过程，至浪漫主义时代之美学始尚工夺造化。西方论师认为中国造园艺术的含蓄、出人意表，以及不规则之美影响到彼邦之美感与时尚，有助于浪漫主义美学之兴。盖自然风景变化多端，并不很规则，也不很对称；而中国庭园就是不规则、不对称、变化多端，似无蓝图，实由设计而来，即所谓"巧夺天工之自然"（artificial naturalness），或"以艺补天"（employ art to perfect nature）。所补者皆逸出自然，因自然之野景不足以启人美观，必假手于艺，故庭园的景观不同于自然景色，一如诗与文之异，皆由精雕细凿而来。凡艺术品师法原物，一如原物，鲜有魅力，而原创亦与师法自然不符，无论建筑、雕刻、绘画，非经巧匠不能增华丽。故"自然"非"圣语"（sacred word），艺术之经营足能超越自然之局限，而中国之庭园设计即非"模仿"（imitate），而是师心自造，治山理水，分

--------

① 钱锺书：《谈艺录》，页61—62。

隔景区，呈现变化。然则中国之艺补天工，促使西方"新古典主义（neo-classical standard）（审美）标准"之颠覆，进入美学之新典范。西方论师因而认为从师法自然到师心自造之转捩，乃近代品味之开始，而初受之于中国造艺的影响①。彼邦名家见及具有形象之庭园，惊叹中国造艺之精，可补自然之不足，犹未悉千余年前，李贺早已有"笔补造化天无功"的认知，而槐聚更进一解，将二分之说，合一论之，师法自然，窥造化之秘，固不能不运心，然欲夺天之功、唯赖巧匠。

　　古今中西文士不约而同，均认为"圆"的概念是圆通、圆满、圆熟、圆成、完整、完美，槐聚广征博引之后，总结说："乃知'圆'者，词意周妥、完善无缺之谓，非仅音节调顺、字句光致而已。"②他不仅欲示东西海之人，其心攸同，道术未裂，亦欲为道义定下有效之"通则"（generalization）。钱氏谈艺，所得通则不知凡几，如引刘静修《读史评》与王安石《读史》以示史学求真之难，其难由于"即志存良直，言有征信，而措辞下笔，或轻或重之间，每事迹未讹，而隐几微动，已渗漏走作，弥近似而大乱真"③，道尽用言语文字表述真相的困难，以及困难之所在，因而有言曰："非传真之难，而传神之难；遗其神，即亦失其真矣。"④此一通

---

① 参阅 Arthur O. Lovejoy, "The Chinese Origin of a Romanticism," in A. O. Lovejoy, *Essays in the History of Ideas*（New York：G. P. Putnam's Sons, 1960）, pp. 99, 101, 102-103, 110, 115, 119, 126-129, 133-135.
② 钱锺书：《谈艺录》，页114；另参阅同书页111—114；又钱氏晚年"补遗"见同书页307，所补者只是若干说圆的资料。
③ 钱锺书：《谈艺录》，页160。
④ 钱锺书：《谈艺录》，页160—161。

则，足可为史家定调。而槐聚更进一解说，记载出自他人之手，固然不足尽信，即使出自一己肺腑的词章，也未必能"见真相而征人品"，因而得出另一通则："大奸能为大忠之文，至拙能袭至巧之语"，因有榜样可资揣摩，故正人能作邪文，邪人也能作正文①，又自成一通则。

　　人文界现象难如自然界现象之有定律，"通则"庶几近之；然"通则"若无充分的例子佐证，便失去效用。钱锺书就甚不以空头理论为然，在其《读〈拉奥孔〉》一文开头就说，长篇理论往往是空言，诗词笔记里的三言两语反而会说出精辟的见解。他也说过，议论虽可取，若无实例，犹如修身不疗，时贤高谈理论，每贻此诫。正因时贤喜高谈理论，故而辄嫌钱氏不多谈理论，不知理论而乏实例，无从辨黑白，正是槐聚所诫。槐聚重实例，并非排斥理论，而是必须从扎实的实例中去论证，而后始足以建立理论。

　　钱锺书生平的另一重大人生忧患发生在 1949 年以后，尤其在"文革"期间，其"忧"（sorrow）与"患"（apprehension）直接冲击到他的行动、举止、情绪与身体，对他身心所带来的创伤，虽性质不同，然困苦则一。抗战是由外患带来的国破家亡，必须共同承担国难；"文革"则是由国内"革命"给人民带来的苦难与动乱，所面对的是"集体狂热"（collective irrationality）。然而无论外患或内乱都给他带来国家动荡与文化生存之忧。对他个人而言，1950年恰好是四十岁，正迈向人生的中年，学业已经大成，创作力汹涌，欲继《围城》之后，续写《百合心》。饱经战乱之后，新中国既

----

① 参阅钱锺书：《谈艺录》，页 161。

然已经成立，和平重建，自然对未来寄以厚望，设讲上庠，开帐授徒，自己的女儿也聪慧过人，必成大器。孰料 1949 年并不是革命的终结，而是另一革命阶段的开始，不仅纷扰不已，而且发生了迟来的认同问题，不是国家认同，而是阶级认同，由于自己的出身，被强迫认定为被改造的阶级。钱锺书在革命浪涛中没有迷失，主要由于在勤于读书与著述中取得平衡，也可视为在忧患中的自我补偿。

在"文革"之前，国家为了振兴百年的衰败，凝聚整体力量，个人的自由势必会受到一定的限制。即使是西方社会，自 17 世纪末以来，个人在社会里的困境已见，因个人在现代社会里的生存价值，不仅有关个人的成长，更取决于"国家政策"（raison d'état）；国家政策无可避免地取代个人自主的道德责任，个人也就成为社会的个体，个人的个性不免在整个社会中隐退，甚至消失，形成个性的孤独，"科学的理性主义也剥夺了个人的根本与尊严"（scientific rationalism robs the individual of his foundations and his dignity），人好像是统计局里一个抽象的数字，个人的意义与价值因而荡然无存，个人的重要性也逐渐消失。群体愈大，个人愈是渺小，无意中成为"国家的奴隶"，甚至成为集体意见的传声筒。这是"个人在现代社会里的悲情"（the plight of the individual in modern society）①。诚如心理学者荣格所谓，"西方人有失去自己影子的危险，向虚幻的人格认同，或将其所处的世界与科学理性主义认同"；荣格认为："现代人并不比古人更坏，只是有更多施

---

① 语见 C. G. Jung, *The Undiscovered Self*, p. 3, 参阅 pp. 13-14, 16-17, 59。

坏的工具。"①个人为了保持个性与隐私，势必会与"社会"之间起冲突，感到社会不仅漠视，甚至仇视个人的最大利益②。

　　中国有其自己的历史文化与价值观，素重大我、轻小我，与强调个人主义的西方国家，国情有异。文化人不可能再是"单干户"，必须纳入组织，有人领导，具备正确的观点与立场。钱锺书身处其中，即使再低调，亦难免不会感受到个人与群体之间的高度紧张。1949年后，钱杨夫妇离开上海，欣然北上应清华大学之聘，但迅即知道清华已今非昔比，想回上海，然已身不由己。钱诗修辞保守，习以"无字无来历"，但1953年和冒叔子重九诗一首，今典显然：

　　　　情怀验取报书迟，霜鬓争须四海知。
　　　　且许营巢劳幕燕，聊堪生子话邻狸。
　　　　是非忽已分今昨，进止安容卜险夷。
　　　　梦里故园松菊在，无家犹复订归期。③

　　"邻狸生子"乃梁任公引西方史家言，谓无意义之事；从旧时代过来的知识分子如燕巢于飞幕之上，只好谈些无关紧要之事。中华人民共和国成立之后，凡旧时代都是坏的，新时代都是好

① C. G. Jung, *The Undiscovered Self*, pp. 82，100，103.
② Roy F. Baumeister, "How the Self Became a Problem：A Psychological Review of Historical Research," *Journal of Personality and Social Psychology*, vol. 52, no. 1（1987），pp. 163-176, esp. 169.
③ 钱锺书：《叔子重九寄诗见怀余久未答又承来讯即和其词》，《槐聚诗存》，页111。

的，前途的安危难以预卜。但诗人已预见了令知识分子惊心动魄的政治运动。

由于1949年以后不断的政治运动，中国知识分子受到磨难，留在中国大陆的知识分子是否选错了边？我们不能以"事后"论"当时"。在当时经历十四年抗战、四年内战，经济崩溃，民不聊生，而国民政府腐化无能，除了强烈的政治与意识形态的原因外，很少人愿意跟随失掉人心的政府逃离大陆，更何况当时的蒋政权风雨飘摇，朝不保夕，何必与之偕亡？避居海外谋生不易，亦非大多数知识分子所能。更重要的是，人心所趋，于绝望与痛苦之余，不免寄望于新中国的到来，其中包括在思想上疑惧共产主义的许多自由主义人士在内①。固然也有原已计划出走，因变故没能走成而后刻意靠拢者，如杨绛小说《洗澡》里的余楠；然也有有机会出走而甘愿弃之者，如钱锺书。赏识他的朱家骅曾许他联合国教科文组织的职位，他立即辞谢了②。有此条件的人多半不会辞谢，更不会毫不考虑地立即辞谢，这就显示了钱锺书与众不同的个性。杨绛讲得很清楚：

> 我们从来不唱爱国调。非但不唱，还不爱听。但我们不愿逃跑，只是不愿去父母之邦，撇不开自家人。我国是国耻重重的弱国，跑出去仰人鼻息，做二等公民，我们不愿意。

---

① 详细分析请参阅 Young-tsu Wong, "The Fate of Liberalism in Revolutionary China: Chu Anping and His Circle, 1945–1950," *Modern China: An Interdisciplinary Journal*, vol. 19, no. 4(Oct. 1993), pp. 457–490。
② 杨绛：《我们仨》，页121。

我们是文化人，爱祖国的文化，爱祖国的文字，爱祖国的语言。一句话，我们是倔强的中国老百姓，不愿做外国人。[1]

这席话充分说明了钱杨的自我认同与归属感，即使台湾大学外文系曾经聘钱锺书去当教授，他也没有接受[2]。自抗战胜利以来，钱杨夫妇所属的文化圈内，几乎都是学人与作家，大多厌恶国民党的统治，不满社会经济的现状，尤痛恨内战，雅不欲与国民政府共进退。钱杨有较多往来者如郑振铎、傅雷、陈西禾、王辛笛、徐森玉、徐燕谋、刘大杰、顾廷龙、张芝联、曹禺、巴金、唐弢、柯灵等人都留在大陆，只有少数人如蒋复璁与李宗侗等转往台湾。钱、杨于事后也不后悔于"改朝换代"之前，放弃离开祖国大陆的机会。钱锺书早于1938年决定自欧洲如期返国时，就已向澳洲友人说明，明知回国后前途艰难，但"吾辈之命运与吾民相联，我不介意勇往直前"[3]，足见钱杨对行止的决定，主要是认同祖国，而不一定是代表中国的任何政权，更舍不得自己所扎根的文化，雅不愿"西寻故乡"。钱锺书虽经劫难，犹常引柳永所咏"衣带渐宽终不悔，为伊消得人憔悴"，正如杨绛所说："我们只是舍不得祖国，撇不下'伊'——也就是'咱们'或'我们'。尽管亿万'咱们'或'我们'中人素不相识，终归同属一体，痛痒相

---

[1] 语见杨绛：《我们仁》，页122。
[2] 笔者亲聆之于钱先生。
[3] "Ch'ien to Stuart,"12 March，1938，另见吴学昭：《听杨绛谈往事》，页137。

关，息息相连，都是甩不开的自己的一部分。"①同学中如许振德
（大千）久居北美，80 年代初始得返华，钱锺书与之话旧，送别
赠诗有云"行止归心悬两地，长看异域是家乡"②，道出离乡背井
者的心情。

钱杨夫妇当然也考虑到自己是旧社会过来的人，但包袱较
轻。他们平生把时间与精力都放在读书上，从不积极参加任何政
治活动。战后在迁回上海的暨南大学教"欧美名著选"与"文学批
评"两门课③，虽然课余关心国事，几乎没有发表过什么政论，即
使在高度政论性的《观察》杂志上，所发表的都是小品与散文而
已。1949 年前钱锺书、杨绛夫妇与胡适有些来往，仅止于社交而
已，并不认同胡适的政治观点。台北联经出版公司于 1984 年出
版胡颂平编著《胡适之先生晚年谈话录》，其中有云："一位香港
的朋友托人带来一本钱锺书的《宋诗选注》给先生。先生对胡颂平
说：'钱锺书是个年轻有天才的人，我没见过他，你知道他吗？'"
我即将此书航邮寄赠一册，钱先生收到后来信(1984 年 7 月 17
日)说："博士虽知我不尽，而一言九鼎，足为鲰生增重。'没见
过'则博士健忘，亦区区人微位末，不足记忆也。"因而引起他一段
回忆：

---

① 语见杨绛：《干校六记》(北京：三联书店，1981)，页64。或 Yang Jiang, *Six Chapters
from My Life"Downunder"* (Seattle：University of Washington Press，1984)，p. 93。笔者
亦曾亲闻钱先生引柳永词以说明并不后悔留在大陆。
② 钱锺书：《大千枉存话旧即送返美》，《槐聚诗存》，页141。
③ 林子清：《钱锺书先生在暨大》，李明生、王培元编：《文化昆仑——钱锺书其人其
文》，页53。

上海解放前一年，博士来沪，过"合众图书馆"，弟适在翻检（弟挂名为该馆"顾问"），主者介绍握手。博士满面春风曰："听说你是个 humanist（似有春秋之笔，当知弟为吴宓先生学生之故），做的旧诗很好。我也做旧诗，昨天还写了一首五律（图书馆主者忙送上拍纸簿、铅笔），写出来请教大家。"写出后以纸交弟曰："你给我宣纸，我为你用毛笔写。"诗只记有"半打有心人"句，此纸保存至文革时，与其他师友翰同付一炬。弟并未受宠若惊，因此结识。过数月，博士又来沪，从陈衡哲女士处得悉内人家世（陈女士极偏爱内人），欲相认识，陈因在家请喝茶，弟叨陪末座；胡与内人谈话，略见内人《我的父亲》文中。敝寓左近一小吃店以"鸡肉包子"得名，陈女士夫妇皆爱吃，内人常以此馈遗之，是日亦携往，博士大赏"好吃"，而陈甚节俭，备点心只是"蟹壳黄"小烧饼，博士嗤以鼻曰："此等物如何可以请客！"陈怫然，事后谓内人曰："适之做了官，spoiled 了！"合众图书馆主人叶景葵先生请博士在家晚饭，弟与郑西谛先生皆被邀作陪，听其政论，后见 *Foreign Affairs*（《外交季刊》）渠发表一文，即席上所言也。弟 Saunter down the memory lane，而渠 Sink down the memory hale。此犹家宾四《忆双亲》中有关弟一节之全属子虚。Galileo 嘲历史家为"记忆专家"（O istorici o dottori di memoria）；胡、钱皆以史学自负，岂记忆之"专"，只在思想史、国史，而私史固容自由任意欤？一笑。①

信函中所谓"家宾四《忆双亲》中有关弟一节之全属子虚"，因钱穆在其回忆录中提到，"抗战胜利后之某年暑期，余赴常熟出席一讲学会。适子泉锺书父子俱在，同住一旅馆中，朝夕得相聚"；又说"无锡钱氏在惠山有同一宗祠，然余与子泉不同支。年长则称叔，遇高年则称老长辈。故余称子泉为叔，锺书亦称余为叔"②。实则钱穆称子泉先生为宗祖，子泉先生则称钱穆为宗英；钱锺书从未称钱穆为叔，曾向笔者说，若严格论辈分，钱穆晚他不止一辈，故以"家宾四"相称。然而回忆录竟说子老要锺书称穆为宾四叔，岂不是乱了儒家伦理？即按钱穆所言，既同宗，虽不同支，也不能他称钱锺书的父亲为叔，而要钱锺书称他为叔；1985年钱锺书致函钱穆称"宾四宗老"，亦未称其为叔③。钱锺书直到晚年从未到过常熟，则所谓在常熟相聚，亦子虚乌有。钱穆以史家名世，难怪钱锺书的亲身经历告诉自己，自传与回忆录多不可信，且要引伏尔泰之言曰"史极可疑"（Pyrrhonisme de l'histoire）也④。

胡适、钱穆都以史学名世，记忆有不实，令钱锺书不无感慨。胡适记忆有误，从正面看，或因宅心仁厚，不愿牵连，故曰"没见过他"。胡适要写给钱锺书的五律，应是《题唐景崧先生遗墨》诗："南天民主国，回首一伤神。黑虎今何在？黄龙亦

①《钱锺书复汪荣祖书》（1984年7月17日）。
②钱穆：《八十忆双亲　师友杂忆》，页128。
③函见杨绛：《杂忆与杂写》（台北：传文文化有限公司，1994），页77。
④语见钱锺书：《致黄裳》（二函），《钱锺书散文》，页417。

已陈。几枝无用笔，半打有心人。毕竟天难补，滔滔四十春。"
此诗作于战前，胡竟说是"昨天"所写，显然也不实。而胡之政
论，既发表于美国《外交季刊》，必然是《史达林策略下的中国》
（史达林即斯大林）一文，为深具冷战思维的反共文章，若谓中
国共产党"这个力量，经世界共产（党）主义的巧妙的策略家史
达林的培养与扶植，在二十五年中间，便成为征服中国和宰制
整个亚洲大陆的最有利的工具"①。于此可见，胡适认为中共取
得政权，不是内战的胜利，而是斯大林的"雄图"。钱锺书显然并
未为之动容，走避海外。

　　就新政权而言，钱杨在政治上原甚"单纯"，却没有料到居然
被牵连到所谓"清华间谍案"。事由 1952 年 7 月北京市公安局逮
捕了在清华外国语文系执教的美国人李克（Walter Allyn Rickett,
1921—　）、李又安（Adele Austin Rickett, 1921—　）夫妇，并于
1955 年 9 月被指为美国间谍而判刑，随即因"认罪态度良好"而释
放，并限期离境②。于今视之，此案乃冷战后中美交恶的产物，朝
鲜战争爆发，情势益为紧张，不仅在中国的美国人遭到怀疑、监
控、逮捕，在美国的许多中国人以及美国的中国专家，也有同样的
遭遇，甚至在"麦卡锡主义"（McCarthyism）高涨的 50 年代受到迫

---

① 此文胡适原用英文在美国《外交季刊》（*Foreign Affairs*）上发表，Hu Shih, *China in Stalin's Grand Strategy*，由聂华苓译成中文，台北胡适纪念馆于 1967 年出双语本，引文见页 6—7，另参阅全文页 1—48。

② 参阅朱振才：《建国初期北京反间谍大案纪实》（北京：中国社会科学出版社，2006），页 188。根据李克的自述，承认曾为美国海军部提供中国社会情况的报告，参阅 W. Allen Rickett, *Prisoners of Liberation: Four Years in a Chinese Communist Prison*,（New York: Cameron Associations, 1957）。

害。李氏夫妇被指为间谍入狱四年，还很理解地认为："在同样情况下，中国人对付我们要比大多数美国人对付中国人要好得多。"① 像钱学森在美国就被指为"间谍"入狱，经过千辛万难才回到中国。李克夫妇的老师卜德（Derk Bodde，1909—2003）是专治中国学问的美国宾州大学的著名教授，以英译冯友兰的《中国哲学史》闻名。从卜氏学生自清华写给老师的信看，多是学习与学界之事，没有任何情报可言②。即使这两个美国人有罪，连在同校同系任教包括钱锺书在内的中国教授多被牵连，显然是以"交往入罪"（guilty by association），李克在信中只是说同校同系的钱锺书"成为相当好的朋友"（we have become quite good friends），就遭到怀疑与监控，且将这些以及其他毫无根据的"黑资料"，如为蒋介石英译《中国之命运》等，一直存在档案里，到"文革"时还被人用来作为攻击的"武器"③。改革开放后的 1984 年 6 月 26 日李克夫妇曾到北京与钱锺书话旧④，必定是不胜唏嘘话当年。此事虽是无端的"莫须有"，黑资料当时却一直存在档案里，仍会被认为是"敌人"，而非"自家人"了。一个生活在自己国家里的"外人"，岂无"认同危机"？不过，在"文化大革命"之前，"黑资料"并未作祟，牵连间谍案毕竟过于牵强，谣言无从查证，不了了之。只是钱锺书一直被蒙在鼓里，到"文革"爆发才知道有这么一回事。

---

① "The Chinese have been a lot nicer to us than most Americans would have been to them in similar circumstance,"见"Rickett to Bodde，December 22，1949"（原件复印本）。
② "Rickett to Bodde，December 1，1949"（原件复印本）。
③ 杨绛：《干校六记》，页 62—63。
④《钱锺书复汪荣祖书》（1984 年 6 月 28 日）提及"前日 Rickett 夫妇曾来话旧"。

其实，所有从旧社会过来的知识分子都要面对认同新社会的危机。新社会虽包下所有的人，但要"改造"知识分子，要他们为人民服务。此一思想改造运动于1951年的秋天就已从教育界开始。他们都被认定是资产阶级知识分子，必须要抛弃过去的包袱。如何抛弃？并不轻松。必须要在群众面前自我批评，把过去的丑事、脏事都抖出来，重新做人，号称"洗澡"，即以政治、社会、情绪与劝导等外在压力来否定故我，以便认同共产主义新社会①。讲师以上人人都要"洗澡"，一般教职员也要帮助"洗澡"。但并非人人能够过关，如果自我批评得不够，会被认为不老实，需要再洗；如果自我批评得过火，会被认为态度不够严肃，也过不了关。过了关才会有洗了一个干净澡的轻松②。杨绛在清华"洗澡"过了关，却在所谓"控诉大会"上被一女生莫名其妙地指控，使她无端受辱。钱锺书回到清华洗了一个"中盆澡"，也一次通过③，要因两人从不参加政治活动，不仅背景简单，而且对人性透视深入，性格与世无争，对学问十分执着，从而化解了"危机"。然而钱氏夫妇的好朋友、清华大学化学系的创办人高崇熙教授就因不堪受辱而自杀身亡④。中国知识分子在剧烈的政治运动中选择自尽，并不罕见，充分说明当事者的失落、焦虑、绝望，以及潜意识中无奈的抗议。亲身体验到思想改造运动的杨

① 参阅 Mu Fu-sheng, *The Wilting of the Hundred Flowers: The Chinese Intelligentsia under Mao*(New York：Praeger, 1962), pp. 208-247。
② 参阅杨绛：《我们仨》，页126—127；参阅杨绛长篇小说《洗澡》(北京：三联书店，1988)。
③ 洗澡以级别分大、中、小盆，级别愈高，规模愈大。
④ 参阅吴学昭：《听杨绛谈往事》，页255—264。

绎，有这一段发人省思的话：

> "三反"是旧知识分子第一次受到的改造运动，对我们是
> "触及灵魂的"。我们闭塞顽固，以为"江山好改，本性难
> 移"，人不能改造。可是我们惊愕地发现，"发动起来的群
> 众"，就像通了电的机器人，都随着按钮统一行动，都不是
> 个人了。人都变了。就连"旧社会过来的知识分子"也有不同
> 程度的变：有的是变不透，有的要变又变不过来，也许还有
> 一部分是偷偷儿不变。[①]

"发动起来的群众"具有一种"集体认同"（group identity），
认同共产党领导的无产阶级新中国，"统一行动"就不足为奇
了。他们是要改造"旧社会过来的知识分子"的动力，旧知识分
子虽被归属为"资产阶级"，却不是一个清晰认同的群体，而是
一群不同背景的个人，他们无从否定"资产阶级"，只能否定
"自我"。真正惊讶的是，有太多否定了自我的旧知识分子，祈
求得到新的认同而不可得，以至于有"变不透"或"变不过来"的
情况，也落实了已经定型的人性的确是难移的。在不断的政治
运动下，想不变不仅只能"偷偷儿"，而且也不容易。杨绛自称
只变得"不怕鬼"，钱锺书则依然故我。他俩身在其中，虽然无
法逃避任何一场政治运动，但是绝无意出人头地，也不求闻达，
保持低调，故不会失望，更不会绝望。他俩情愿在喧闹中"离群

---

① 杨绛：《我们仨》，页 128。

索居"，寄情于书乡，虽居陋巷，也不改读书之乐，故也不会有空虚之感。由于钱锺书与杨绛自我认同的坚定，所以虽历经劫难，仍然"衣带渐宽终不悔"。

中华人民共和国成立之初，钱锺书在清华仅仅教了一年的书，乔冠华就来请他去城里参加英译《毛泽东选集》的工作①，周末才回校指导研究生，如是者三年有余。1952年全国院系调整，清华文科并入北大，钱锺书改隶文学研究所，寻即成为中国科学院哲学社会科学部（中国社会科学院前身）文学研究所，任外国文学研究组研究员，同时仍继续《毛选》英译工作。该室单位小而特殊，所受政治干扰也就既少又轻，再由于他的中英文能力俱佳，受到主其事者徐永煐的敬重。翻译工作并不好做，尤其是《毛选》，必须要慎之又慎，改了又改。但是钱锺书游刃有余，效率极高，有不少清闲的时间看自己的书。当然他不可能再写像《围城》那样讽刺社会的写实小说，因旧社会已一去不复返，从旧社会过来的作家，已无可放矢之的。他于战后写了几万字的长篇小说《百合心》，无意间遗失②；不过，即使没遗失，若不愿犯"集体幼稚病"（collective infantilism），恐怕也不会完成，更不可能出版。有鉴于《围城》出版后曾受到出于政治动机

---

① 此一工作由胡乔木推荐，见唐弢：《遥悼钱锺书先生》，李明生、王培元编：《文化昆仑——钱锺书其人其文》，页50。

② 钱先生在《〈围城〉重印前记》里说，因搬家"把一叠看来像乱纸的草稿扔到不知哪里去了。兴致大扫，一直没有再鼓起来，倒也从此省心省事"，见《钱锺书散文》，页442。但钱先生曾告诉我真实的情况是，他逗女儿钱瑗玩，说书稿中有一位丑女孩就是她，但就是不给她看。钱瑗到处找，钱先生到处藏，结果连自己也找不到了。

的批判，在大陆沉寂三十五年不能再版，也就事出有因了①。

钱锺书编写《宋诗选注》，自称是"文学研究所第一任所长已故郑振铎先生要我干的"②，因而调往古代文学研究组的工作，都不是他自己的规划，杨绛也证实钱锺书被借调，并非出于自愿，只想随遇而安。除此之外，并曾被派去参与选注唐诗的工作③。他于这一段时间仅发表少数几篇有关中国古典文学的文章而已。他长期脱离了原来的外国文学研究所，很可能影响到他著书立说的走向。容我们想象，如果他一直留在外文所，也许会专攻西洋文学，一定会用英文写成《感觉·观念·思想》一书。他尤其想要着眼于几部西洋经典名著，英国莎翁剧本与弥尔顿（John Milton，1608—1674）的诗史《失乐园》（*Paradise Lost*）、意大利但丁（Dante Alighieri，1265—1321）的《神曲》（*Divine Comedy*）与薄伽丘（Giovanni Boccaccio，1313—1375）的《十日谈》（*Decameron*）、法国蒙田（Michel Eyquem de Montaigne，1533—1592）的文集、德国文豪歌德的《浮士德》（*Faust*），以及西班牙的塞万提斯（Miguel de Cervantes，1547—1616）的《堂吉诃德》（*Don Quijote de la Mancha*）等书。他虽转攻中国古典文学，由于优异的国学与西学素养，亦

---

① 据沈鹏年的回忆，"当我国的讽刺艺术杰作《围城》出版时，苏联正在以倾国之势发动全民批判讽刺小说《猴子奇遇记》达到高潮。个别人不问国情、生搬硬套，便向《围城》开刀。影响所及，导致《围城》在上海未能及时重印。这是我国文艺界的一个损失"。见氏作《〈围城〉引起的回忆》，《读书》，1981 年第 7 期，页 43—44。显然不是一般的"个别人"能够禁止重印。另参阅刘美霞、黄曼君：《浅析"〈围城〉热"的形成动因》，《现代语文》（文学研究版），2008 年第 7 期，页 47。

② 彦火：《钱锺书访问记》，杨联芬编：《钱锺书评说七十年》，页 94。

③ 钱氏自谓："诸君选注唐诗，强余与役，分得王绩等十七人，因复取《全唐文》温读一过"，见钱锺书：《钱锺书手稿集·容安馆札记》，第 3 册，页 1886。

能转化传统，开出新境。

　　钱锺书虽于政治不感兴趣，但对时局的发展看得很清楚，自有其天生的敏感度。然而他的父亲钱基博却于大鸣大放时上了万言书，遭到批判，因而忧伤致疾①。钱锺书于 1957 年赴武昌探视，已感到反右风暴即至，如谓"弈棋转烛事多端，饮水差知等暖寒"，"脱叶犹飞风不定，啼鸠忽噤雨将来"。他本人既无妄念，夜来无梦，正是"啼鸠忽噤"之意②。就在这一年的 6 月里，影响知识分子命运深远的反右运动揭开帷幕，先是在"百花齐放，百家争鸣"的口号下，鼓励大鸣大放，要求知识分子畅所欲言，尽情建言与批评。结果不是言者无罪，而是言者有罪，约有五十万名知识分子被戴上右派的帽子，划为异类，几乎无人会想到，结果是"引蛇出洞"的"阳谋"，而党内整风也同时开始。"引蛇出洞"未必是预设的，但知识分子果真大鸣大放起来，批评的力度远远超过预期，而不少党员干部久而成为"新阶级"，且多与"不可靠的"知识分子来往，毛泽东因而以反右作为反制③。若然，则所谓"引蛇出洞"，不过是"事后聪明"之说。

　　钱锺书与杨绛也没想到"引蛇出洞"的结果，对政治更加"悚然畏惧"。不过，他们俩对政治虽无过问的兴趣，却有警觉，更不喜欢抛头露面去提意见、出风头，所以他们两个人"不鸣也不

---

① 钱父钱基博于 1957 年 11 月 30 日因喉癌辞世。参阅傅宏星编撰：《钱基博年谱》，页 197—199。

② 见之于钱锺书：《赴鄂道中》，《槐聚诗存》，页 119。

③ 此为西方学者普遍的看法，例见 John King Fairbank, *China*, *A New History*, Enlarged Edition(Cambridge, Mass.: Harvard University Press, 1998), p. 365。

放，说的话都正确"①，自然就没有被划为右派。但是钱锺书的
《宋诗选注》正好于反右启动后出版，成为"拔白旗"的对象之一，
白旗与红旗相对立，象征政治不够正确，幸而国外日本汉学家吉
川幸次郎等人的高度学术评价，使基于政治动机要拔这面"白旗"
而拔不下去，只好请名家夏承焘出来写一篇《如何评价〈宋诗选
注〉》以收场②。夏氏以学术观点指出，钱锺书在没有完整"全宋
诗"依据的情况下，可知选诗之难；且从其研究诗词名家的视野，
看出选注者的"自具手眼"，表达对诗特别是宋诗的"见解"，将小
传与摘句内容写成"有系统的诗论"，而所选的注意到"各种不同
手法的范本"，可供"欣赏和琢磨"。夏承焘给《宋诗选注》很高的
评价，认为"是一部难得的好书"③；同时也点出政治正确的问题，
如何使古代作家的作品"为社会主义文化生活服务"，认为"在《选
注》里已经有相当分量的表现"④。这"相当分量的表现"，显然是
外在环境氛围下的取舍，使夏承焘得以有所"缓颊"，亦使域外的
胡适之、夏志清辈感到不必要的"迁就"。不过，就诗而论，能收
录一些反映陶者、盐户、织女等下层社会的诗，未尝不可扩大宋
诗的内容。钱锺书自己在事后也说，当初虽不够趋时，但终不免
付出趋时的代价，既没有反映当时的正确思想，也没有爽快地显

---

① 语见杨绛：《我们仨》，页135。
② 见舒展：《历史的淘气——记钱锺书》，李明生、王培元编：《文化昆仑——钱锺书
　 其人其文》，页67。
③ 参阅夏承焘：《如何评价〈宋诗选注〉》，李明生、王培元编：《文化昆仑——钱锺书
　 其人其文》，页256—261。
④ 夏承焘：《如何评价〈宋诗选注〉》，李明生、王培元编：《文化昆仑——钱锺书其人
　 其文》，页259。

露自己的衷心嗜好，所以把这本晦昧朦胧的书比作古代模糊黯淡的铜镜①。

　　钱锺书为了选有关人民生活的诗，在序里引了毛泽东《在延安文艺座谈会上的讲话》②，却引起另一类的批评，以为故意讨好当局，毕竟付出了趋时的代价。夏志清在其《现代中国小说史》中不以为然于前③，余英时见到钱锺书时也忍不住提起此事于后④。其实要问的是所引是否恰当，他所引的大意是人民生活中储有文艺的原料，虽然粗糙，却很生动、丰富，可以取之不尽，用之不竭。这些钱锺书认为"常识性"的话，不妨取用，更何况在当时的政治氛围里能起保护作用，岂非一举两得？但事实上也并未因此免于批判。值得注意的是，政治环境改变后，他并没有删除这段话；不仅没有删除，而且踵事增华，于 1978 年新版中再次引了毛泽东于 1965 年给陈毅论诗的一封信，又有人不看引得是否恰当，就度君子之腹，说"出于自我保护"⑤。毛泽东说"诗要用形象思维，不能如散文那样直说，所以比兴两法是不能不用的"，正合钱意，用来纠宋诗尚赋而轻比、兴之弊，岂不佳甚？借毛氏

① 见钱锺书：《宋诗选注》（香港：天地图书有限公司，1990，其他未注明者均为三联版），页 1—2。
② 钱锺书：《宋诗选注》（北京：三联书店，2002），页 12。
③ C. T. Hsia, *A History of Modern Chinese Fiction, 1917-1957*, p. 433. 其言曰："The book（指《宋诗选注》）could have been much better if the compiler had not been under the obligation to cite Mao Tse-tung as a literary authority in the preface and to include so many poems descriptive of the social conditions during the Sung Dynasty."
④ 余英时：《我所认识的钱锺书先生》，杨联芬编：《钱锺书评说七十年》，页 56。
⑤ 谢泳：《钱锺书研究四题》，谢泳主编：《钱锺书和他的时代》（上海：上海辞书出版社，2009），页 137。

之口强调形象思维的重要，也很有意思①。

总之，反右与"拔白旗"使大批知识分子以及不少的党员干部靠边站，取而代之的是工农阶级，在红与专不能兼顾时，愈来愈偏向红，无疑影响到中国现代化的进程。随之而来的又有全国"大跃进"。中共领导阶层于1957年底完成第一个五年计划后，发现苏联模式并不适合中国的国情，必须改弦更张。就当时情况而言，唯有减缓工业化的速度，然绝非毛泽东所愿，故决定凭借革命意识形态，动员全国人力，激发牺牲精神，以冀达到在农业与工业上"大跃进"之目的，追求高贵的理想，不幸造成灾难性的后果。反右的一大后果至"大跃进"形成强大的"反智主义"（anti-intellectualism），政治正确重于知识技能，红更重于专，甚至唯红是尊，知识分子不受重视，境遇更加困难。几乎所有的知识分子都必须下放到农村、到工厂去劳动改造。钱锺书也不例外，于1958年年底下放到河北昌黎整整两个月，去做挑粪的工作，又逢饥荒，"吃的是霉白薯粉掺玉米面的窝窝头"②。

经过三个月的劳动改造，钱杨夫妻于1959年重聚，迁居城内文研所宿舍。随着1961—1962年对知识分子的政策由紧而松，待遇也跟着改善，钱锺书于1962年搬到较为宽敞的干面胡同新建宿舍。翌年钱锺书于四卷本英译《毛选》定稿后，又被邀成为英译毛泽东诗词的五人小组之一。但自1963年开始的"四清"和"五反"政治运动，又要积极推广群众的社会主义教育，主要针对乡

① 钱锺书：《宋诗选注》，页7—8。
② 语见杨绛：《我们仨》，页138。

村与城市的干部，尤其是农村干部，在中共工作组的动员下，受到贫下中农们的暴力冲击①。知识分子也被动员下乡"四清"，钱锺书正在翻译毛诗，杨绛报名参加未被批准，还听到"讥诮声"，显然在动员下认为"四清"是光荣的任务。钱瑗于1963年底下乡"四清"，翌年4月回校，1965年8月又到山西去"四清"。翌年钱锺书五十七岁，正月十六日饭后到公园散步后忽染风寒，病得不轻，在病榻上梦到"圆女"，"渠去年八月赴山右四清，未返京度岁"②。钱瑗于1966年5月才回京返校，因工作认真，被工作组推荐"火线入党"，成为"党内的白尖子"。被清者固然很惨，清人者也不轻松，生活都十分艰苦，杨绛说钱瑗"带回一身虱子，我帮她把全部衣服清了一清"③。

　　就在1966年的5月16日，"文化大革命"正式开始。从旧时代过来的知识分子，再一次暴露在革命"群众"面前，成为批判的对象，受到铺天盖地而来的冲击，领略到精神上与肉体上几乎是空前的双重创伤。无论是自然灾害或人为的暴行，创伤的受害者往往是无权无势或失势的弱者④。当暴力加诸手无寸铁的学者时，学者们既无法也无力抵挡，唯有逆来顺受，感到痛楚与羞辱。钱锺书的个人意志与声音，似乎也完全被压抑殆尽。当时在海外盛

①"四清"一开始在农村中是指清工分、清账目、清财物、清仓库，主要针对农村干部；"五反"指反贪污盗窃、反投机倒把、反铺张浪费、反分散主义、反官僚主义，主要针对城市干部；后期二者在城乡中都发展为清思想、清政治、清组织、清经济，通称"四清"。

②钱锺书自记，见《钱锺书手稿集·容安馆札记》，第3册，页2236。

③杨绛：《我们仨》，页142。

④ Judith Herman, *Trauma and Recovery: The Aftermath of Violence—From Domestic Abuse to Political Terror* ( New York: Basic Books, 1992), pp. 9, 20.

传钱锺书已故，人们对他的记忆主要还是停留在他前半生的《谈艺录》与《围城》。

若谓"'文革'是一场浩劫"，如不能落实到个人，仍嫌空泛。就钱锺书而言，他与杨绛于 8 月间就被揪出，套上"反动学术权威"的大帽子，被剃阴阳头，当众羞辱，成为"牛鬼蛇神"。但他并不"孤独"，因他是一群"反动学术权威"之一。这些权威也许有"反动"的"出身"，然而"红专"的何其芳也一样被揪出，甚至连共产党的高层，包括刘少奇和邓小平在内，最后都被揪出、打倒。所以是许许多多的"咱们"一起"蒙难"，共同"忍辱负重"，渡过难关。钱锺书、杨绛夫妇被揪出、批斗、下放、流亡，呈现高度的自制与逆来承受，但心里明白是一场革命闹剧，所以不会像有些想不开的人，羞愤自杀。但是在整个过程中，钱锺书居陋室，过几近原始的生活，所派的任务又是扫厕所、烧开水、编麻绳、当邮差，俨然是角色的颠倒，数十年来一直扮演读书与写作的"劳心者"的角色，忽然之间变成做粗工的"劳力者"，而原来的清洁工竟成为他的"老板"[1]，难免没有"我是谁"的疑惑。这是埃里克森无法想到的"认同危机"。钱锺书于有意或无意之间化解了此一"危机"，无非是他的"自我"完全没有动摇，仍然翱翔于其学术世界里，即使无书读时，亦可读字典以自得其乐。有人见证说："即使在这样艰苦的条件下，我还是见钱先生在添满水、加足煤以后，利用水未烧开的这个空间读书。那都是外文原文的辞

---

[1] 参阅刘士杰：《与大师相处的岁月》，丁伟志主编：《钱锺书先生百年诞辰纪念文集》，页 219—222。

典之类，比砖头还厚。"①另一位也说，钱先生虽处乱局，始终埋头潜心于学问，"孜孜不倦"②。

整个文学所于1969年的11月一起下放到河南的罗山、东岳、明港，使当时一群年轻学者有机会与"学术权威"生活在一起，受到平时难得的身教与言教，就像其中一位所说，"在'文革'那个特殊的年代，一个特殊的机遇却把我和先生'绑'在了一起"，因而有整整一年里与钱先生"同室共处"，得以就近请教③。平时孤高的钱锺书忽然有了一群朝夕相处的难友弟子，与下一代文史学者亲切互动，传授知识。受益者回忆道："在我印象中，钱先生真可算得上无所不知。不仅外语，就是吴语方言他也能说出个来龙去脉。"他们领略到落难中钱先生的才气与学问、教诲与关怀，成为治学与为人的终生财富。他们亲炙的钱锺书"亲切、慈爱、温暖"④，恰与流传的"刻薄"与"刁钻"形象背道而驰。

大家始料未及的是，"文革"之后的1979年，正当钱锺书出访外国之前后，北京中华书局推出钱著《管锥编》四册，都百余万言。此书在风格上承继《谈艺录》；不过，如说《谈艺录》是诗话，则《管锥编》是笔记。虽然在中国传统学术分类上，诗话属集部，而笔记则入子部，然而诗话原是用笔记体写成的，无论形式或内

---

① 何西来：《追念钱锺书先生》，丁伟志主编：《钱锺书先生百年诞辰纪念文集》，页214。
② 钱碧湘：《天降难得之才　惟恒持者大成》，丁伟志主编：《钱锺书先生百年诞辰纪念文集》，页248。
③ 阎陈骏涛：《特殊年代里的几封书信》，丁伟志主编：《钱锺书先生百年诞辰纪念文集》，页230。
④ 参阅刘士杰：《与大师相处的岁月》，丁伟志主编：《钱锺书先生百年诞辰纪念文集》，页226—229。

容，差别不大。钱氏这两本书风格相承，自成钱体，均超越传统
诗话、笔记之属，而两书在时间上则相差约三十年之久，规模自
然今非昔比。此三十年间又经历了翻天覆地的革命风潮，新时代
取代了旧时代，江山已改，但他的学术风貌依旧。在 1940 年代
用文言书写，犹不失时尚，因当时以文言写作者仍大有人在，甚
至尚有不少老辈、同辈的人相互歌诗唱和，但到 1970 年代经过
打孔与破旧，文言文几乎像博物院内的古董，已无人作书写之
用，就像不再见到有人穿长袍马褂一样。然而钱锺书好像是不食
人间烟火的隐士，在"文化大革命"的惊涛骇浪中，依然故我，看
线装书、写四六古文，以传统的笔记体裁写成《管锥编》，必有深
意在焉。他回答朋友柯灵说，"借此测验旧文体有多少弹性可以
容纳新思想"①。这仅是原因之一，最根本的是，钱锺书虽历经五
四新文化运动，通晓多种西文，但从不认为自家的古文已经作
古。他也不认为国故是臭东西，可以抛弃。他早于 1934 年给张
其昀的信中明言："文言白话，骖驔比美，正未容轩轾"②，亦即
文言与白话大可并驾齐驱，无所谓优劣。他更指出，白话之流行
可使文言增进"弹性"（elasticity），白话小品也可以采用晋、宋、
明、清以来的家常体为法，甚至相信文言与白话将来会由分而
合③。他所说的"家常体"是一种"不文不白，亦文亦白"，"最自

---

① 柯灵：《促膝闲话中书君》，《联合文学·钱锺书专辑》，第 5 卷第 6 期（1989 年 4
　月），总第 54 期，页 135。
② 钱锺书：《与张君晓峰书》，《国风》，第 5 卷第 1 期（1934），页 14；《钱锺书散文》，
　页 409。
③ 钱锺书：《与张君晓峰书》，《国风》，第 5 卷第 1 期（1934），页 15；《钱锺书散文》，
　页 410。

在、最萧闲的文体"，自成"格调"（style）①。但他当年的理想并未如愿，白话与文言并未能共存，而是由白话取代了文言，文言成了"古代汉语"，年轻一代的人几皆不能动笔写古文。钱锺书知之甚稔，故于1986年曾感叹："以今日中国之大，六十以下之人几无人能写典雅之古文矣。"②

然则钱锺书于文言衰微之日，仍孜孜不倦勤用文言著述，岂不知与潮流相背？钱氏既认为学问乃乡村二三野老之事，何必顾及世俗好恶，何莫从吾所好，一展长技，曾"自负文言说理析事而能明豁雅令，故当迈出康、梁、严、章之类，非君无以发吾之狂言也"③，谁曰不然？不过，其"反潮流"的主观意识毕竟强烈，固然有"迂回隐晦"的用意④，然未必欲藏罟于古文以远祸，刻意逃避"文网密布的恐怖"⑤，更非"语言上的文化保守主义者"⑥，因钱锺书不仅写白话，也写英文。若从积极面看，"文革"要破除

---

① 钱锺书：《近代散文钞》书评，《新月》，第4卷第7期（1933年6月1日），页2—3；《钱锺书散文》，页105—106。

② 笔者于1986年访钱先生于三里河寓所，并呈《史传通说》书稿，因有斯言。

③ 语见《钱锺书复汪荣祖书》（1983年2月27日）。

④ 见钱先生为德国莫芝宜佳专著《〈管锥编〉与杜甫新解》所写的序言，见《人生边上的边上》，页231。

⑤ 舒展：《反封建的思想锋芒》，何晖、方天星编：《一寸千思：忆钱锺书先生》，页321。李慎之也向澳大利亚记者说，钱锺书用文言写是一种"消极的抗议"（a kind of passive protest），故意让极大部分的"干部"（cadres）看不懂，见 Jasper Becker, "Death Closes Book on Literary Genius," 载《一寸千思：忆钱锺书先生》，页261。事实上，若为了使人看不懂而写，则失去"抗议"的意义，若有极少数的人看懂，又未必能以文言"掩遮"，似懂非懂者可能更易罗织罪状。

⑥ 田文奂：《边缘的回溯——纪念钱锺书先生》，何晖、方天星编：《一寸千思：忆钱锺书先生》，页263。

中国传统文化，而《管锥编》在诠释与弘扬传统文化所凭借的中国经典名著，在内容上几包括人文学传统之全部，而其用以表述者又是典雅的古文。

钱锺书不仅用典雅的古文书写，而且在精神上是唯心而非唯物。或有研究者认为《谈艺录》是"走向唯物论的美学"①，或误解《管锥编》所谓辩证法为彼而非此，曾说"于区区手眼，尚未窥识。弟之所谓辩证法，本于老庄禅宗及黑格尔，乃马克思所斥唯心的辩证法。书中直言不讳，诸君以唯物的辩证法品目之，使弟受宠若惊而有挂羊头卖狗肉之嫌矣"②。他在《谈艺录》中已曾明言："柏拉图言理无迹无象，超于事处，遂以为诗文倖色绘声，狃于耳目，去理远而甚失真。亚理士多德智过厥师，以为括事见理，籀殊得共；其谈艺谓史仅记事，而诗可见道，事殊而道共。黑格尔以为事托理成，理因事著，虚实相生，共殊交发，道理融贯迹象，色相流露义理。"道出西方唯心思维之演进，至黑格尔（Georg Wilhelm Friedrich Hegel，1770—1831）抽象的绝对理念与具体物象达到"事托理成"与"理因事著"的境界，也就是说物象是理念的呈现，而理念因物象而更彰显，恰是佛家所谓"全春是花、千江一

---

① 语见何开四：《碧海掣鲸录：钱锺书美学思想的历史演进》（成都：成都出版社，1990）。页30。何氏有结语曰："综上所说，我们可以看到，钱先生对于妙语说的辨析，不仅是唯物主义的，而且还体现了生动的辩证法"（页50），诚属未窥钱氏手眼之言。

②《钱锺书复汪荣祖书》（1985年3月12日）。钱氏信中"诸君"指《管锥编》研究四作者，参阅郑朝宗编：《〈管锥编〉研究论文集》（福州：福建人民出版社，1984）。多年后陈子谦仍坚持"《管锥编》是一个充满辩证法的宝库"，见氏著《论钱锺书》（桂林：广西师范大学出版社，2005），页83。

月、'翠竹黄花皆佛性'之旨"①。故不能因钱锺书对老子、禅宗、黑格尔有所批评，就断言他"毫无唯心主义天才论的色彩"②。钱锺书在熟读老庄禅宗的基础上，接触到黑格尔的唯心哲学以及西方的神秘主义，并对海德格尔（Martin Heidegger，1889—1976）语言思想发生高度的兴趣。

海德格尔上承德国唯心哲学，但一反理性哲学大师笛卡尔的"我思故我在"，而主张"我在故我思"。他不认为真正的思想只是来自抽象观念，他讲究人与"存在"（Sein Being）的关系。"存在"在西洋传统里，原是永恒的，像中国传统里天不变道也不变的"道"。但海氏认为存在有时间性，"存在"不时翻新，也就是具有"历史性格"（historical character）。人之为人是一个体"在那里存在"（being there），"那里"就是所生存的世界，别无他处，海氏称之为"在世界里的存在"（In-der-welt-sein）。人的特殊思想表现在语言与文字上，人若质问存在唯有靠语言，质问存在就是质问存在的感觉、意义与目的。探讨此一问题最初经由生物的、心理的、社会的以及历史的分析，而归结于存在的分析及其存在的本体论。"追问存在的意义"（der Sinn vom Sein überhaupt）导致海氏所谓的阐释循环，个体之存在必须经过此一循环以深入辗转寻思的内在，以明真相③。故思想绝不可能是一封闭系统，思想就是人对"存在"的反应，所谓"存在"乃"给予思之所思"（what is given

---

① 钱锺书：《谈艺录》，页230。
② 陈子谦：《钱学论》（成都：四川文艺出版社，1992），页16；另参阅页26-30。
③ 参阅 George Steiner，*Martin Heidegger*（Chicago：The University of Chicago Press，1979，1989），pp. 82-83。

to thinking to think)①。思想家各有其自家的康庄大道，不宜受制于任何思想模式。海氏自称语言是存在的宝库，人与存在之间的自主关系经由语言得以完成。他天赋的敏感与智力使他运用文字具有丰富的意涵，立言精确，进入诗般的妙境。海氏尤重诗，以为第一流的诗人必然是第一流的思想家，第一流的思想家必是诗哲。类此莫不令钱锺书赏识到海氏抽象思维的精妙，屡引海氏名著《存在与时间》(Sein und Zeit)，遂借邻壁之光，以心与身相兼之境，反观陶渊明之名句"心远地自偏"，即海氏所谓观"存在"而知"性行"之例②。

然则《管锥编》绝非是依赖大量引文、没有主旨统系的"随兴而无目的笔记"(random notes)③。若仅着眼于引文，似是材料的堆砌，其实引文莫不为其论证所用。例如董仲舒"莫随世而轮转"，以轮转比喻圆滑，此为贬词；若言"轮转无穷"亦可作赞词。诸家说"圆"与"方"也美刺不一。轮转唯有靠圆体才能转，既可转吉，亦可转凶，以说明"人事靡恒，人生多故，反掌荣辱，转烛盛衰，亦复齐心同慨"。圆转不一，也可能守故蹈常，陈陈相袭，未进分寸，均为唐捐，直如圣经以"驴转磨石"以喻人生④。钱锺

---

① 语见 Martin Heidegger, *The Question Concerning Technology and Other Essays*, translated and with an introduction by William Lovitt(New York: Harper & Row, 1977), p. xv。
② 参阅钱锺书：《管锥编》(二)，页 902。参阅 Martin Heidegger, *Poetry, Language, Thought*, translated by Albert Hofstadter ( New York: Harper & Row, Publishers, 1971), pp. ix–xxii。
③ 《管锥编》英译者之言，见 Ronald Egan, " Introduction," Qian Zhongshu, *Limited Views : Essays on Ideas and Letters*, p. 12。习惯于逻辑论证的西方学者似难以理解钱锺书的书写方式。
④ 钱锺书：《管锥编》(三)，页 1469、1476、1480；参阅页 921—930。

书博引各家有关形与神之说，旨在说明"神魂之于形体犹光焰之于灯烛"，烛尽光穷，人死神灭①。他再博引各家论圣人无情之说，意在阐明王弼"应物而无累于物"之义，盖王弼引道入儒，故能"应物顺事而哀乐不入，有骇形而无损心，亦西方古哲人所谆谆诲人者"，即无论喜怒哀乐皆不动真情之谓②。

钱锺书观察细微，见微知著，言及儒、法之争，李斯虽为法家，董仲舒虽为儒家，皆主张思想一统，"均欲'禁私学'，'绝异道'，'持一统'，'定一尊'（Gleichschaltung）；东西背驰而遵路同轨，左右易位而照影随形（mirror image），然则汉人之'过秦'，非如共浴而讥裸裎，即如劫盗之伤事主耳"③。"共浴讥裸""劫盗伤主"真是一针见血的妙喻。所谓三千年皆秦政，汉武虽崇儒，实则儒家其表，法家其里，朱熹感叹八百年来圣人之道未尝一日得行，已见端倪。钱锺书更指出，"汉家法度之终以秦为师，东汉末人已早察之"④，不待近人的后见之明。

钱锺书更能以学理照明材料，再以材料作为学理的例证，兼通中西，左右逢源，其结果是相得益彰的胜义络绎，自然别具青眼，见前人所未见，发前人所未发。所谓邻壁之光，包括西方现代心理学在内，如他以心理学中"同时反衬现象"（the phenomena of simultaneous contrast），照亮旧诗中以"声音"来反衬"幽深"的许多例子，诸如"萧萧马鸣""鸟鸣山更幽""伐木丁丁山更幽"等等；

---

① 钱锺书：《管锥编》（三），页 1546。
② 参阅钱锺书：《管锥编》（三），页 1755—1758。
③ 语见钱锺书：《管锥编》（一），页 430。
④ 见钱锺书：《管锥编》（一），页 428。

以事物点缀来反衬空间之辽阔，诸如"直视千里外，唯见起黄埃""绝目尽平原，时见远烟浮""大漠孤烟直"之类。这种心理上的反衬现象，当然也可见诸西人诗作，诸如雪莱（Percy Bysshe Shelley，1792—1822）诗谓啄木鸟声使松林更为幽静，仅存的古王雕像残石的点缀，使沙漠显得更加浩瀚①。

心理学有"补偿反应"（hyper-compensation）之说，即某些个人生理之强以补偿其所弱，如不擅长讲话的人，擅长写作，所谓"笔札唇舌，若相乘除"，"西洋大手笔而口钝舌结者，亦实繁有徒"，如法国著名剧作家高乃依（Pierre Corneille，1606—1684）之"吾口枯瘠，吾笔丰沃"（J'ai la plume féconde et la bouche stérile）。钱锺书更能以众多实例，说明中土已窥此理，诸如司马相如也是口吃而善于著书；何休木讷而多智；古之乐师善唱，却多为蒙瞍之人；盲人发愤于音声；所谓"瞽者善听，聋者善视"；"能行之者，未必能言"；工于谋人者，拙于卫己；在在都能增益"补偿反应"之说②。

钱锺书指出，《水浒传》的作者并不知道心解学所谓"反作用形成"（reaction formation），但在描述潘金莲因与西门庆私通，自觉心亏，对武大稍减悍泼，就是这种心理的反应③。中西文献中许多通则，诸如"勇出于恐""然绝望则生决心""乐极悲来""怒极悔生"，也都是在说明心理学上的"疲乏律"（Law of fatigue）④。一

---

① 见钱锺书：《管锥编》（一），页232—234。
② 参阅钱锺书：《管锥编》（一），页502—503。
③ 钱锺书：《管锥编》（一），页376。
④ 参阅钱锺书：《管锥编》（一），页335—336。

些奇特的行为如"剖身藏珠""馋人自啖其肉""以身殉名""反客为
主""出主入奴"云云，也有学理可据，即黑格尔所谓"手段僭夺目
的"也①。

　　弗洛伊德之释梦，将看似荒诞而无意识的梦做了科学的解
释，他区分"呈现之梦境"（manifest dream-material）与"潜在的梦
想"（latent dream-thoughts）；钱锺书译前者为"因梦"，或"显见之
情事"，后者为"想梦"，或"幽蕴之情事"。由"想梦"造"因梦"，
隐逸或遭压抑的潜意识，进入有意识之自我，经由自我的调适而
成梦，调适或约化（condensation）或隐喻（displacement）或意象
（representation）或重组（secondary revision）潜意识之内涵，圆梦者
遂可据显已知幽。所以当自觉于睡眠中瘫痪时而后有梦，主要是
潜意识的运作。然则梦之形成一则来自心中潜意识的情欲与意
念，经"睡眠时之五官刺激"（die Sinnesreize），触动体中之潜意
识，因而得梦，遂使遭压抑的愿望在睡梦中呈现，得到满足；另
来自自觉之自我如"白昼遗留之心印"（Traumtag，die Tagesreste），
所谓"昼则思之，夜则梦焉"，"思"就是弗氏所说的"愿望"，"昼
无事者夜不梦"②。钱锺书更以西方圆梦之术说诗，复以吾华旧诗
曲尽梦理，如引黄山谷诗"红尘席帽乌靴里，想见沧洲白鸟双。
马啮枯萁喧午枕，梦成风雨浪翻江"，评道："沧洲结想，马啮造
因，想因合而幻为风雨清凉之境，稍解烦热而偿愿欲。二十八字

————————

① 参阅钱锺书：《管锥编》（二），页790。
② 参阅 Sigmund Freud, *An Outline of Psychoanalysis*（New York：W. W. Norton, 1949），
　　pp. 46-57；钱锺书：《谈艺录》，页609；《管锥编》（二），页750—754。

中曲尽梦理。"①

　　钱锺书写《管锥编》以理说诗，引诗尽理，中西互通，相得益彰有如是者，在规模上实远远超过《谈艺录》。至于说《管锥编》以传统的札记体呈现，有违现代学术不取零碎评论的结合而崇尚系统的论述，盖因西方学者特别讲究体系，故读之不免觉得杂乱。崇敬钱学的当代德国汉学家莫芝宜佳也要为"片段"与"杂乱"刻意解说，不惜引用叔本华（Arthur Schopenhauer，1788—1860）的"魔镜"比喻，为支离破碎辩解而认为钱氏有现代意识。她说"《管锥编》建立联系的过程并非联想的、无意识的，而是有意识的工作，这就使中国和西方关于艺术家和学者的观念都得到了利用和发展。好似天涯海角，古今异代，电影可以用蒙太奇接在一起一样"。隔了一页她又说"《管锥编》的最大问题仍然是在引语之间缺乏联系"②。既然有意识地建立了联系，如何又缺乏联系呢？归根究底，西方学者还是不习惯钱锺书集腋成裘的书写方式。

　　其实，《管锥编》原是读十本经典古籍——《周易》《毛诗》《左传》《史记》《老子》《列子》《焦氏易林》《楚辞》《太平广记》《全上古三代秦汉三国六朝文》的心得。钱锺书意不在评价这十本书，或对这十本书作传统式的经学、子学、史学、集部的研究，而是为后人通解这些经典巨著铺路。从纠正句读始，如《左传·隐公元年》有句曰："不义不昵，厚将崩"，并不是原注所谓"不义于君，

――――――――――

① 钱锺书：《管锥编》（二），页751—752。
② ［德］莫妮卡：《〈管锥编〉：一座中国式的魔镜》，《钱锺书研究》，第二辑（北京：文化艺术出版社，1990），页100、101。

不亲于兄，非众所附，虽厚必崩"，而是"不昵"承"不义"而来，谓对众不义，众不亲附，虽厚植势力，亦不免崩溃①。继而指出，用词古今不一，如美、艳、姣、丽，在现代仅指女性，然在古代可指男人，甚至老男人，而古希腊"美"（kalos）只指女人，用词宽狭有异，"盖字有愈用愈宽者，亦复有愈用愈狭者，不可株守初意也"②。更进而参照西文以发微启义，最难得的是他能从这些古籍的片言只语，引出一连串的例子来说明现代学术，包括修辞、美学、思想等等，厘清出一些规律，如一字多义："空"既可训"虚无"，亦可训"诚悫"；"乱"兼训"治"；"废"兼训"置"，而用时可仅取其一义③。比喻既有相反的"二柄"，如"水月"既论玄妙，又喻虚妄；也有"多边"，如"月"可喻"明亮""圆形""明察""女主"，如月之多边。因事物"非止一性一能，遂不限于一功一效"④。又如"吉凶"即"凶"，"吉"只是陪衬，同样的有"国家"即"国"，"兄弟"即弟，"车马"即"车"，"风雨"即"雨"，所谓"兼言"。

最难能可贵者，《管锥编》的作者通晓中西理论而不受制于理论，更不随理论起舞，却能修正以及增益理论。如黑格尔"奥伏赫变"（Aufheben）之说，以相反两意融会于一字为德语所独有，殊不知一字多意，或并行分训，空可训无，亦可训诚，或歧出分训，乱可兼训治，故而钱锺书举诸多汉语实例痛驳黑格尔："其不知汉语，不必责也；无知而掉以轻心，发为高论，又老师巨子

① 钱锺书：《管锥编》（一），页 277—278。
② 钱锺书：《管锥编》（一），页 285。
③ 钱锺书：《管锥编》（一），页 4。
④ 钱锺书：《管锥编》（一），页 67。

之常态惯技，无足怪也；然而遂使东西海之名理同者如南北海之马牛风，则不得不为承学之士惜之。"①钱锺书将"叙物以言情"之赋与西方近世说诗之"事物当对"（objective correlative）相互映发，使中西名理相通，如"珠泪"与"玉烟"叙事言情，亦正事物之"当对"；又如"黄蜂频探秋千索，有当时纤手相凝"，以寻花之蜜"频探"示手香之"凝""留"，蜂就成为"当对"闻香的"事物"②。

钱锺书学贯中西，故于训诂之际，每能触类旁通，更不会于东西名理相同、相通者，失之交臂。如《周易》"艮其背，不获其身"，释"背"之余，特拈出《红楼梦》之"风月宝鉴"只照背面，不可照正面，而西书中之美妇，见其正面的美貌，背面则是白骨恶臭，两者正反异照，却是异曲同工，又联想到欧洲的双面画像，背面亦是"骷髅相"，复博引中外典籍，大演面与背之微意，归结于"真质复不在背而在内，当发覆而不宜革面。然作者寄意，貌异心同，莫非言恶隐而美显，遂炫目惑志尔"③。类此训诂，何异于一篇精湛的考据论文？

然则钱锺书以笔记体所展示的内容，既然是一篇篇简短精湛的论文，试以论"文德"一篇为例述之。他的主题从近代国学大师章太炎之说开笔，章认为"文德"之说始于士允，杨愃的《文德论》沿而用之，最后由章学诚据为己有。但是钱锺书认为章说是错误的，为了证明章氏"紫朱相乱，淄渑未辨"，引出对"文德"一词的历史论述。他指出此词早见于《周易》《尚书》《诗经》《论语》等经

---

① 钱锺书：《管锥编》（一），页4。
② 钱锺书：《管锥编》（二），页961。
③ 钱锺书：《管锥编》（一），页57—61。

书之中；"文德"在当时的意思是指"政治教化"，与"军旅征伐"相对称。《左传》与《穀梁传》皆将"文德"与"武备"并立，汉代以后沿用更广，例不细举，要之皆以"文"配"武"，以"德"配"力"。王充屡道"文德"，用意既与经书不同，也与杨惲的《文德论》不同，略如"文犹质也，质犹文也"，文德之文成为品德与操守的流露，"文"呈显"德"，则又兼指著书作文。然不论"文"指操行或著作，无不与"德"契合，故"文"与"德"虽有区别，实相表里。杨惲残存的《文德论》似言"文德"不必相表里而合一，却常相背离；要之，王、杨之"文德"分指两事。章学诚的"文德"主旨又不同，有别于杨惲之"修德"，又仅指一事，意在文士写作时的居心或"心术"，要能不偏不激而秉持公正良直。章学诚虽标出"文德"，因其专业，故偏重"史德"，包含胡应麟之"公心"与"直笔"。其实，"文德"断乎不限于史，无论求道或为学，都需要德。举凡阿世哗众、曲学违心、巧取豪夺、粗作大卖、弄虚造假，都是文之"不德"或"败德"之例。钱锺书笺释"文德"亦能旁及西说，认为黑格尔所谓之"治学必先有真理之勇气"，除"穷理尽事"与"引绳披根"之外，"逢怒不恤，改过勿惮"，才算"真理之勇"；亦正如 17 世纪英哲诺瑞斯（John Norris，1657—1711）所说，"深思劬学"之余，亦必能"心神端洁"[①]。钱论文德，貌似举证繁琐的笔记，实则内容丰硕，不仅论证有序，纠谬正误，而且紫朱有别，淄渑分明，不亚于上乘的论文。

从实质内容来看《管锥编》，又何尝复古？作者博采群籍，要

---

① 参阅钱锺书：《管锥编》（四），页 2339—2344。

在"打通"，参考本国古籍近万种，征引西文原典二千余处，集平生所学，笔记所录，包揽万象，又参照古今中外名人名言，反复说明睿智妙语，以及行规理则。钱锺书能别开生面而不受陈说所拘，如"皮之不存，毛将焉附"，人皆能解，然钱氏却能想到："毛本傅皮而存，然虎豹之鞟、狐貉之裘，皮之得完，反赖于毛。"①毛固然依皮而存，但是皮也要靠毛来保护，岂不然哉！《管锥编》的英文译者指出，钱氏旁征博引欲使所论议题获得最宽阔的理解，唯有能够追踪其原典出处之读者，始知作者"眼光之敏锐及其规模之宏大"②。

《管锥编》因而对吾华十大经典巨著之通解大有助益，极似烛光照幽。如《诗经·隰有苌楚》有句曰："夭之沃沃，乐子之无知"，传统经解将"沃沃"解作年少之时，故乐其尚无匹配，接下去的"乐子之无家，乐子之无室"，也就是乐少年没有家室；"无知"亦因而解作尚未知人事、通人道，所谓情窦未开，所见甚浅。钱锺书以荀子所说"草木有生而无知"解之，知者虑兼情欲，草木既无知亦即无情，苌楚遂为无心之物，故能夭沃茂盛，而人有情，忧生烦恼，积衰成敝，不能常葆青春，故而羡慕草木之无家室之累。西人亦有以苍天无情、无知、不死、不灭为咏，钱锺书旁征博引之余，此义尽出。然而树既无情，何以也会枯竭？一反苌楚旨趣。钱锺书引元结所谓"有思虑不如静而闲"，转而解作不羡草木长寿，而愧不如草木之无知，连接到佛家道家的"绝思虑、

---

① 钱锺书：《管锥编》（二），页817。

② Qian Zhongshu, *Limited Views: Essays on Ideas and Letters*, selected and translated by Ronald Egan(Cambridge, Mass.: Harvard University Asian Center, 1998), p. 17.

塞聪明"，西洋"原始主义"（primitivism）之以文明为恶，西洋浪漫派诗人之向往儿童、企羡动物、尊仰植物、以草木为师①。无论苌楚原意或元结貌同心异之见，皆有万里之外、不同文化的回应，两相对照，其义益彰，提升到哲学理解的高度。

　　钱锺书兼通中西智慧，信手拈来，例不胜举，仅以阐释《左传》一书言之，如郑庄公寤生，解何谓寤生之余，旁通英国文豪莎士比亚史剧中之王子自言出生时两足先出母体，就是寤生②。庄公二十八年秋，"谍告曰：'楚幕有乌'，乃止"，侦得楚军帐篷上停有乌鸦，故知楚军已走，旁通"古罗马兵法"，"鸟惊翔而不集者（avium multitudinem citatore volatu），下有伏也"③；古中国鸟集为虚，知敌军已遁，古罗马鸟惊起则知有伏兵，可谓殊途而同归一旨。僖公二十二年宋襄公以仁义御敌，不攻击阵仗没有摆好的敌人，不伤害已经受伤的敌人，不俘虏年老的敌人，为迂腐不知兵，中外哲人心同理同。钱锺书指出，韩非说"战陈之间不厌诈伪"，《孙子兵法》说"兵者，诡道也"，雅典哲学家苏格拉底（Socrates，前469—前399）弟子亦有记曰：克敌之道"必多谋善诈，兼黠"（cunning, wily and deceitful）；欧洲文艺复兴时代杰出政治家兼作家马基雅维利（Niccolò Machiavelli，1469—1527）也说："作战而欺诈则不失为可赞誉之佳事"；伟大的英国政治理论家霍布斯（Thomas Hobbes，1588—1679）更说："暴力与诈谋乃作战时

①　钱锺书：《管锥编》（一），页218—220。
②　钱锺书：《管锥编》（一），页276。
③　钱锺书：《管锥编》（一），页297。

之两大美德"(Force and fraud are in war two cardinal virtues)①。宣公十二年因晋文公有"困兽犹斗，况国相乎"一语，引发"陷之死地而后生"的义谛。《孙子兵法》说"穷寇勿迫（追）"正与古罗马兵书所谓不如将穷寇网开一面，以削其斗志，旨趣不异。盖在心理上"勇出于恐"，即英国诗人弥尔顿（John Milton，1608—1674）所谓"无希冀则亦无恐怖"(For where no hope is left is left no fear)。莎士比亚《安乐尼与克莉奥佩特拉》(*Antony and Cleopatra*)剧中有言："驯鸽穷则啄怒鹰"(the dove will peck the estridge)，更与《文子》《荀子》所载"鸟穷则啄"，如出一辙。钱锺书更晋一阶，谓与18世纪苏格兰哲人兼史家休谟名著《人性论》(*A Treatise of Human Nature*)中之"两情相反而互转"之理相通，亦同于心理学的"疲乏律"，复与吾华古典所载"乐极悲来，怒极悔生"，以及"盈而反"之智慧暗合②。

　　钱锺书指出，《左传·襄公二十三年》以疾为"美"，以石为"恶"，意在形貌的美丑，不是道德的善恶。然则"疾"又美在哪里？遂借西人称英雄之伤口为美、西医称病状为美解之。他更进而指出，医师冷眼谓美，实病人之所痛，两者之间显然有美学上所说的"心理距离"(psychical distance)③。昭公元年子招以忧为乐，齐子恶知忧而不以为害，都是取忧之道。钱锺书见此即想到希腊大哲柏拉图所言之"杂糅不纯之乐趣"(plaisirs mélangés)，即

---

① 钱锺书：《管锥编》（一），页310—311；另参阅页369。
② 钱锺书：《管锥编》（一），页334—336。
③ 钱锺书：《管锥编》（一），页357—358。

亦甜亦苦、亦怒亦喜、亦哀亦乐，不异于苏东坡称柳宗元诗"忧
中有乐，乐中有忧"，表达情感之杂糅。钱锺书复由情感忆及英
国哲学家培根，认为诗人与作家于情感省察最为精密，其能神解
妙悟，早先于心理学家；而小说或剧本偶亦可为心解学理提供佳
例，如《三国演义》曹操以"鸡肋"为口号，不自觉透露隐衷，即心
理学所谓的"失口"（Versprechen）；《水浒传》写潘金莲私通西门
庆，自觉亏心，亦即心理学上"反作用形成"之义①。昭公二十八
年魏子所提谚语"惟食忘忧"，钱锺书认为此一谚语颇能通达情
理，因忧心如焚，难敌饥火如焚，愁肠终不能废食肠，遂引出一
堆中西情理相通之见。宋儒叶适即疑曾子服丧七日不饥之说，认
为矫情不实。诚如《荷马史诗》所云：忧伤悲戚不废饮食，饮之、
食之稍能忘忧，盖"哀悼以心不以腹"（We should not mourn the
dead with our belly）也，亦即 18 世纪英国小说家菲尔丁（Henry
Fielding，1707—1754）所谓"悲深忧极而终须饮食"。近代英国政
治家、传记家、史学家奥托·特里维廉（Sir George Otto Trevelyan，
1838—1928）虽痛悲至友病革，然晚餐如恒，诚不能忧而忘食。
然"惟食忘忧"意犹未尽，曰"唯有食庶得以忧，无食则不暇他忧
而唯食是忧矣"②。类此兼通中外，揭示东西海心理攸同之旨，以
证气泽的芳臭，足以激荡心胸，耳目一新；更能评骘诸家高低，
不稍假借而不失其公允，钱锺书其学、其才、其识，固已超越前
人与时贤多矣。

----

① 参阅钱锺书：《管锥编》（一），页 374—376。
② 参阅钱锺书：《管锥编》（一），页 395—397。

　　细心的读者更能从典雅的《管锥编》里，发现"社会批判意识"。钱锺书落笔之际，不免借古喻今，蕴含对"文革"的批判，如析论文深网密，针对当时文字贾祸之烈，引述学说杀人"甚于暴君苛政"，实批当时之疯狂①。当"文革"大潮冲击旧社会过来的知识分子与传统文化时，钱锺书自难幸免，他同样受到肉体上的折磨与精神上的煎熬。像钱锺书这样的学者照样受到人身辱骂与抽打，强迫做体力劳动，下放到偏远的"五七"干校二年有半；回北京自宅后，强邻难处，先避居于北师大女儿的旧宿舍，后来借住学部的办公室，长达三年之久，一共在外"流亡"长达五年半，犹如颜回之居陋巷，毫无舒适的读书与研究环境可言②，而且在垂老之年，弄坏了身体，影响到健康，引发严重的哮喘病。他于 1976 年 7 月 11 日写给许景渊的英文信中说"前年冬天严重的哮喘病几乎致命"（I have suffered from chronic asthma, and a bad attack nearly killed me the winter before last）③。也就是在 1974 年的冬天，一度曾谣传他已经去世，远在纽约的夏志清还写了长篇大论的悼念文章④。幸而病情转好，化解了危机，他个人的命运以及整个国家的局势也开始有了转机。

　　总之，钱锺书身处罕见的忧患之世，只能保全自我的独立与

---

① 钱锺书：《管锥编》（三），页 1790—1791。参阅胡范铸、陈佳璇：《〈管锥编〉所蕴涵的社会批判意识》，丁伟志主编：《钱锺书先生百年诞辰纪念文集》，页 65—71。
② 唯一的好处是住在文学研究所的办公室里"借书、查书比较容易。许多年轻同事尽力帮忙。有时为了一句话想查对一下，他们就把大批书籍搬来给我使用，或代我核对"，语见彦火：《钱锺书访问记》，杨联芬：《钱锺书评说七十年》，页 91—92。
③ 见许景渊：《从钱锺书先生学诗散记》，牟晓朋、范旭仑编：《记钱锺书先生》，页 12。
④ 夏志清：《追念钱锺书先生——兼谈中国古典文学研究的新趋向》，《人的文学》，《纯文学丛书》74（台北：纯文学出版社有限公司，1977），页 177—194。

自由于书的世界之中，从书中维护文化认同的尊严，从著述中持续学问的活水。杨绛说："《管锥编》是干校回来后动笔的"，从1972年在以文学所办公室为家的室内动笔，三年后完成初稿，可说是"'文化大革命'时期的产物"①。他的姻弟许景渊也回忆说，《管锥编》"写于'文化大革命'中最黑暗的期间，也是他最困苦、最寂寞的时候"②。他在身心困境之中埋头写《管锥编》，使人想起左丘明与司马迁的巨著都是在困境中完成，不啻是忧患困顿的补偿，以抵消创伤的记忆，写出典雅的古文，建立不朽的典范。钱锺书于1980年访问日本三所大学时，即以好作品出诸困顿为主题作演讲，认为伟大的作品都是在作者身心受到创伤后的产物③。

百余万字的《管锥编》于短短三年内完成，必然有赖于大量的笔记；换言之，他已做好研究工作，才能于三年内写成。当他于1975年完成初稿时，特请周振甫阅稿④，因为周氏于抗战后任职开明书店时曾校阅过《谈艺录》，而周当时正是中华书局的资深编辑，后来书由中华出版，就事出有因了。不过，书成之后，能否出版，仍无把握。这部用典雅古文写成的大书最后得以出版，固然由于"文革"后政治环境的改变，也由于有力人士胡乔木的鼎力

① 杨绛：《我们仨》，页154—155。另参阅钱宁：《访周振甫先生》，《人民日报》（1987年1月12日），页8。另见钱宁：《曲高自有知音——访周振甫先生》，载周振甫：《周振甫讲〈管锥编〉〈谈艺录〉》（南京：江苏教育出版社，2005），页10—12。
② 沉冰：《琐忆钱锺书先生——许景渊（劳陇）先生访谈录》，沉冰主编：《不一样的记忆——与钱锺书在一起》，页6。
③ 参阅孔芳卿：《钱锺书京都座谈记》，杨联芬编：《钱锺书评说七十年》，页83。原载《明报月刊》（香港），第16卷第1期（1981年1月），页100。
④ 见周振甫访谈，载周振甫：《周振甫讲〈管锥编〉〈谈艺录〉》，页10—11。

相助。此书的出版无疑填补了"文革"后中国学术界的一大片空白，无意间也颠覆了"文化大革命"，在潜意识中更欲逆"文革"之洪流，否定对传统文化的否定，作为"补偿"。在文言的古典世界里驰骋，不受当代意识形态的羁绊，偶尔尚能借古喻今，发抒块垒，若借《后汉文》之言："夫言语小故，陷致人于族灭，事诚可悼痛焉"，发为议论曰："不图东汉之初，文网语阱深密乃尔"①，显然有为而发，针对其当时目击之动辄触犯忌讳，深文周纳，罗织罪名。钱氏尝论李斯为"法家"，董仲舒为"儒家"，而二人反对自由化，主张思想定于一尊则一②。

"管锥"典出《庄子》，"用管窥天，用锥指地"，犹如"识小"，并不真是微小言论的集合，乃是谦词，实则积小明大，举大贯小。《管锥编》可说是聚沙成金，填空补阙，踵事增华，充分展示穿针引线各种不同来源资料的才能，将超越时空以及分属不同学科的中外见解，奇妙地串连起来，建立其间难以预期的关系，又能"分身以自省，推己以忖他"，既能"我思人"，亦能想"人必思我"③。因而就中国经典传统而言，常发前人未发之覆，往往于文史哲不同领域之间见其类缘。类缘亦见之于中西文字之间，显示思想与语言之共同趋向，以及用词遣句之异，厘清无端含混在一起的理则，理虽一而分殊，名虽同而分异。两相类比之余，惊其近似，而乐见其迥异；钱氏于比拟之间，颇见其引喻与用典之妙，以及慧眼识物之透。此一路数于其早年所撰《小说识小》文中

---

① 钱锺书：《管锥编》（三），页1541。
② 参阅钱锺书：《管锥编》（一），页429—430。
③ 钱锺书：《管锥编》（一），页193。

已见端倪，而于《管锥编》中始发扬光大。然则所谓《管锥编》广引典籍，少表意见，更不作有系统的论述，以应付警网深严的外在压力之说，诚不可信①。

　　钱锺书虽博采中西文献，却不喜时尚之所谓比较研究。中西之异，其迹显然，人皆知之；言其同者，皆河汉大意，多空洞之泛论，两相比较往往流于勉强，两端实不相干，不免无谓，如王国维以《红楼梦》之悲出于欲未餍之愿难偿，与德国哲人叔本华之悲观论相比，并未完全懂得叔本华的本意。钱锺书即举观堂所引征之叔本华代表作《意志与观念之世界》为说，此书书名原作《作为意志与表象的世界》（*Die Welt als Wille und Vorstellung*，1818）（英译 *The World as Will and Representation*），钱译其相关要义曰："快乐出乎欲愿。欲愿者欠缺而有所求也。欲餍愿偿，乐即随减。故喜乐之本乃亏也，非盈也。愿足意快，为时无几，而怏怏复未足矣，忽忽又不乐矣，新添苦恼或厌怠、妄想，百无聊赖矣。"②叔氏之"欲愿"（Wille；Will）无穷，永难满足，已甚可悲；欲壑难填，或能满足于一时，终感不餍，更觉可悲。《红楼梦》宝黛之愿，固未得偿，更无得偿后之怨怼。诚如钱锺书所说："苟本叔本华之说，则宝黛良缘虽就，而好逑渐至寇仇，'冤家'终为怨耦，方是'悲剧之悲剧'"③，两者貌既有异，心更不同，无端作

---

① 参阅 Ronald Egan，"Introduction，"Qian Zhongshu，*Limited Views ： Essays on Ideas and Letters*，p. 15。
② 钱译附德文原文具见钱锺书：《谈艺录》，页 349—350。
③ 钱锺书：《谈艺录》，页 351。

比，难免"削足适履"之讥①。钱氏更进而指出叔本华之玄谛与
《红楼梦》佳作各有所长，不必强合，"利导则两美可以相得，强
合则两贤必至相厄"②。所谓"利导"即通观作品的风格、修辞、
隐喻、语意之属，其所优为者一则以西方的名词与概念来观照中
国传统学问，如烛之照幽；另则以吾华实例反证西说，如击鼓响
应。钱氏博引中西典籍要在抉剔其似是而非、似非而是者，其目
的在阐述两者之相得益彰，而不在强合。钱氏所为，皆就某一
事、某一义，抉别其似是而非、似非而是，故所征引西籍十九皆
大经大典，足与十三经、四史、杜、韩诗文之属比肩者，其结果
为数千年之久的中国文史之学，提供前所未有的视野与观点；而
此特具之视野与观点使其远迈前人，一方面洞察细微，迭有新见
与新解，另一方面则补前人之空泛与自限，因而对先贤之正误匡
谬与评骘高低，亦势所必然。钱锺书之所以反对将中西典籍或作
品作浮泛比较的立场，于此可见。

　　钱锺书因通读中西经典名著，故能检视中西语言、美感、思
维等共通之处，推见至隐而知其异趣，从未强作比附，遂能驰骋
于源自不同文化背景的多元文本之间，作思想上之交流，阐明人
文议题的多元性格。《管锥编》之所以卓绝一时、超迈古人，正因
其作者之思维既能跨越时间、文化、学科之隔，而又能言必有充
分证据，无论批判与评论均扎根于难以动摇的引文之上。古人每

---

① 钱氏有言："在某一点上，钟嵘和弗洛伊德可以对话，而有时候韩愈和司马迁也会
　　说不到一处去"，见钱锺书：《诗可以怨》，《七缀集》，页125。
② 钱锺书：《谈艺录》，页351。

囿于繁琐的细节而轻忽理论，如见树而不见林；今人动辄高谈理论而乏实例，则见林而不见树，各属一偏①。《管锥编》独能见"树"之细而后见"林"之密，遂得赋思想、语言、文学诸永久性议题以高度之价值，故而不同凡响，得到忧患著书之最大补偿。

《管锥编》出版后的畅销固然由于"文革"后的开放与此书所展示的博学与深思，所谓蚌开珠显、竹断音彰，精练的文笔、细密的分析、睿智的隽语，兼通中西，最能开张耳目。他于 20 世纪70 年代末先后访问欧美，以其熟练的英语与其他西欧语文，以及胸有成竹的中西学问，给西方学界留下深刻的印象。一般印象未必确切，但当意大利文学博士证实钱锺书运用意大利文的能力与独到之处，欣赏他能直接从艰深的意国原文中领悟个中趣味②，不得不佩服他外文功力的名不虚传。由于国外的注目，导致国内的重视，方知自家有此大学者。钱氏沉寂多年之后，终于大显于世，其学也形成波澜壮阔的"钱潮"。

中国传统智慧常言，"福"依靠"祸"来，"福"反而潜藏着"祸"，成为"生于忧患，死于安乐"的历史经验，钱锺书亦曾例举忧、喜、吉、凶之纠缠回转，并提到古希腊也有"鬼神忌盈"之说，而未及"祸兮福之所倚"；福因祸而来，所谓塞翁失马之经验谈，多见之于中国。19 世纪美国文豪爱默生（Ralph W. Emerson，1803—1882）有

① 参阅钱锺书：《中国诗与中国画》，《七缀集》，页 3。
② 参阅狄霞娜（Tiziana Lioi）：《意大利思想对钱锺书整体思维的贡献：〈七缀集〉意大利引文之文化与语言分析》，载汪荣祖主编：《钱锺书诗文丛说：钱锺书教授百岁纪念国际学术研讨会论文集》，页 381—400。狄霞娜另有论钱之英文专书 *Qian Zhongshu in Others' Words*（桃园："中央大学"出版中心；台北：远流出版事业公司，2014）。

"补损"（compensation）之说，"畅述正反相成、盈缺相生"的道理，但钱氏惜其游词太多，"肿不益肥也"①。当代心理学者始发现，受祸之人必有创伤，创伤需要疗伤，而疗伤即须补偿。钱锺书生平所遭遇的忧患，先有日寇之入侵，后有"文革"之动荡，不能不说是"祸"、是"凶"，然而"祸兮福之所倚"，在忧患艰困中成书。长篇小说《围城》虽成书于战后的上海，然而构思布局实在困顿的湘西穷山之中，徐燕谋回忆道："四十年前坐地炉旁，听（锺书）君话（《围城》）书中故事，犹历历在目。"②《谈艺录》与《管锥编》两部不朽学术名著，足能藏之名山，传于后世，不得不说是忧患最好的"补偿"，忧患成为福之所依。《谈艺录》与《管锥编》销量之大更为学术著作中所罕见，并一再重印，"登即销罄，何嗜痂者之多耶？"③虽系谦词，实亦出其本人的意料之外，因这两部书绝非易读，一般读者争购，显然震于作者的大名，未必能够卒读。

《管锥编》于 1972 年完稿时，钱锺书作序有言曰："假吾岁月，尚欲赓扬。又于西方典籍，裒小有怀，绠短试汲，颇尝评泊考镜，原以西文属草，亦思写定，聊当外篇。"④尚欲赓扬之《全唐文》等五种书，终未见赓扬，欲以西文属草之考评，存于心中，也未写定。然钱氏于 1994 年长期住院之前，约莫有十五年相对安定的岁月，受到举世尊重，生活舒适，精神愉快，除修订旧著

---

② 《徐燕谋致郑朝宗函》，引自郑朝宗：《海滨感旧集》（厦门：厦门大学出版社，1988），页 52—53。
③ 《钱锺书复汪荣祖书》（1985 年 3 月 12 日）。
④ 钱锺书：《管锥编》，序，（一），页 1。

外，已无新作，最主要的是身体逐渐衰颓，意兴大减。自称"多病意倦"，然主要还是"意倦"①。意倦岂不可说是因福所伏之"祸"？岂非"鬼神忌盈"乎？

---

① 参阅钱锺书：《管锥编》，序，（一），页1。

# 第六章　自我价值观

　　钱锺书曾对笔者一再提及，有许多人"倒楣"是"咎由自取"，因为他们总是想要出头，甚至为了达到目的不惜牺牲他人。这也就是他给傅璇琮信中所说的"不知世之诗人文人虚诞诬妄，先天生性，后天结习，自古已然，至今未改"[①]。他自己虽与世无争，淡泊明志，但在政治挂帅的年头，亦不免身不由己地受到冲击；尤其在"文革"期间，像其他许多学者一样，被划入"资产阶级学术权威"的社会属性，在阶级斗争中，个人人格遭遇到无情的批斗、羞辱，甚至野蛮的打骂，面对疯狂，只有无奈的"惨笑"[②]。"文革"结束之后，知识分子才获得"平反"，才从"牛棚"中"解放"出来，恢复名誉，恢复了知识分子的地位与尊严。钱锺书读完杨绛的《干校六记》书稿后，觉得少了"记愧"。羞愧之心，人皆

---

[①] 傅璇琮：《记钱锺书先生的几封书信》，沉冰主编：《不一样的记忆——与钱锺书在一起》，页253。

[②] 参阅朱寨：《走在人生边上的钱锺书先生》，沉冰主编：《不一样的记忆——与钱锺书在一起》，页301。

有之，他为自己的"懦怯"而惭愧；不过，最应羞愧的人是那些"明知道这是一团乱蓬蓬的葛藤账，但依然充当旗手、鼓手、打手，去大判'葫芦案'"的人，"既不记忆在心，也无愧怍于心"。不记忆，可以忘却"亏心和丢脸的事"；有愧于心会"使人畏缩、迟疑，耽误了急剧的生存竞争"。他因而反讽地说："惭愧是该被淘汰而不是该被培养的感情。"①当他六十四岁写《老至》一诗时，"文革"渐近尾声，觉春天将回，但老年已至，噩梦初醒，余寒未减，与世无争、不立危墙之下的人生哲学仍然毫无改变，只求延年益寿，珍惜未来的时光：

> 徙影留痕两渺漫，如期老至岂相宽！
> 迷离睡醒犹余梦，料峭春回未减寒。
> 耐可避人行别径，不成轻命倚危栏。
> 坐知来日无多子，肯向王乔乞一丸？②

钱锺书经过"文革"之后，更能体会人性的弱点，自愿闭门读书，以安分守己的"山野闲人"自居，难怪他以这样一副对联送给李慎之："做一天和尚撞一天钟，在哪家山头砍哪家柴。"③"做一日和尚撞一日钟，到什么地步说什么话"，原是旧时代的官场秘诀，竟成为当今的处世格言。然而，"拨乱反正"与"改革开放"之

---

① 钱锺书：《干校六记小引》，《人生边上的边上》，页218—219。
② 见钱锺书：《老至》，《槐聚诗存》，页132。
③ 转引自潘小松：《钱锺书先生轶闻》，沉冰主编：《不一样的记忆——与钱锺书在一起》，页325。

后，钱锺书又"身不由己"地于沉寂二十余年之后，未料声名鹊起，成为国内外著名的大学者，远超过他在中少年时代因其才情而博得的圈内大名。埃里克森将六十五岁以后视为成年人的晚期，在这一时期如果不能统合自己的一生，就会因有"危机"感而陷入"绝望"。钱锺书六十五岁时"文革"已近尾声，之后国内外学人帮他作了最"辉煌"的总结，被国际学界誉为"很可能是20世纪中国最有学问之士"。他晚年的声望或出其本人的意料之外，却绝非偶然。他于1970年代末，开始在国际间现身，1978年他出席了在意大利召开的第二十六届欧洲汉学会议，令西方学者初次"惊艳"，同行的丁伟志就感受到钱先生用标准流利的英语演说，"语惊四座"的盛况，为之庆幸①。丁氏在现场亲眼目击的感受值得引录于下：

> 钱先生在学者云集的大厅里，登台发表讲演。他用标准伦敦音的流利英语(不是像有的传记中所说的用意大利语)，神采飞扬、旁征博引地论述了中国和意大利间文化交往的历史，预测了中国和欧洲文化间交往的良好前景。钱先生以文学家的激情，呼吁"中国和欧洲不再隔绝"。他祝愿"马可波罗桥(即卢沟桥)将成为中欧文化长远交流的象征"。钱先生的讲演，使得会场空前活跃起来；讲演后他在对各国学者提问的回答中，把英、法、德等国的文学典故、民间谚语，信

① 见丁伟志：《送默存先生远行》，李明生、王培元编：《文化昆仑——钱锺书其人其文》，页10—11。

手拈来，如数家珍，语惊四座，更使得会议进入了高潮。法国学者于儒伯，用汉语提问，钱先生当即用法语援引法国文献加以回答，于儒伯先生听了，立即大声说："他知道的法国东西，比我还多！"引起了全场一片赞叹的轰动。①

如果说这是表演，没有几十年的功夫如何办得到？除了我们的钱先生外，又有谁能办得到？翌年钱锺书随中国学术代表团访美，在哥伦比亚、耶鲁、哈佛、加大以及斯坦福等大学演讲、座谈，与美方文学领域重要学者会面交谈②。由于有较多的留美华裔学者参与，钱锺书在美国名校的精彩表现，很快地被传送到整个华语世界，引发了广泛的"钱锺书热"③。钱氏自述，他一出场，"不等我开口，就提出有关我的几种旧作的问题，七张八嘴，使我应付得头晕脑涨，回答得舌敝唇焦"④。像其他中国代表团团员一样，他一身深色毛装，没有与"众"不同的形象，但一出口，不仅与人"鹤立鸡群"的感觉，而且令大家亲眼看到、听到钱锺书博学强记的实况，无论中文、英文、法文、德文、拉丁文的诗句，

---

① 引自丁伟志：《送默存先生远行》，李明生、王培元编：《文化昆仑——钱锺书其人其文》，页11。

② 钱锺书访美期间接触到研究中国文学的学者包括 Patrick Hannan、Andrew Plaks、David Roy、James Hightower、Stephen Owen 等人，华裔学者则有夏志清、刘若愚、余国藩、余英时等，皆美国"汉学界"的一时之选。钱先生所见固非仅"汉学界"人士，也有著名的比较文学家如 Lowry Nelson Jr.、Harry Levin、Claudio Guillén、Charles Witke 等人。参阅钱锺书：《美国学者对于中国文学的研究简况》，《人生边上的边上》，页183—184、185。此文原载中国社会科学院于1979年9月出版的《访美观感》一书中。

③ 钱锺书访意、美、日诸国情景，参阅汤晏：《民国第一才子钱锺书》，页326—346。

④ 钱锺书：《美国学者对于中国文学的研究简况》，《人生边上的边上》，页183。

他都能琅琅上口，使许多美国学者与学生们难以置信地惊喜，随即而来崇敬与仰慕。须知"文革"十年在学术园地内留下大面积的空白，除了考古上的若干重要发现外，当时为世所知的仅有郭沫若的《李白与杜甫》与章行严的《柳文指要》，大家对中美建交后首发的中国学术代表团所能代表的学术，并无很高的期待。孰知从文化沙洲中走出来一位身着毛装的人，竟能出口讲漂亮的英语，间插纯正的法语、德语、意语，复又旁征博引中西典籍、睿语，顿令听众惊奇与兴奋兼而有之。美国文史学者老一辈的虽尚能阅读多种西语，但精通者并不多见，年轻一辈学者有鉴于英文于第二次世界大战后之日渐通行，愿意勤读欧陆语文者并不很多。更何况当时欧美学风已尚"专家之学"，博雅通儒早属凤毛麟角，所谓汉学家或研究中国学问的东西洋人，亦多专治一端，赖以成名。今见钱锺书于各家专治之学，无不通晓，甚至能背诵若干片段，其精熟固已逾专家之学，而其博学更非专家能望其项背。对钱锺书而言，积学化而相忘，外语早已习以为常，一旦神来兴发，意得口随，洋洋洒洒说出胸中所藏，而能语惊四座。于是从美国东岸到西岸，在学术界引起一阵旋风，几乎成为"传奇"人物，而此传奇传到华人世界，中华儿女皆与有荣焉，自然更加"轰动"。台湾媒体也大肆报道，但不忘反共，语带讥嘲，如秦贤次称之为"为中共出文化公差的人"，彭歌于其"三三草"专栏，称钱"绝顶聪明"，因其能"苟全性命于乱世"，此次出头露面是中共"新当权派鲜有可资利用的剩余价值"，"在美匪勾搭上了之后，像钱锺书这样的人才，才有重新被利用的机会"。类此言论足以反映当年台湾反共八股的心态，亟不愿放弃被政党宣传机器利用之机会。

钱锺书于 1980 年访问日本京都、爱知、早稻田大学，已属高潮后的余波。就钱锺书而言，所谓"惊人的表现"只不过是数十年积学的自然流露，潜力与潜能于改革开放的时间点，得以充分释放，又在欧美访问的空间里，大展久蓄的才华。更值得注意的是，由于钱锺书在国际上受到的欢迎与仰慕，使中国人颜面有光，使他在国内获得更大的声誉与回响。一个沉寂二十余年，一度被关进"牛棚"、下放到穷乡僻壤的"臭老九"原来是世界级的学者，岂能不多珍惜？与钱锺书同往意大利访问的丁伟志就有感而发地说："现代的中国文化由于有钱先生这样杰出的代表而倍生荣光。我多么由衷地庆幸我们国家，在大劫之后，居然还会保存下来了这样出类拔萃的大学问家。"[1]然而钱氏本人对此颇为"淡定"，深信"誉过招谤，福过生灾，世情事理之常，此不待《易经》《老子》或古希腊悲剧而后知者"[2]，自谓"年纪老了，性情顽钝不灵，虽不能说'誉不喜而毁不怒'，至少说得上'誉不狂喜而毁不暴怒'"[3]。他甚至将送上门的荣誉，视为"笑话"："香港中文大学上周忽欲以'荣誉博士'相赠[4]，弟敬辞却不受。十余年来美国、

---

① 丁伟志：《送默存先生远行》，李明生、王培元编：《文化昆仑——钱锺书其人其文》，页 11。
② 语见《钱锺书致吴泰昌信》（1983 年）影印本，载吴泰昌：《我认识的钱锺书》，页 84—85。
③ 语见《钱锺书致吴泰昌信》（1978 年 12 月 20 日），载吴泰昌：《我认识的钱锺书》，页 12。
④ 香港中文大学拟授钱锺书荣誉博士学位的详细经过，可参阅黄维梁：《钱锺书婉拒荣誉文学博士学位》，收入黄维梁：《文化英雄拜会记》（台北：九歌出版社，2004），页 43—52。

法国此类'荣誉'，弟坚辞不能破例。虚名害人，无端生事，皆使老夫不得清静！"①

　　钱锺书仍"不得清静"，不意于 1982 年 8 月间"忽承宠命"，要他出任中国社会科学院的副院长。他在信中说，"逼于公谊私情，挂名尸位，以兄至交，先以奉闻"，并戏称"弟捉将官里，挂名尸位，幸不甚以尘务苦衰朽"②。李慎之证实，幕后推动者就是胡乔木，权重位高的"乔木同志"于"文革"后与清华老同学钱锺书重新结交，多少改变了钱锺书晚年的命运③。钱杨二老从干校回来，不堪与强邻同住，在外"流亡"多年，忽然于 1977 年分配到三里河较为宽敞的宿舍，后来两老才发现也是得自胡乔木的帮忙。胡氏除了同学之谊外，最主要还是出之于拨乱反正后对读书种子的照顾，同时被照顾的还有俞平伯、顾颉刚等著名学者。钱锺书对这番情谊自然感念，与胡成为很好的朋友。当 1992 年的夏天，胡乔木卧病在医院时，平昔很少送往迎来的钱杨二老，虽已年逾八旬，亲往病室问候，杨赠其新著，钱为胡审订诗稿④，以报知遇。

　　1982 年的年底，《人民日报》正式报道钱锺书与夏鼐出任社会科学院副院长，以钱、夏的学术成就与声望足以抬高中国社会科学院在世人心目中的地位，足以"撑撑场面"，也就是李慎之所说

①　参阅《钱锺书复汪荣祖书》（1994 年 2 月 15 日）。
②　《钱锺书复汪荣祖书》（1982 年 8 月 7 日）。
③　李慎之：《胡乔木请钱锺书改诗种种》，沉冰主编：《不一样的记忆——与钱锺书在一起》，页 94—99。
④　参阅胡木英：《父亲胡乔木晚年与钱锺书的交往》，丁伟志主编：《钱锺书先生百年诞辰纪念文集》，页 139—142。

的"人能荣官"①。副座在中国大陆的单位里，多半负有实际行政
工作，而钱锺书就任的条件就是不做实际工作，连班也不上，也
不要秘书，更不愿意享受因高位而来的权力，他在意的仍然是读
书与写作。但他的声名已不可能使他过平静的生活，他不得不为
书的畅销而忙碌。他的《管锥编》"不意初版一万三千部，竟于两
年中售罄。书局应读者之求，欲再版。弟因将初版误字细订，又
补正十万言为另册，俾成五册。甫缴卷而中华又以读者要求，固
请重印《谈艺录》"，经长期游说后，"一时心软应允，只好硬着头
皮，重读一遍"。《谈艺录》之外，《人·兽·鬼》《围城》等作品也
将重印，"而须再审看修改一番"。"《管锥编》初版已销罄，中华
正订校误脱，筹备再版"，自称"人事纷如，作辍不恒"②。《诗论
五篇》的法译本也于同年 2 月底在巴黎出版，"反应不恶"。除了
在出版社的催促下，忙于增订旧作，他的声誉更成为许多学术团
体争取的对象。但他"向来独学孤行，既不喜登高一呼，亦无力
揭竿而起，一切学会，均谢参与"，然而他虽连挂名也坚却，仍
不免为人作嫁，不禁"自哂竟类罗兰夫人所言之'自由'矣！O
Qian Zhongshu! que de charlataneries on commet en ton nom!! 他年
文化史家又必据此载笔，'一人传虚，万人传实'，斯所以史之不
可尽信也"③。

----

① 李慎之：《胡乔木请钱锺书改诗种种》，沉冰主编：《不一样的记忆——与钱锺书在
　一起》，页 95。
② 语见《钱锺书复汪荣祖书》(1982 年 7 月 18 日；1982 年 8 月 7 日；1982 年 12 月 29
　日)。
③ 《钱锺书复汪荣祖书》(1987 年 5 月 12 日)。

《围城》由上海电影制片厂拍摄成电视连续剧之后，钱锺书及其作品更是家喻户晓。但是钱氏原不同意拍片，但"屡却无效"，导演等三人写成"剧本"（script），登府拜访，并指名写过剧本的钱夫人杨绛"过目指疵"，认为钱锺书的反对"为不可理喻之牛鼻子"①。杨绛看了脚本，提了一些意见，但钱瑗说"不知道他们是否接受，我只知道脚本里还加了一个人物，还加长了方鸿渐在船上的生活，以增加'西洋镜'来吸引人"②。钱锺书最后推却不得，于是电视剧一放映，遂使天下无人不识君矣！钱杨一家三口"费半夜与半日，一气看完"，三人"皆甚佩剪接得法，表演传神，苏小姐、高校长、方鸿渐、孙小姐、汪太太等角色甚佳，其他角色亦配合得宜"③，多少有点对导演黄蜀芹的客套之言，其实影视虽有其优势，可使故事更生动地形象化，但也有不及文字传神之处，特别在传达小说人物的情绪起伏与心理状态方面，例如描述苏文纨的心理状态和方鸿渐失恋的伤痛，实在无法用形象来呈现钱锺书多彩多姿的比喻，以及极其传神的人性刻画④。

电视剧版《围城》一放映，家喻户晓，自此更不得钱锺书最想要的清静。在盛名之下，当他过八十岁生日时，有云"公家举动，弟苦辞得免，而朋私依然过爱，纷至沓来，赠花馈物，连续十余日，弟匿伏不出，内人疲于应付。继以电视上映，长途电话及登

①《钱锺书复汪荣祖书》（1989 年 9 月 7 日）。
② 语见《钱瑗复陆善仪书》（1990 年 2 月 23 日）。
③ 语见《钱锺书致黄蜀芹信》（1990 年 10 月 10 日），引自吴泰昌：《我认识的钱锺书》，页 107。
④ 参阅钱锺书：《围城》，页 16、104、146。

门采访，‘天下以此多事’，弟只以‘康德’（Can't 哲学）、日本‘能’（Nō）戏为退鬼符、闭门羹与逐客令，口舌甚劳，开罪不少。浮名害人，有如是者”①。

更使钱锺书不快的是，“近来此间有关不才之底下书，层出不穷，有传、有研究资料、有隽语录、有文集、导读等。《围城》盗版已见到九种，人民文学出版社赶印五十万册，尚不能抵制，《人民政协报》上一文感慨云‘不是爱钱锺书，是爱书中钱’，但凭添干扰不少，又可恼也。尚有缀拾弟诗百余首为一集，交四川文艺出版社者。该社盗印《围城》，人民出版社抗议交涉，因附带得知此事，弟通知将据新颁布出版法起诉，或可作罢论矣”。另有一位移居澳洲的作者②，“弟曾力戒其勿在弟身上生发，作为题目，‘牟利博名’，而渠置若罔闻，书序中尚谎言得愚夫妇鼓励！故书出版后寄来，弟抛而不看亦不答，其妻求见亦拒绝之。滔滔横流，未知底止，老来苦趣又添此种，殊出意料也”③。显因电视剧大大促销《围城》，在有利可图之下，盗印之风遂一发而不可收拾。

钱锺书面对此一“苦趣”，甚是痛恨，尝在私函里痛言：“纳粹之 Goebbels 有言，‘When I heard the word "culture," I reach for my revolver'（当我听到"文化"一词，就想拔枪相向），弟见近人高谈‘文化’，窃欲曰：‘When I hear the word "culture," I reach in revolt'（当我听到"文化"一词，我真欲作呕），一笑！寄示剪报，

① 《钱锺书复汪荣祖书》（1991年1月3日）。
② 指蔡田明：《〈管锥编〉述说》（北京：中国友谊出版社，1991）。
③ 《钱锺书复汪荣祖书》（1991年10月15日）。

皆腐肉上苍蝇下蛋所生之蛆，弟厌恶之甚。吴组缃语尤属虚妄，弟与之素无往来，亦未尝选读中文系目录学等功课。老糊涂信口开河，小钻风见缝便入，胡言乱写，以弟为博微名薄利之姿，可叹可恨。"①所以他避之唯恐不及，"来信来人，尽量以'康德哲学'与'能戏'对付而已②。浮名误人且害人也！拙作盗版事，亦添纠缠。佛经教人学龟之'藏六'，便得'安全'，然如猪八戒所谓：'老猪学得乌龟法，得缩头时且缩头'，殊不易耳"③。退缩等于纵容知识产权之侵夺，诉诸法律又似过于计较，令其愤恨。后来钱杨夫妇将高达八百万人民币的版税与稿酬尽捐作清华"好读书"奖学金，以帮助清寒学子，不谓无故。

　　一般人因无法施展，会感到压抑与失望，一旦名利双至，辄欢欣鼓舞，但他反而感到烦恼。钱锺书在将近三十年的时间内，无法施展，不能完全做自己想做的事，形同市隐，但他并不感到太多的挫折，因尚可闭门读书自娱。晚年积学得以展露，获致盛名，得到普遍认可，但他既不好利，甚至推却唾手可得的利益，否则他不会毫不考虑地回绝世界著名学府以及政府机构的高薪聘请。他更不喜名，甚至感到盛名之累，打心底厌恶"虚名"，否则他不会毅然于 1980 年代后，高潮迭起之余，雅不欲再作"弄潮儿"。他既"敬谢"了在瑞士召开的欧洲汉学会议，也"婉却"了崇高的哈佛大学波吉奥利（Renato Poggioli）比较文学讲座，以及一再以讲座相邀的普林斯顿大学。此后美国大学仍不断坚邀，莫不被

①《钱锺书复汪荣祖书》（1992 年 6 月 2 日）。
②按"康德"与 can't 谐音；"能戏"日人称之为 no play，皆暗指一体拒绝之意。
③《钱锺书复汪荣祖书》（1992 年 6 月 9 日）。

他婉谢，自称"已成粘壁之枯猬，非徒为伏枥之老骥也"①。他以
"老懒贪闲，殊怯出门"，以及"养惆安拙，无意摇串铃走江湖矣"
为由②，在他内心深处，根本视"富贵如浮云"，这一切展现了他
超人的"智慧"以及与众不同的价值观。却有别具价值观的人，会
认为他拒绝"走江湖"是为了博取更高洁的美名，真是俗眼看人
低。到世界第一流大学开讲，美名只会更加高洁，不仅有名而且
有利，俗人哪能拒绝得了③。钱锺书读书破万卷，不仅下笔如有
神，而且彻底洞察人性；他并不是消极地避祸免灾，而是积极地
超越世俗，所以他能在"文革"期间"受辱"不惊，"文革"后的"受
宠"也不惊，宠辱俱不惊也正是他与众不同的智慧。这种智慧也
就是埃里克森所说，人到暮年不至于"绝望"的"自我完整"(Ego
integrity)表现。

　　他最情愿做的是闭门读书与妻女相聚为乐，过着"昏眼难禁

---

① 见《钱锺书复汪荣祖书》(1988 年 10 月 4 日)。
② 钱先生与笔者 1980 年 9 月 3 日函有云："老懒贪闲，殊怯出门，本月初欧洲汉学
　会，在瑞士开会，相招已敬谢之……明年普林斯顿宿约，恐未必能践，哈佛比邀
　去讲 Renata Poggioli Lecture on Comparative Literature，亦已婉却，养惆安拙，无意
　摇串铃，走江湖矣。与君言面，惟有 Mahomet Coming to the Mountain，然人事难
　料，或被好风忽吹至尊处耶?" 17 世纪初西方谚语有云："If the mountain will not
　come to Mohamet, Mohamet must go to the mountain"，意为不动如山也。钱先生曾语
　我曰："我情愿在家喝我喜欢的粥，不想去美国啃面包"，也是不愿离乡背井的借口，
　诚如已故普林斯顿大学刘子健教授所说："在普林斯顿熬粥容易得很。"他在婉拒美国
　大学正式邀请时，显然以"健康不佳"(poor health)为由，见 Ronald Egan, "Introduction,"
　Qian Zhongshu, *Limited Views : Essays on Ideas and Letters*, p. 10。
③ 偶尔会看到一些诋毁钱锺书的文字，使我更了解为什么钱先生要"逃名"，除了他深
　知"名满天下，谤亦随之"的道理外，他观察世情百态之余，更能洞悉人性的弱点。

书诱引，衰躯端赖药维持"的日子①，在此呈现了钱锺书的独特
"人格"（personality）与"脾性"（temperament treats）。依常情而言，
人即使不刻意追求名利，多般不至于不顾送上门来的名利，然而
钱锺书不仅视名利如浮云，且避名利唯恐不及。诚如杨绛所言：
"钱锺书绝对不敢以大师自居。他从不厕身大师之列。他不开宗
立派，不传授弟子。他绝不号召对他作品进行研究，也不喜旁人
为他号召"②，因他深信"朝市之显学必成俗学"③。所以他也极力
反对为人开纪念性的学术会议，包括他自己的叔父与父亲在内，
曾说过一段掷地有声的名言："三不朽自有德、言、功业在，初
无待于招邀不三不四之闲人，谈讲不痛不痒之废话，花费不明不
白之冤钱也。"④他的淡泊名利是全面的、出自内心深处的。所以
他拒绝海外记者录音访问，拒绝十八家省级电视台联合筹划的
"中国当代文化名人"之拍摄，拒绝在中央电视台"东方时空"节目
中作为"东方之子"露脸。他婉拒出席国宴，婉拒办他的祝寿活
动，婉拒法国政府授勋。他的长篇小说《围城》再版后畅销一时，
拍成电视剧后，求见者足可穿户，但他大多闭门不见，不惜开罪
于人。《围城》如此受到欢迎，大家都惋惜《百合心》之未成。英国
汉学家霍克思有言，钱锺书所写精致而动人的短篇小说《纪念》与
《围城》于同一年出版，不禁使人感到《纪念》与《围城》的最后一

---

① 见《钱锺书复汪荣祖书》（1991 年 9 月 16 日）。
② 杨绛：《钱锺书对〈钱锺书集〉的态度》（代序），见《钱锺书集》（北京：三联书店，
　　2002），各卷卷首。
③ 钱锺书向其同学好友所言，阅郑朝宗：《钱学二题》，《海夫文存》，页 50。此文原
　　载《厦门大学学报》（哲学社会科学版），1988 年第 3 期。
④ 语见钱锺书：《致彭祖年》，《钱锺书散文》，页 432。

部分代表小说家钱锺书已经达到"挥洒自如"（give free rein to his talent）的境界，他未能写第二部长篇小说，令人扼腕①。笔者也曾写信给钱先生说："拜收尊寄新版《围城》，封面清新雅致，更蒙扉页题签相赠，喜不自胜，谨伸谢忱。新序已快读一过，《百合心》未成稿，前自哥大夏志清教授处闻及，今益祈先生愿重拾旧业，成此佳构，与《围城》偶配，岂不善哉？窃谓年长阅历既多，体会更深，或更适宜长篇小说之作，先生以为然否？"②他的回信是："勉续为小说，极感台意，然自忖心空老树，不复能花。仲尼曰：及其老也，戒之在得。窃谓得者，匪仅黩货贪财，他若好名恋位，此物此志，文人而夜行不止，下笔不休，正同斯戒耳。"③其实，他早在1957年编完《宋诗选注》后，即有诗句明志说："碧海掣鲸闲此手，只教疏凿别清浑"④，盛年心境已经如此，不能再事创作，只能品评歌诗，无关"不复能花"也。他既不可能重做冯妇，更将名利完全置之度外，这是他的"超我"。他如此坚决，但还是有人有"愈隐而声名愈显"的说法⑤，都未能了解他"自我"的稳固。事实上，无人会为了矫情去牺牲哈佛、普林斯顿讲座的名与利。然而，他不为"利诱"，其来有自，抗战胜利后国府高层曾许钱锺书联合国教科文组织的位置，以他的外文背景与学识实属胜任愉快的工作，一般人都会接受，连杨绛亦认为很合

---

① 语见 David Hawkes，"Smiling at grief"。
②《汪荣祖与钱锺书书》（1980年12月5日原函复印本）。
③《钱锺书复汪荣祖书》（1980年12月27日）。
④ 句见钱锺书《赴鄂道中》，《槐聚诗存》，页119。
⑤ 见关国煊的篇名《愈隐而声名愈显的钱锺书》，见何晖、方天星编：《一寸千思：忆钱锺书先生》，页340。

适，但钱锺书"一口拒绝"，因认为那是"胡萝卜"，他既不受"引诱"，更不愿受可能接踵而至的"大棒"①。在他的"价值我"里，官位与待遇没有比自由自在更重要，这就是他自主性的选择。人好像受到命运的支配，但自我的选择也会决定人的命运，如果钱锺书接受了联合国的职务，他的后半生就会很不一样，然而他没有接受则取决于他的个性。他晚年不接受美国名校的邀请，当然与"胡萝卜"与"大棒"无关，但绝对与他性格有关。他曾说"洪文惠词不将性命作人情，于吾心有戚戚焉。倚老卖老，任世人之责怪可也"②。接受邀请是人情，但他雅不愿将宝贵的余生花在人情上，也就是他所说的"走江湖"，情愿在家里轻松自在地读书与写作。此一性格使他特具的"超我"稳定了"自我"，下视名利始终如一，也成为可预期的人格特征③。在他的遗命下，杨绛否决了极其风光的葬礼，坚持极尽简单朴素之后事④。钱锺书的人格特色决定了他一生的思想、感情与行为。他最讨厌虚伪与做作，尝言"孔子性情语笑，跃然纸上，而经生学究将此老说成不通人情，可恨之至"⑤，痛恨把有血有肉真性情的孔老夫子扭曲了。他最终证明他真能做到好其所好，恶其所恶，不尚掩饰，这就是他的"价值我"。凡圆颅方趾皆有所好，而好恶则取决于价值判断；

---

① 阅杨绛：《走到人生边上——自问自答》(北京：商务印书馆，2007)，页65。
②《钱锺书复汪荣祖书》(1987年7月16日)。
③ 心理学家有谓，一个人的人格可预见其在特定情况下会做些什么事，参阅 Raymond Cattell, *Personality: A Systematic, Theoretic, and Factual Study*(New York: McGraw-Hill, 1950), p. 2。
④ 钱锺书的遗言是"遗体只要两三个亲友送送，不举行任何仪式，恳辞花篮花圈，不留骨灰"。
⑤ 语见《钱锺书手稿集·中文笔记》，第1册，页662。

"价值"（value）有异于"品味"（taste），后者如对衣食育乐之偏好，而前者持续钟情或排斥某一特定事物，故价值乃引导个人日常生活的准则①。就钱锺书而言，他之所好与最高价值无他，就是读书。他自少读书入迷，进入清华，遍扫图书馆的藏书，读完一本，必作笔记②。后来到牛津留学，主要也是在图书馆里勤读，连全部的假期都"投入读书"，甚至为了自由浏览群书，不愿攻读博士学位③。归国后，赴湘途中，细读随身携带的辞典。即使在"文革"期间住在办公楼里的陋室，也要充分利用近在咫尺的文学所图书资料室。杨绛说她与钱锺书"从不停顿的是读书和工作，因为这也是我们的乐趣"④。观乎钱锺书留下那么多麻袋装的大量笔记手稿，可知他一生中以最多的时间来读书，绝非虚言；二十巨册中文笔记的问世，也落实了他于集部几无书不读的传闻。初阅这大量笔记，旁征博引，独抒卓见，可以想见他早年所写的《小说琐证》，直可称之为"古籍琐证"。据谓他去北京图书馆（1998 年 12 月更名为国家图书馆）借书，友人在西文书架上随意抽出十几本书，他都能说出作者与内容的大要⑤，绝非夸张。他可以随手为邻居画家好友黄永玉开四五十部有关打猎的书目⑥。

---

① 参阅 Milton Rokeach, *The Nature of Human Value*（New York：The Free Press，1973），p. 23, pp. 85—89。
② 见许振德：《忆钱锺书兄》，《清华校友通讯》新 3—4 期合刊（1963 年 4 月），页 15。
③ 杨绛：《我们仨》，页 73、90—91。
④ 杨绛：《我们仨》，页 149—150。
⑤ 施亮：《那天，我们去看钱锺书》，何晖、方天星编：《一寸千思：忆钱锺书先生》，页 269。
⑥ 黄永玉：《北向之痛：悼念钱锺书先生》，收入黄永玉：《比我老的老头》（北京：作家出版社，2003），页 2—3。

1981 年 5 月 17 日当他收到我送他的史景迁撰《康熙心事代述》[1]
封面清圣祖像，痘瘢满颊，他立即想到《小方壶斋舆地丛钞》第
三秩，收康熙十三年俄使雅兰布《聘盟日记》，有云："仰瞻御
容，黑睛隆准，面多细麻，足相印证"[2]，真可说是胸有成"墨"，
随心挥洒[3]。

这种以读书为最高价值者，西海亦有其人焉，英国数一数二
的大诗人弥尔顿也是自少勤读，尤沉浸于古典，非至午夜不掩
卷[4]。钱锺书珍惜寸阴，平生绝少度假，然仍不免于晚年因政治
运动被剥夺许多宝贵的读书时间，尤其是被下放到偏僻的乡下，
过着极其简陋的生活，遑论读书写作。更令人扼腕的是，"文革"
期间身体上受到的折磨，导致老病侵寻，最后更剥夺了他所剩无
几的读书生命。

钱锺书平生读书之多，年纪轻轻时已见成效，在清华上冯友
兰"逻辑学"一课时，在同学的笔记簿上，立即写下冯老师所引亚
里士多德引语的英文书原文[5]。他在大学读书期间中西文字的根
底已深，通解多国经典，显得博学多能、才华洋溢、识见高超、

---

① Jonathan Spence, *Emperor of China: Self-portrait of K'ang-hsi* (New York: Vintage Books, 1974).

②《钱锺书复汪荣祖书》(1981 年 5 月 17 日)。

③ 钱锺书遇到任何事，往往立即可引书为证，如 1981 年 12 月 21 日来书有云："国内外皆放寒假，两周来多不速之生熟客人，甚以为苦。弟生平不好请人拜客，不料老来遭此魔难。《儿女英雄传》中，长姐儿被安老爷命为程师爷之垢臭烟筒装烟，舅太太笑此婢平日爱洁耽香，故得此报应，弟之谓乎?"

④ Edward Wagenknecht, *The Personality of Milton* (Norman: University of Oklahoma Press, 1970), p. 5.

⑤ 常风:《和钱锺书同学的日子》,《山西文学》, 2000 年第 9 期, 页 40。

思维明通、评说锐利，自然能洞见古圣与今贤在学识上的谬误与不足，如鲠在喉，不吐不快，因而赢得狂傲之名，成为"传奇"人物，不免有负面的"传闻"，流传甚广。如谓钱锺书不考清华研究院，因他认为"西洋文学系没有一个教授能做他的导师"，以落实其狂傲之名，即使其及门弟子也信之不疑①。其实钱锺书不考清华研究院，因为立志要考中英庚款留学；要考庚款，当时有必须服务社会两年的规定，他是以赴上海光华大学执教，以便取得应考资格②。然则所谓钱锺书瞧不起清华研究院的流言，以及言之凿凿的"拒绝清华挽留"云云③，也就不攻自破了。

许多人总认为钱锺书瞧不起时贤，因他时而直言批评；然而他的批评出之于实事求是，不稍假借，并不是对被批评者的全面否定。他批评陈寅恪刻意诗中求史，但并不影响他赞赏陈氏的诗做得好；他忍俊不住指出茅盾一个极有趣的翻译错误，说是"衣冠楚楚，可是没有戴帽子"，并未完全否定其人在文学上的成就；他反对鲁迅直译，却说鲁迅的短篇小说写得非常好。他并未以人废言，也未以言废人。他遗憾像鲁迅，受人崇拜，成为显学，终成俗学。至于钱锺书讥讪师长之言，"叶公超太懒，陈福田太俗，吴宓太笨"，也是查无实据的传闻④，却将之与一般先入为主的钱锺书印象比附，

① 许渊冲：《钱锺书先生与我》，《诗书人生》（天津：百花文艺出版社，2003），页104。
② 吴学昭：《听杨绛谈往事》，页84—85。
③ 例如孔庆茂：《钱锺书传》（上海：江苏文艺出版社，1992），页52—54。
④ 事实已证明，钱锺书离开西南联大不是因为"西南联大的外文系根本不行"，而是父命不可违，十分不愿意的情况下才离开的。然则"叶公超太懒，吴宓太笨，陈福田太俗"之传言便无着落，但联大学生许渊冲坚持有此一说，而且详加分析认为他的钱老师并没有说错。理由呢？只是很像钱锺书的口气。参阅许渊冲：《逝水年华》，页50—56。

甚至将荒谬无稽之言塞入他的嘴里，若谓他不去牛津、哈佛讲学因怕对牛弹琴云云。类此尖锐夸张之谈，多少造成钱锺书刻薄、狂妄、揶揄、刁蛮等不实的负面印象，莫不是对钱锺书人格特质与价值观的严重扭曲。最使他惊讶的是，他于1979年访美时，自清华毕业已有四十余年，不料《围城》的英译者仍毫不犹疑地引用类此负面传闻，如"就读清华时期，他年轻气盛，公开讥嘲像冯友兰这样的名教授"。他在给清华同学好友方志彤的信中抱怨说，"真不晓得作者到底从哪儿搞到这些东西的"，他在信中要把"事情说清楚"（set the record straight），如果他"气盛"（arrogant）或傲慢的话，不过是"常常逃课，不爱与人来往"而已①。他在给同窗好友的信中特别提及此事，也未尝没有让老友为他做证的意思。其实狂在中国传统里有悠久的历史，若谓钱锺书狂，绝非狂妄或猖狂，而是比较符合孔子所谓的狂狷："狂者进取，狷者有所不为。"②他的天性，原本天真无邪，口没遮拦，出语虽一针见血，并无恶意。钱锺书有所不为，淡泊自守，其迹亦甚显然；而其所欲进取者，亦唯学问一途，于人事除不乡愿外，非仅不求进，反而甘心退缩。其志可见之于《老至》长句中所谓"耐可避人行别径，不成轻命倚危栏"③，固不随众人之趋名利，而走自己孤独的路，也有其智慧做不立危墙之下的君子。

钱锺书洞悉人性的弱点，深知盛名足以招嫉。法国《世界报》

---

① 参阅高峰枫：《钱锺书致方志彤英文信两通》，《东方早报·上海书评》（2010 年 12 月 19 日），第 120 期，页 3—4。英译者经钱先生纠正后已改正。

② 语见《论语·子路》。

③ 见钱锺书：《老至》，《槐聚诗存》，页 132。

上刊载比利时汉学家李克曼（Pierre Ryckmans，1935—2014）盛赞钱锺书之词，有云："钱锺书是何方神圣？他是一个天才作家。他创作虽不多，但以文学观点视之，其作品具有特异的气质。他对中国文学、西方文学，以及世界文学的知识极其精博。钱锺书今日在中国、在世界上，都无与伦比。"①西蒙·莱斯之言，两岸皆有中译本，传诵一时。钱锺书见到后来函说，徒"招嫉嫌耳，英美谚云：'Better to be envied than pitied'（宁招嫉莫乞怜），要之两者皆不好受，一笑！"②他的盛名果然招嫉，不能逃脱"名闻天下，谤亦随之"的命运；名气愈盛，目标愈大，最易受谤，或如其莫逆之交许振德所说："众皆欲杀忌才高。"③然而钱锺书欲隐而不能。他所受之"谤"几乎都是不知轻重的"无微不至"，如指他文章无系统，诗做得不比别人好，字也写得不够好，《围城》不是小说。"微"中之"重"则是对他的"人身攻击"，指他刻薄寡恩、目中无人，好名又逃名的矛盾，而且不应为版权涉讼，不应为保护妻女而打架。这些攻击都显得刻意找碴，不明是非，不顾谁是谁

① 原文是"Que n'a-t-on donné la légion d'honneur à Qian Zhongsh? Lui, c'est un écrivain de génie. Il a peu produit, du point de vue littéraire, mais son oeuvre est d'une qualité exceptionnelle. Sa connaissance de la littérature chinoise, du patrimoine occidental, de la littérature universelle, est prodigieuse. Qian Zhongshu n'a pas son pareil aujourd'hui en Chine et même dans le monde." 载 Le Monde, 10 juin 1983, p. 15。此君笔名西蒙·莱斯（Simon Leys），曾先后在国立澳大利亚大学以及悉尼（雪梨）大学任教，对钱锺书最为倾倒，在其书中曾说"钱锺书是我们这一代最有头脑之一人"（One of the greatest minds of our age），语见 Simon Leys, *The Burning Forest*（New York: Henry Holt, 1983），p. 171。
② 《钱锺书复汪荣祖书》（1983 年 8 月 29 日）。
③ 许振德：《忆钱锺书兄》，《清华校友通讯》新 3—4 期合刊（1963 年 4 月），页 16。此句足以刻画诋毁者之真面目。

非。批评要看对错、批评得有无道理，断不能不明就里，不能说批评谁就是瞧不起谁。美国哲学家内格尔特别关注到如何超越个人在世上的"一己之见"，以洞悉同一世上的"客观之见"，认为此一问题涉及道德、知识、自由、人身以及心与物的关系。所谓客观，固然有其限制，然而若无客观，无从理解现实，现实就是客观的现实；苟能摆脱一己之私见，则更能扩大自觉，包容身外之见，得与"客观之见"共存，必然会修正在态度上以及价值观上的"私见"，因非摆脱"我见"（solipsism，ethnocentrism）之固执，无以知他人的心态，或根本没有能力理解别人的心思①。如果一个人多少具有内格尔所说的"客观的自我"（objective self），就不会凭一己之偏见，令钱锺书受"谤"了。

　　任何人都可被公评，要批评钱锺书，未必要有钱锺书的学问，但不可没有为学问而学问的纯正动机。1949 年批《围城》与 1958 年批《宋诗选注》均有政治动机，固不必深论，改革开放后钱锺书受谤，多出之于一些不甚正常的心态。一则树大招风，或贬钱以增重他人，或以此自我鸣高。所用之手法如挑错字、捡笔误之余，无非断章取义、扭曲原意、偏激狂妄、空穴来风、故设陷阱之类，其至大言欺人，若谓钱氏学问不成系统，外文不合语法，史学没有修养。"批评者俨然'人人自谓握灵蛇之珠，家家自谓抱荆山之玉'，

---

① Thomas Nagel, *The View from Nowhere* (New York：Oxford：Oxford University Press, 1986), pp. 3, 5, 19, 20, 21.

把钱贬得一钱不值。"①最离谱的是说钱锺书"对西方新近学术发展十分陌生"②。事实上,钱锺书常读法、德文书,要比只能读英文书的人,更了解西方新近学术的发展。

也有敬重钱锺书的人,自以为抓住大学者的小辫子,见猎心喜,大做文章。如钱锺书在一篇《有关上海人》("Apropos of the 'Shanghai Man'")的英文散文里有这样一句话:"在当前的中国文学里,'上海人'一词久已等同一种巴比特人格,精明、有效率、自鸣得意,总带有那么一点俗气。"(In current Chinese literature, the term "Shanghai Man" has long been used as synonym for a Babbitian sort of person, smart, efficient, self-complacent, with ever so slight a touch of vulgarity.)③文中提到的"巴比特"(Babbitt)是美国著名作家辛克莱(Sinclair Lewis, 1885—1951)一本小说的书名,出版于1922年,书中的主角"乔治·巴比特"(George F. Babbitt)是一财大气粗的地产商。全书刻画商界或职场人士,他们高谈阔论,追逐物质生活,倾心顺应盛行的资产阶级风尚,一方面崇拜功利,另一方面又以不能欣赏艺术文化为耻④。这本书展露高度的写实手法,是辛克莱的成名之作,并于1930年得到诺贝尔文学奖。钱

① 高嵩松:《小器易盈 好问则裕》,《东方早报·上海书评》(2009年10月25日),页8。详阅张隆溪:《中西交汇与钱锺书的治学方法:兼评当代学风》,汪荣祖主编:《钱锺书诗文丛说:钱锺书教授百岁纪念国际学术研讨会论文集》,页201—207。
② 龚鹏程:《评钱锺书的〈管锥编〉》,《历史中的一盏灯》(台北:汉光文化事业股份有限公司,1984),页187—188。
③ 语见 Qian Zhongshu, *A Collection of Qian Zhongshu's English Essays*, p. 35。
④ 此书初版于1922年,版本甚多,拙藏本为 Sinclair Lewis, *Babbitt* (New York: Harcourt Brace Jovanovich, Inc., 1950)。

锺书于 1934 年写此精美英文小品时，有此神来之笔，显有辛克莱的小说在胸，以形容当时上海的资产阶级，当然会似曾相识。然而兼通中西文学的龚刚教授见到"巴比特"只想到新人文主义者"欧文·巴比特"（Irving Babbitt，1865—1933），吴宓译为白璧德，因而指钱锺书误读了新人文主义，骤下结论说："钱锺书称上海人为白璧德主义者，言下之意即是说，正宗的上海人都是新人文主义者，这顶帽子实在太高太大"，"套到上海人头上，委实套错了地方"①。事实上，钱锺书并没有把新人文主义的帽子套到上海人头上，而是有人误将杭州当汴州，把地产商人误作新人文主义者，误会大矣！白璧德乃吴宓的恩师，钱锺书又是吴宓的学生，怎么可能误读新人文主义呢？指钱锺书误解、误读之前，尤应深思明辨、小心谨慎，否则会闹笑话，最足警惕。然而钱氏晚年早置毁誉于度外，自称"老来顽钝，已渐臻谀不喜而毁不怒之境界"②。

钱锺书的中西学问都深不可测，其人格特质不是刻薄，而是犀利；不是狂妄，而是俏皮；不是揶揄，而是诙谐；不是刁蛮，而是机智。即使是犀利、俏皮、诙谐、机智，至晚年都大为节制，无复当年直言无忌，不再尽情地神采飞扬，可见之于新版旧著之"无情"删削，尤其新版《围城》大笔勾除不少较为尖锐或露骨的描述③，显因华人社会重视人情的遗风犹存，钱氏对其人格的指责虽从不辩

---

① 龚刚：《钱锺书对新人文主义的误读》，谢泳主编：《钱锺书和他的时代》，页 4—5。
② 语见《钱锺书复汪荣祖书》（1991 年 11 月 6 日）。
③ 有人将新版《围城》与初登于《文艺复兴》杂志上的原文对校，并标出被删节的文字，阎爱默：《钱锺书传稿》（天津：百花文艺出版社，1992），页 201—205。

解，仍不免为人情所困，对批评觉得敏感，在无形的"社会"压力下，有时不免调整自我。就此而言，钱锺书虽在思想与行为上呈现高度的"独立自足的自我"，但在华人社会的"人我关系"网络里，亦不免会"灵活弹性"而倾向"相互包容的自我"①，或者说由华人文化所形塑的"超我"，对钱锺书多少也起了压抑的作用。

---

① 参阅陆洛：《人我关系之界定——"折衷自我"的现身》，《本土心理学研究》，第 20 期（2003 年 12 月），页 139—207。

# 外　篇
## 钱锺书的微世界

# 前　言

　　人类所能建构的，除了"生活世界"之外，尚有以知识筑成的"微世界"（micro world）。"生活世界"的建构者是文化群体，而"微世界"的建构者则是个别的知识人。科学家以其科学知识构筑"微世界"，宗教家、道德家、美学家等等也可在其专注的主题引导下，建构其自己的"微世界"①。钱锺书的知识主题主要是文、史、哲，"文史哲世界"也就是他的"微世界"。

　　钱锺书的"文史哲世界"是由其天赋与创作所建构的境界，展现了学养、识见与阅历。他曾说过一句有名的话："大抵学问是荒江野老屋中二三素心人商量培养之事，朝市之显学必成俗学"②，明言真正的学问属于少数知心人商量之事，绝非"朝市之显学"，而他个人所建构的"微世界"，更能展现其特有的"技术性

---

① 参阅黄光国：《儒家关系主义：哲学反思、理论建构与实证研究》（台北：心理出版社，2009），第二章。
② 钱锺书向其同学好友所言，阅郑朝宗：《钱学二题》，《海夫文存》，页50。此文原载《厦门大学学报》（哲学社会科学版），1988年第3期。

思考"、理性思维及其认知世界。钱锺书是中国现代史上极少数真能"学贯中西，博古通今"的学者兼作家，绝不同于一般读书人，可视为现代中国人文学界的突出代表。

钱氏中学之深、西学之广，学贯中西，博古通今，先来自家学，具有旧学根底；后来又有机会入教会学校，打下外文基础。他于掌握语文能力之余，好读书而求甚解，因而读书既多，吸收又快，又勤于作笔记，于是学力与识见与日俱增，且能融会贯通，学为己用。诚如他三十一岁为友人作序时刻意所说，读书"譬若啖鱼肉，正当融为津液，使异物与我同体，生肌补气，殊功合效，岂可横梗胸中，哇而出之，药转而暴下焉，以夸示己之未尝蔬食乎哉？故必深造熟思，化书卷见闻作吾性灵，与古今中外为无町畦。及夫因情生文，应物而付，不设范以自规，不划界以自封，意得手随，洋洋乎只知写吾胸中之所有，沛然觉肺肝所流出，曰新曰古，盖脱然两忘之矣"①。此话反映他心领神会，知其本人已经达到此一新、古、中、西两忘的境界。但是此两忘之境并不是"不中不西、亦中亦西、不古不今、亦古亦今的综合一元文化史观"②。钱锺书胸中两忘之化境，乃其学问的境界，并非文化观。其文化观仍然是多元的，义化之间固然有其通性，但亦各有特色，自宜并存。就像他所说，诗与画同是艺术，应有共同

---

① 见钱锺书于 1941 年春为徐燕谋《燕谋诗稿》所作之长序，见钱锺书：《徐燕谋诗序》，《人生边上的边上》，页 228—229。参阅李洪岩：《智者的心路历程——钱锺书的生平与学术》，页 222—223。
② 李洪岩：《智者的心路历程——钱锺书的生平与学术》，页 222。

性，又属于不同的艺术，又各具特殊性①。如果是"一元"，又何须"两忘"？钱锺书从来没有要化中西文化为一的主张，而是由于兼通中西，故能自由来往于不同的文化之间，随心洞察两者相同与相异之处。若为同者，"如获故物，笑与抃会"②；若为异者，则花开两枝，不惊其一之春花早发。古今也是二而非一，故能通古今，而非化古今为一。

钱学特重例证，若仅见其引证繁富，未免忽略其随手拈来、左右逢源的功力。如他提到中国人将"夷语"或"蛮语"等同"鸟语"，有悠久的历史，博引汉籍之余，立即带出西洋文学经典里同样"把野蛮人的言语说成啁啾的鸟叫"③。他最忌空谈议论而未有实例，犹如"竞选演说而无施政，叶水心诚朱元晦修方不疗，德国 19 世纪语言学家 Gottfried Hermann 所谓：'Wer nichts uber die Sachibt uber die Methode'，时贤高谈理论，每贻此诮，大类盲人之有以言黑白，无以辨黑白也"④。钱锺书读书如入宝山，不仅取之，且能化之，如啖鱼肉，融为津液，生肌补气，成为学术巨人，故其胸中自有宝山，取之不尽，但如何用之，却也颇费周章。

更可得而言者，钱锺书驰骋学林，好学深思，孜孜不倦之余，展现直言无讳、在学术殿堂里敢把皇帝拉下马的精神。他不取传统中国为贤者讳、尊经而懦、掩耳不闻悖逆之言的积习，而

---

① 钱锺书：《中国诗与中国画》，《七缀集》，页 7。此文原是 1939 年的旧作，屡经增订后收入此集。
② 语见钱锺书：《汪荣祖〈史传通说〉序》，收入舒展选编：《钱锺书论学文选》，第 6 卷(广州：花城出版社，1990)，页 247。
③ 钱锺书：《汉译第一首英语诗〈人生颂〉及有关二三事》，见《七缀集》，页 142—143。
④《钱锺书复汪荣祖书》(1985 年 6 月 19 日)。

顷向西土吾爱吾师、吾更爱真理的信念。他论学绝不讲温柔敦
厚，而尚直话直说。黑格尔乃西方之老师巨子，其哲学固为钱氏
折服，然其不知汉语而鄙薄之，以为不宜思辩，实无知而掉以轻
心①。他借西人尝言"耶稣基督而复生，必不信奉流行之基督教"，
实与佛教末派失开宗之本真，有佛教之名，无佛法之宝，相互发
明，且暗指"Tout ce que je sais, c'est que je ne sais pas marxiste"
（自称马克思主义者，皆非真信徒也）②。据俄裔英国自由派大师
伯林（Isaiah Berlin, 1909—1997）所说，"马克思晚年曾自称，
他什么都是，但绝对不是马克思主义者"（When Marx, toward
the end of his life, declared that whatever else he might be, he was
certainly not a Marxist）③，更足相发明。

　　钱牧斋虽亦明清之际的老师巨子，领袖东南群伦，然也雅不
愿讳其"赠送贺寿之词，皆油滑腐烂，无一近古者。[……]称引
诗书传记，重复泛滥［溢］，令人厌憎。缅［怀］八家，何曾有
此?"④王渔洋之诗学诗识，虽有清一代主持坛坫者，"尚无有能望
其项背者"，然亦不讳言王氏往往"不知何为而作，何指而言，只
须古人有一好句，有一好典，便扯凑成篇，说了只如未说，律诗
中几无篇无二数人地名者"⑤。钱锺书意不在裒贬人物，实于学不
愿应答如响而直抒所见耳。

---

① 钱锺书：《管锥编》（一），页3—4。
② 钱锺书：《管锥编》（四），页2393—2394，及页2394注1。
③ 阅 Isaiah Berlin, *Karl Marx*（New York: Time Incorporated, 1963），p. 221。
④ 钱锺书：《钱锺书手稿集·中文笔记》，第1册，页108引张谦宜《绂斋论文》。
⑤ 钱锺书：《钱锺书手稿集·中文笔记》，第4册，页330—331。参阅钱锺书：《谈艺
　录》，页106—107、293。

# 第七章　哲学微世界

钱锺书的哲学观扎根于唯心，而非唯物，前已述及。他不仅不取马克思唯物辩证法，自早年起也不喜欢"实用主义"（pragmatism），特别将带有美国印记的实用主义，比作麦考莱（Dame Rose Macaulay，1881—1958）女士所讥嘲的"繁琐无用主义"（potterism），乃盎格鲁-撒克逊民族的病症，美国尤甚，并说"称实用主义为繁琐的，或繁琐主义为实用的，不是批评，而是实述"①。他自称"本于老庄、禅宗及黑格尔"，都是唯心的。他喜欢唯心，并非针对唯物，而是比较欣赏巧思妙想与抽象思维，所以对西方的"神秘主义"也别具青眼。

青年钱锺书在清华大学当学生时，由于得到哲学系张申府教授的赏识，为张氏主编的《大公报》"世界思潮"专栏，一连评介了六本与哲学相关的书籍。其中有两篇讨论英国大哲学家休

---

① 原文是"to call Pragmatism Potterite or Potterism Pragmatic is not criticism—it is mere description,"见 Qian Zhongshu，"Pragmatism and Potterism," *A Collection of Qian Zhongshu's English Essays*, p. 5。

谟的新著，从中可见他对西方哲学的熟悉，以及对特定哲学家的掌握。其一是格莱格（J. Y. T. Greig，1891—1963）的《大卫·休谟》（*David Hume*）。青年钱锺书作为这本传记的评论者，并不仅仅是介绍书的内容；他对休谟的生平与思想了然于胸，先提到休谟平生声名的起落，指出格林（Thomas Hill Green，1836—1882）对休谟严厉的批评，然以他之见，格林与休谟并非格格不入，其实格林承受了休谟知识论的衣钵。他提出了他自己的独到之见，并认识到休谟是生于一个有趣时代的多才多艺之人，甚喜格莱格写了这本详传且又文笔"轻灵"，既不"踵事增华"，也不"卖弄才情"①。休谟自称是一温和、自制而略好文名之人②；钱锺书认为这位传记作者不像其他作者，强调休谟之好名，因而对于"休谟的人格的解释上极重大的贡献"。他更深入点出作者展示苏格兰人的地域观念，并举出休谟自述特征的风趣，以补作者描述休谟之不足，还校出一些错字③。

　　其二是有关休谟人性论的一本专著。钱锺书一开头就指出："这是在英文中讲休谟的哲学的最详备的书"④，足见年轻的他熟悉

① 钱锺书：《大卫·休谟》书评，《大公报》（1932 年 10 月 15 日），收入《人生边上的边上》，页 243—246。

② 见 David Hume，"Hume's Autobiography：My Own Life，"in*An Inquiry Concerning Human Understanding*（New York：The Liberal Arts Press，1957），p. 10。

③ 钱锺书：《大卫·休谟》书评，《大公报》（1932 年 10 月 15 日）；《人生边上的边上》，页 245、246。这位传记作者也是休谟书信的编辑者，故掌握休谟生平资料甚多，参阅 J. Y. T. Greig，*The Letters of David Hume*，2 vols.（Oxford：The Clarendon Press，1932）。

④ 钱锺书：《休谟的哲学》，《大公报》（1932 年 11 月 5 日）；《人生边上的边上》，页 253。

这方面的英文著作。然而他认为这本"最详备的书"，虽然应有尽有，考订繁博，分析慎密，但过于烦碎，"反而提挈不起休谟学说的纲领来"，以至于令人觉得休谟的学说并非"戞戞独造"，不仅有所承受，而且重要的意见总是被两位法国人马勒伯朗士（钱译玛尔布朗会，Nicolas Malebranche，1638—1715）与培尔（钱译白勒，Pierre Bayle，1647—1706）所支配①。事实上，休谟虽于初出道时，颇不顺适，且屡遭奚落，然其哲学的原创性终于受到名家如康德等人的认可而扬名立万，成为英国伟大的哲学家。钱锺书特别指出作者莱尔德（John Laird，1887—1946）行文有点"语不犹人"（preciosity，即刻意求全之意），没有学到休谟文笔的好处，反而学了"咬文嚼字"的坏处②。有趣的是，休谟之所以"咬文嚼字"，因其传世的三卷《人性论》（A Treatise of Human Nature）成书于早年，尚不足三十岁，书出时没有受到注意，成为"生下来的死婴"（fell dead-born from the press）③，但他终于知道虽写哲学书也要讲究文采，18 世纪的哲学家需要文采才能扬名。其实，休谟自小就酷爱文学，终其生对文学的热情不衰，乐此不疲④。作者莱尔德刻意仿效休谟的文辞，难怪在钱锺书看来有点东施效颦了。

钱锺书对莱尔德所理解的休谟学说也有所质疑，他批评作者

---

① 钱锺书：《休谟的哲学》，《大公报》（1932 年 11 月 5 日）；《人生边上的边上》，页 253。
② 钱锺书：《休谟的哲学》，《大公报》（1932 年 11 月 5 日）；《人生边上的边上》，页 254。
③ 休谟自谓，见 David Hume，"Hume's Autobiography：My Own Life，"in *An Inquiry Concerning Human Understanding*，p. 4。
④ 参阅 David Hume，"Hume's Autobiography：My Own Life，"in *An Inquiry Concerning Human Understanding*，pp. 3，6。

对休谟所谓"一切现象皆由于感觉（sensations）"的"感觉"之性质，未能充分重视。因休谟另有一则命题，认为"一切感觉都是零碎的、不相联系的、界限分明的"。据此原则，一切存在只能"靠近"（contiguous）而不能"连接"（connected）。然而因果关系却是前后连接的，休谟的解决之道是：因果关系是属于心理层次的，而非物理（或现象）的[①]，现象本身并无因果关系。由于"感觉"直观，比较新鲜，思想和概念只是印象的拷贝，不如直接感觉的鲜活。概念无非是印象的影子，故必须从经验观察来说因果，如听到打雷知道要下雨，饮了水就能解渴，然其间只有先后关系，并无必然关系，所以因果关系只属于习惯性的心理存在，因闻雷而联想到下雨，然则所谓因果，乃习惯性的联想，固非客观之必然联系。诚如休谟在 1759 年 7 月 28 日给亚当·斯密（Adam Smith，1723—1790）的信中所说，"快感来自对悲剧的同情之泪与伤感，一直认为难以解释，然若所有的同情都是愉悦的，这情况就不会发生"[②]，正可说明"感觉"并无必然的客观联系。钱锺书认为"莱尔德教授对于心理上或物理上存在这一点，却没有讲清楚"[③]，这是一针见血的中肯批评，因为莱尔德没说清楚的是休谟"革命"性的立论：自以为建立在客观因果上的知识，竟然没有绝对的确定性、必然的逻辑关系。钱锺书又指出莱尔德于批评休谟联想说

---

① 钱锺书：《休谟的哲学》，《大公报》（1932 年 11 月 5 日）；《人生边上的边上》，页 255。
② "Hume to Adam Smith," in J. Y. T. Greig, *The Letters of David Hume*, vol. 1, p. 313.
③ 钱锺书：《休谟的哲学》，《大公报》（1932 年 11 月 5 日）；《人生边上的边上》，页 256。

时，只提 Stout 的《分析心理学》，殊不知 Stout 之说本于布拉德雷
（钱译卜赖德雷，Francis H. Bradley，1846—1924）的《逻辑原理》
（*The Principles of Logic*），点出作者忽略了休谟与前人在思想上的
相似之处①。钱锺书未暇提到的尚有"休谟很明显地已将贝克莱的
学说据为己有了"（It is clear that Hume makes Berkeley's doctrine his
own）②。事实上，他完全承袭了贝克莱（George Berkeley，1685—
1753）的知识始于经验论，或始于感觉印象，只是休谟的经验论
显得更加彻底而已。青年钱锺书在短短的一篇书评中，展现博学
与锐识，坦言作者虽研究休谟二十五年，成果如此，即使再研究
二十五年，"也未必能完全了解"③，更显示青年钱锺书批评的锐
气和勇气。

西班牙哲学家奥特加·加塞特（钱译加赛德，José Ortega y
Gasset，1883—1955）师从新康德学派，但不为此派所限，著作颇
丰，1929 年出版的《大众的反叛》（*La Rebelión de las Masas*）一书尤
著名于世，被认为是 20 世纪的巨著，与 18 世纪卢梭的《社会契
约论》（*Social Contract*）、19 世纪马克思（Karl Marx，1818—1883）
的《资本论》（*Das Kapital*）齐名。此书涉及近代的一项重要史实，
即自 19 世纪开端以来欧美人口增加了三倍，因而出现了"群众"
（the masses），作者想要解答的问题是，西方文化能否受得了群众

---

① 钱锺书：《休谟的哲学》，《大公报》（1932 年 11 月 5 日）；《人生边上的边上》，
页 257。

② Wilhelm Windelband, *A History of Philosophy* (Taipei: Rainbow-Bridge Book Co.,
1971), vol. 2, p. 474.

③ 钱锺书：《休谟的哲学》，《大公报》（1932 年 11 月 5 日）；《人生边上的边上》，
页 254。

的"入侵"？共和体制能否受得了混乱的民主与民粹？很显然的，加塞特视群众为对精英社会的挑战①。

　　钱锺书应该是第一个介绍这位西班牙哲人的中国学者，他选择评论的是 1931 年出版的《现代论衡》(*The Modern Theme*)的英译本，并从"现代"说起，指出当时谈现代"时代精神"(Zeitgeist)的书大都缺乏"史观"，以至于往往"虐今荣古"(即厚古薄今)②。所谓史观，就是从历史演变的观点来看"现代"的由来与造因，也就是"现代"由"前代"而来，难以切割，没有必要虐或荣，反而要更加认知人所处的时代。钱锺书认为加塞特这本小书虽然不太充实，却有史观，明确表出"现代思想是古代思想的反动"，即时代思潮从"理性化"趋向"生命化"，也就是从 18 世纪的理性主义趋向 19 世纪的浪漫主义。钱锺书赞同加塞特调和"理性"与"生命"的主张，认为颇合吾华"允执厥中"的微意。但仍然直接了当批评作者对近代思潮的隔膜，处全球扰攘之世，竟说"以后不会再有革命了"，未免有点"坐井观天"③。加塞特在"革命之日落"(The Sunset of Revolution)一章里认为革命在欧洲已经是一去不复返了④，因他认为"革命"是一种暴力，是一种特殊的心态，当理性伸张，个人抬头，就不会有极端的革命行为。每一个革命都想要实现理想国

---

① 参阅 José Ortega y Gasset, *The Revolt of the Masses* (New York：W. W. Norton, 1930, 1960)。

② 钱锺书：《旁观者》，《大公报》(1933 年 3 月 16 日)；《人生边上的边上》，页 279—280。

③ 钱锺书：《旁观者》，《大公报》(1933 年 3 月 16 日)；《人生边上的边上》，页 280。

④ Jose Ortega y Gasset, *The Modern Theme* (New York：Harper Torchbook, 1961), pp. 100–101.

或乌托邦，但莫不是失败的，而失败又必然导致"反革命"①。所以他认为，"生命不是为了理念的利益而存在，理念、制度、规则之存在乃是为了生命的利益"②。从今日的后见之明来看，加塞特在20世纪30年代初，对大战与革命的再起，未能预见，竟被青年钱锺书落实了"坐井观天"之讥。

钱锺书承认加塞特之书，也有可取之处，如认为一个时代最根本的是"心理状态"（ideology，今译"意识形态"），无论政治社会状况或文学、哲学都是这方面的表现，随其节奏而变异。他同意精神决定时代而非时代决定精神。加塞特倾向"预决未来"，而钱锺书则着眼于"现在"，现在不仅将未来理想化，而且将过去理想化，都是为了满足现在的需要。由此引出他所谓的"野蛮的事实"与"史家的事实"，其意无非指前者是"历史的原料"，而后者是"史家重建的历史"③。

最值得指出的是，青年钱锺书在评论中无意间涉及历史哲学的一个根本问题，而此根本问题竟为当时追求实证史学的中国史学界所忽略，却呼应了当时美国史学界正在兴起中的"历史相对主义"（historical relativism），以及预见20世纪后半叶随"后现代主义"（postmodernism）而兴的"今主义"（presentism）。历史相对主义就是认为，历史家所写的历史不能等同实际发生过的历史，因史书取决于史家及其时代，无法传达完整的"野蛮的事实"。史家

① José Ortega y Gasset, *The Modern Theme*, p. 117.

② José Ortega y Gasset, *The Modern Theme*, p. 118.

③ 钱锺书：《旁观者》，《大公报》（1933年3月16日）；收入《人生边上的边上》，页282—283。

有其价值评断，而其价值观属于当前，而非既往，即美国史家贝
克尔（Carl Lotus Becker，1873—1945）于1931年所提出的"人人各
自为史"（Everyone his own historian）之后，引发风行一时的"历史
相对主义"。贝克尔要大家知道有二种历史，一是真实的既往（就
是钱锺书所说的未经董理的野蛮的事实），二是需要不断增补的
历史知识（就是史家写出的事实）。既往之事实，难以确认；而所
能有的只是现在对过去的回忆与重建，乃个别史家经验的延伸①，
并无绝对的真实可言。"今主义"也就是如钱锺书所说，历史不过
是要满足现在的需求。钱锺书对世界思潮的掌握入木三分，短小
精悍的评论文章，尤其使鼓励他写作的张申府印象深刻，认为这
个学生乃"清华最特出的天才，简直可以说，多分在现在全中国
人中，天分学力也再没有一个能赶得上他的"②。他受到前辈学者
如此赞扬，必然益增其自信，在自我意识里感觉良好，对学术事
业认同也更加稳固。

　　钱锺书并非仅是应《大公报》"世界思潮"而阅读与评论有关哲
学方面的著作，他对哲学的兴趣，既浓厚又始终不渝。当英国著
名的"开冈保罗出版社"（Kegan Paul）于1932年发行了一本有关哲
学通论的新书，他很快在同年10月号的《新月》月刊上就发表了
书评，指出这本小书的作者卜纳特（E. S. Bennett，生卒未详）谈
了许许多多有关哲学的议题，但卑之无甚高论，显示这位年轻的
评论者对这些议题的熟悉。他更细心地注意到作者书名所揭示

---

① 参阅 Carl Becker, *Everyman His Own Historian: Essays on History and Politics*（Chicago：
　　Quadrangle，1935，1966），pp. 242-243，245。
② 见张申府：《民族自救的一个方案》，《大公报》（1932年10月15日）。

者，并不是要写一本"哲学纲要"（an outline of philosophy），而是
"一种哲学的纲要"（a philosophy in outline）；若然，则作者更应提
出他自己在哲学上的创见，但钱锺书读后感到失望，因为所言不
外是很普通的议论。他进而批评作者将问题简单化，"以为哲学
上的'真理'可以'囊括'在一起，以为'速成'之用"，直指作者不
知学问的"甘苦"。接着批评作者无论"讲美学，讲伦理学，甚
而至于讲逻辑，都从心理出发——一种绝端的
'psychologismus'"，评论得鞭辟入里、一针见血。这位清华大
学的年轻学生更指出：此书英文文笔的"拖泥带水，不甚流利"
"滥用名词，愈见诘屈"，甚至"忘掉文法的地方，亦所不免"①。
这篇不到二千字的书评所展示的，是一位大学生超乎寻常的功
力，以及在学问上的高度自信。这本被他否定的书果然为世所
弃，作者也名不见经传。

　　钱锺书对哲学家而有文采者当然最感兴趣，他极有把握地
说：五十年来，也就是从 1880 年代到 1930 年代，在英美哲学家
之中，能写得出最具文学价值的哲学书，不过五人，他们是摩尔
（钱译穆尔，George E. Moore，1873—1958）、布拉德雷（钱译卜
赖德雷，Francis Herbert Bradley，1846—1924）、罗素（Bertrand
Russell，1872—1970）、詹姆斯（钱译詹美士，William James，
1842—1910）、桑塔亚纳（钱译山潭野衲，George Santayana，
1863—1952）。他不光是说说而已，他能说出这五位哲学家文笔

---

① 参阅钱锺书：《一种哲学的纲要》书评，《新月》，第 4 卷第 3 期（1932 年 10 月 1
　日），页 13—16，收入《人生边上的边上》，页 239—242。

的特色及其文采之所在，语极中肯：摩尔文不华丽，貌似无文，然其文体的个性强烈，行文洁净透明，用词斩截，清爽明白而略无虚幻，具胆识而心思细密，丝毫不遗可供指摘的隙缝，故而出语极为谨慎，反复申论，务求达意，似不免繁琐，但绝无废词，且论辩谦恭，意在稳固其说。布拉德雷文笔简练厚重，精警简约，具有"一种虚怯的勇。极紧张，又极充实，好比弯满未发的弓弦，雷雨欲来时突然静寂的空气，悲痛极了还没有下泪前一刹那的心境，更像遇见敌人时，弓起了背脊的猫"。故布拉德雷感情内敛而丰富，批评别人时绵里藏针。罗素行文极其自然、清楚、流利而露锋芒，用词遣句极其平坦而无阻力，其文笔特质极难模仿，"有日常口语那样写意，却又十分文静"，而其思想又极明畅，如风之去来，顺其意读之，辄忘其诗般之美文。詹姆斯学宗功利，而情慕宗教，其热情恰与摩尔之淡漠、布拉德雷之庄重，截然异趣，其文笔直截了当，活泼而略带放纵，新奇而略现突兀，行文快速却未必畅达，"仿佛一条冲过好多石块的奔流"，而其较为通俗之作，固多文学趣味，即其《心理学原理》(*Principles of Psychology*) 专著，也有不少隽永可读的小品文。至于桑塔亚纳最多才多艺，胜过前述四人，"他的哲学著作里，随处都是诗，随处都是精美的小品文"，其文笔有如被"一种懒洋洋的春困(languor)笼罩"，"用字最讲究，比喻最丰富，只是有时卖弄文笔，恬俗浓腻，不及穆尔、卜赖德雷和罗素的清净"，其文因而厚密、细腻、阴沉，并不易读。

统而言之，五哲之中显然以桑塔亚纳最为突出，仍然是清华学生的钱锺书居然慧眼赏识，充分掌握这位西班牙裔哲学家的才情。此一哲人确实是难得的学艺兼资之才，不仅是玄思妙想的哲学家，而且是诗人、文评家、美学家以及艺术家。艺术与哲学可说是在桑塔亚纳一身相互辉映，他的哲学里固然有诗，他写的诗更富有哲意①，可称是海德格尔所赞赏的"诗哲"（The Thinker as Poet）。

　　按哲学家风尚思辨，故论者除柏拉图与培根外，鲜及哲学家的文笔；钱锺书以文学家而好读哲学书，博览之余，发现五位英美哲学家的著作具有文学价值，其所尚之文笔绝非游词绮文，盖深知"游词足以埋理，绮文足以夺义"②，断非哲人能取。钱锺书有意要"写一本讲哲学家的文学史"，并深具信心说，具此条件的哲学家仅此五人③。钱氏"哲学家的文学史"虽未写成，但对此五哲之文笔刻画细微，论断精准，其眼力与志趣远迈寻常，已可洞见。他年轻时对哲学书的兴趣与判断力，此后并未稍减，之后他游学英法，读书更多，勤作笔记，却少有机缘发表更多的书评。不难想象，如果他继续发表评介西方哲学的书评，将是何等精彩的景象。

　　抗战胜利后，钱锺书应南京中央图书馆馆长蒋复璁之邀为总纂，主编英文馆刊《书林季刊》（Philobiblon），因而发表了好几篇评论外国人写有关中国的专书。他的英文书评依然典雅、风趣又

---

① 桑塔亚纳自称其诗"即其哲学之制作"（"simply my philosophy in the making"），转引自 George W. Howgate, George Santayana（New York：A. S. Barnes & Co., 1938, 1961），p. 45。

② 钱锺书：《管锥编》（一），页 21。

③ 参阅钱锺书：《作者五人》，《大公报》"世界思潮"，第 56 期（1933 年 10 月 5 日），收入《人生边上的边上》，页 284—291。

犀利。1929 年初版的赖德烈（Kenneth Scott Latourette，1884—
1968）著《中国历史与文化》（*The Chinese：Their History and
Culture*）一书，1946 年又再版，风行一时。钱锺书肯定作者在勾
勒中国政治事件、社会习俗、经济制度上尚称合理有识外，有不
少事实上的错误，如将班超误作小说家，误以为唐代传奇是用白
话文写的。更重要的是在处理文化事务时显得力不从心，好比
"一个勇敢的老好人拼命力争上游，终难登彼岸"，描写中国历史
上的个别哲学家、艺术家尤其荒腔走板。作者摸索、徘徊、因
循，最后仍说些全不相干的话。他想要界定每一个时代的趋势，
但罕见成效。外国读者看了有关魏晋南北朝一段，对清谈与玄学
仍一无所知。他论两汉学术不辨西汉、东汉，也全不提影响深远
的郑玄；提到清代汉学，却不知清代汉学主要是郑学。他想要解
释佛教在中国之所以成功，但含混不清，如以佛教之兴衰来解释
唐画之伟大与明画之蹩脚，完全不着边际①。

　　钱锺书更批评赖德烈评论历史人物之不当，说王羲之是道家，
就因他有道友与服食丹药，殊不知羲之虽早年即对炼丹就有兴趣，
但这并不妨碍他攻击道家的基本教义之"虚诞"与"妄作"。古代中
国许多儒者如崔浩、韩愈等服食丹药同时攻排佛教，就像中国异教
徒寻求传教士治病而并不信教。陶潜与慧远交往，并不失为佛道当
盛时代的忠实儒者。当然没有纯正的儒者，就像没有纯正的基督
徒。钱锺书风趣地引成语说"只有一个基督徒，就是被钉死在十字

---

① 参阅 Qian Zhongshu，"Critical Notice II，"in *A Collection of Qian Zhongshu's English
　　Essays*，pp. 323-325，328。

架上的那一位"（There has been only one Christian, and he died on the cross）。钱氏指出，人或其时代永远充满矛盾；他又引狄尔泰的话说，历史原因是"单一的"（einheitlich），但绝不"单纯"（einfach）。他认为赖德烈教授没有通观全局的知识，故不能从中理解个案，只能提供一些无关紧要的或偶发的事件①。

钱锺书针对赖著下篇提出三点意见：其一，作者正确指出，爱面子并非中国人独有的特征，有如西洋人之重"荣誉"（honor），但作者将中国人的"面子"几视为第十一诫："你不可以被发现"（Thou shall not be found out）而并无荣誉感，意思是要面子必须要"脸"而不是看"脸色"。"丢脸"（lose face）既然已成为英语词汇，毕竟在西方也觉得有此需要。其二，作者未深究"风水"，就指为荒谬的迷信，实则是中国人对风土的美感欣赏，且与风景画在基本理念上有相通之处，如水像山之血脉，将"场景"（mise-en-scène）分为宾主，又如房室朝南以取冬暖夏凉等等。其三，作者所谓东西新旧之争论，实已过时，至少不是全部的真相。钱锺书认为东方与西方的冲突不再，有的是西方诸国在东方的争夺。西方也非铁板一块，科学知识与宗教信仰众多，政治理念各异。他引用法国史家梯叶里（Augustin Thierry，1795—1856）嘲笑德国史观是永无止境的思想战，而许多不同思想间的战争正是当今中国与世界的现状。最后他幽默地说，文字战使墨迹血红，不知血是否浓于墨，但绝对更为恶劣②。

---

① Qian Zhongshu, "Critical Notice II," in *A Collection of Qian Zhongshu's English Essays*, pp. 326-327.

② Qian Zhongshu, "Critical Notice II," in *A Collection of Qian Zhongshu's English Essays*, pp. 328-330.

赖氏是当时著名的西方汉学家，他的这本书也曾被不少美国大学采用为教科书，却逃不过青年钱锺书的法眼，看穿西方汉学家的一些通病，而这些通病至今仍然存在于西方的汉学界。

另一篇精彩的书评是评论一本由耶稣会神父汉名裴化行（亨利·贝尔纳，Henri Bernard，1889—1975）所撰《利玛窦神父和当代中国社会》(*Le Père Matthieu Ricci et la Société Chinoise de Son Temps*，1552-1610)①。钱锺书指出，此书作者极言利玛窦提升中国学问的贡献，却失之于浮浅，且时而对中国文明与历史作出错误的节外生枝。其实清代的全祖望在六行诗中，对利玛窦圣洁而勇敢的一生早已有很好的评价。若作者知道此诗，将不至于对黄宗羲有极其糟糕的论断，错误地认为梨洲受佛徒袾宏偏见的影响，使天主教徒李之藻身后埋名。其实，梨洲在《明儒学案》中"遗忘"（oubli volontaire）了李之藻，根本是觉得李作为一个"译者"（translated being）不值得一提。罗马天主教以科学为"糖衣"在中国传教，受到欢迎因其新鲜，遇到排斥因其外来，并未成为中国思想不可或缺的一部分。黄宗羲其实对佛教有严厉的批评，倒像李之藻一样热心于欧洲的科学。黄氏有何理由在一部论述本土思想的书里，包揽一个"译者"？事实上，欧洲哲学史的作者也不提儒家哲学的翻译者。钱锺书接着指出作者裴化行视利玛窦为五四新文化运动的"先驱"，视耶稣会形塑了近三百年来的中国学术

---

① 此书原文版 1934 年在天津出版，中译本参阅裴化行：《利玛窦司铎和当代中国社会》(上海：东方学艺社，1943)。

与文化，乃"夸大不经之妄人"（A fantaisiste，fantaisiste et demi）![1] 如耶稣会士果真传入西方的哲学与逻辑，及早介绍笛卡尔、莱布尼兹、斯宾诺莎等欧洲哲学家，现代中国的文艺复兴早就发生了，但这并非事实，裴化行却把未发生的事当作事实。说白了，利玛窦与耶稣会对中国新文化的影响近乎零。机会之所以失去，要因传教士欲卖基督教之药，而在药丸上涂科学知识之金；中国士人因疑基督教而拒绝了来自西方的科学知识，将科学的婴儿与洗澡水一起倒掉了[2]。钱锺书怀疑耶稣会传教士会容忍完全自由地研究自然科学，尤其当他们发觉输入的自然科学已经失控，且成为威胁到宗教的"恶魔"[3]。如果钱锺书能持续编辑英文《书林季刊》，必然会有更多富有哲理与思辨的书评，可惜季刊只是昙花一现，未久时局大变，再也没有可供他自由发挥的论坛。他继续读书，只能把批判性的书评写进他的大量读书笔记之中。应该指出：钱锺书早年就注意到要用批评的眼光来检视外国汉学家的作品，而不是盲目学习，可惜此一传统至今犹未能发扬光大。

　　有关中国传统哲学，槐聚于晚年成书的《管锥编》有专章诠释《老子》，析其要义计十九则，对抽象思维发挥得淋漓尽致。他从训诂入手，但不受制于训诂，深知清代学者虽通训诂之术，但忽

---

① Qian Zhongshu，"Critical Notice I," in *A Collection of Qian Zhongshu's English Essays*，p. 310.

② Qian Zhongshu，"Critical Notice I," in *A Collection of Qian Zhongshu's English Essays*，p. 309.

③ Qian Zhongshu，"Critical Notice I," in *A Collection of Qian Zhongshu's English Essays*，p. 312.

略了义理思辨，不是全靠文字所能解决，玄言更难以直接了当说清楚。清人俞正燮将"道"解作"言词"，将"名"解作"文字"，正见此弊。钱锺书指出"字"不能等同"名"，前者"出于唇吻"，"著于简牍"，而后者乃"字"的"指事称物"。"字"的职志使"意义可了"（meaningful），而"名"乃"真实不虚"（truthful），所以"'名'之与'字'，殊功异趣"，当然不能混为一谈①。钱锺书将"字"解作"能指"（signifiant），将"名"解作"所指"（signifié）。人生为了实用，需要语言文字才"能"传情、说理、状物、述事，然而立言者虽然在文字上慎择精研，未必能使受言者完全了解其"所指"，即刘禹锡诗句所说："常恨言语浅，不如人意深"，亦即西哲黑格尔、尼采等人之"病语文宣示心蕴，既过又不及"。更何况文字有其保守性格，常保本意而未能符合"所指"的新内容，必须"易字以为新名"，所以道理见于道白之"名"，是"变易不'常'"的。正由于文字之"常"及其不足，才使"道白"或"名"不能够"常"②。钱锺书笺疏玄言不作学究之拘泥训诂，而是参照中西哲理，能知常通变，才充分说明了何以可言之"道"，成为"道白"，便不是"常道"；"道"可"名"而不能常以某名名之，故曰"名可名非常名"。钱锺书亟欲表出者，乃语言文字不足以"宣心写妙"，而远西"神秘宗"（mysticism）尤以为至理妙道不可言喻、不可思议，故认为老子的《道德经》开宗明义，就是在表达难以语言文字来陈述的玄想。道既不可说，不能名，不堪载道，固"须卷舌缄口，不

① 钱锺书：《管锥编》（二），页 633—634。
② 钱锺书：《管锥编》（二），页 633—636。

著一字"，然而事情愈难，愈有人敢去面对挑战，愈不可为就愈
想去多方尝试①。此五千言之所以作也。

槐聚释老，以王弼注本为底，参考诸家，以求正解；并征引
东西海圣人、哲士的睿智隽语，以阐发老氏微言。他曾于信函中
提道："上周有法人来访，颇称拙著中《老子》数篇，以为前人无
如弟之捉住《老子》中神秘主义基本模式者。因问弟何以未提及马
王堆出土之汉写本《德道经》，弟答以'未看亦未求看'，反问曰：
'君必细看过，且亦必对照过 Lanciotti 君意文译本，是否有资神
秘主义思想上之新发现否？'渠笑曰：'绝无。'"②于此可见他的兴
趣不在《道德经》的新版本，或新旧版本的比对，或成书的年代与
经过，而在于主要文本的哲学研究。他显然看过马王堆帛书《道
德经》的意大利译本，对神秘主义思想并无新发现，所以说未看，
也不求看。据此，他也不会在意郭店楚简《老子》的出土，因不论
那是最早的版本或是缩简本，都无助于神秘主义的新发现，自可
存而不论。若以未用新材料相责，实知其一而不知其二也。

老氏玄言的神秘色彩显而易见，欧美论师相信老庄为道教之
先驱，一脉相承中国本土的神秘主义。道家讲究个人与绝对之道
融合为一，破除智障与欲障，而后臻于完善的境界，易使彼邦学
者将老氏绝对之"道"等同基督教所信奉的绝对之"神"（God），而

---

① 钱锺书：《管锥编》（二），页637—641。
② 《钱锺书与王水照函》，引自王水照：《记忆的碎片——缅怀钱锺书先生》，何晖、
方天星编：《一寸千思：忆钱锺书先生》，页229—230。

得见道家与基督教神秘宗派近似之处①。简言之，神秘宗重"直觉"（intuition）远甚于"理性"（reason）与"启示"（revelation）。然而论者时而不免以"理性"与"启示"来理解神秘主义，故易将老氏所谓美与恶、善与不善，以及有无相生、难易相成、长短相较、高下相倾、音声相和、前后相随，视为不可偏举的对句，其理无可非议。然而槐聚从神秘宗基本模式洞察到，绝对之道并不允许对立，而是要泯除其间的区别，大而化之，卸弃美与恶、善与不善，甚至去除人与物之界，因"老子明道德之旨，俾道裂朴散复归宁一"。若从"理性"释老，即知其言莫行、其说难圆。诚如槐聚所言："老子说之难自圆者，亦不止一端"；不止老子，"神秘宗盖莫不然"②。神秘宗欲"一跃以超异同，一笔以勾正反，如急吞囫囵之枣、烂煮糊涂之面，所谓顿门捷径者是"③。槐聚论证，未止于此，更进而指出，正反相对在"概念"（concepts）上不能含糊，善就是善，恶就是恶，相持莫下；但是在"事物"（things）上，善恶并不能分得如此纯正，以善为名可成恶，以恶为名可成善，或善恶杂陈。而且善恶作为正反，有等衰、强弱，善可克恶，恶也可胜善，亦正可说明老子所谓"名可名非常名"也④。

　　老子玄言"反者，道之动"，注家简略，未窥奥妙，然而在黑格尔辩证法之烛相照下，"'反'字乃背出分训之同时合训"，显现

① 参阅 Livia Kohn，*Early Chinese Mysticism: Philosophy and Soteriology in the Taoist Tradition*（Princeton: Princeton University Press，1992），pp. 4—10。
② 钱锺书：《管锥编》（二），页 643—644。
③ 钱锺书：《管锥编》（二），页 647。
④ 钱锺书：《管锥编》（二），页 649。

黑氏自认为中文所无之"奥伏赫变"，盖"反"有两义，一曰"违反"，二曰"往返"，故"《老子》之'反'融贯(反与返)两义，即正、反而合"，"包赅反正之动为反，与夫反反之动而合于正为返"，认为"黑格尔《哲学史》论'精神'之运展为'离于己'而即'归于己'，'异于己'以'复于己'。词意甚类老子之'逝曰远，远曰反'"。返为反之反，与黑格尔所谓"否定之否定"，理无二致①。然则岂非老子实"为黑格尔之先者千余年"②，真可谓发千载之覆矣。

　　槐聚以神秘宗模式来解读《老子》，中西互证，确能说出不可说之道，弥缝其言行之矛盾。如举德国神秘宗诗人所说"黑暗之光""死亡之生""苦痛之甘美"等，即老氏所谓之"正言若反"：大音希声、大象无形、大成若缺、大直若屈等等。两相吻合，盖因"玄虚、空无、神秘三者同出而异名"，诚非"强为撮合"，而胜义络绎，为前贤所不及③。

　　老子其人幽隐，其书迷离，然现代人对老子其人、其书有兴趣者甚多，外文译本亦难以计数。槐聚自称"后贤论释，经眼无多"④，然其慧眼仍得见老氏神秘言行中之入世危言，认为老子"操术甚巧"，若谓"'无为'而可以无不为、无所不为矣；黄老清静，见之施行而为申韩溪刻矣"；"求'合'乎天地'不仁'之'德'，以立身接物，强梁者必惨酷而无慈悯，柔巽者必脂韦而无羞耻。黄老道德入世而为韩非之刑名苛察，基督教神秘主义致用而为约

① 钱锺书：《管锥编》(二)，页 689—691。
② 语见钱锺书：《管锥编》(二)，页 693。
③ 参阅钱锺书：《管锥编》(二)，页 717—720。
④ 语见钱锺书：《管锥编》(二)，页 720。

瑟甫神父（Pére Joseph）之权谋阴贼"①。又如槐聚释《老子》第五章
"天地不仁，以万物为刍狗；圣人不仁，以百姓为刍狗"，指出天无
好恶、喜怒，其不仁非出有意，不怀叵测。然而圣人是人，人有心而
不仁，则由于"麻木"，犹基督教神秘宗之"圣漠然"，更多由于残忍
与凶暴②。

　　于此可见槐聚以神秘宗模式释《老子》之余，未尝忽略道家祖
师爷原不异于刑名、纵横家的冷酷内涵。近人研究帛书《老子》与
楚简《老子》后发现，其实老子是将虚无飘渺的"天道"转移到实际
政治上的"王道"，重点仍在人君南面之术③。何炳棣更细致地论
证老子的基本关怀不是形而上的宇宙本体之探索，而是最现实
的、不择手段的有效统治人民的办法④。细读老氏五千言，其中
确有不少治民、愚民的心眼，诸如"虚其心，实其腹"（第 3 章）、
"常使民无知无欲"（第 3 章）、"智慧出，有大伪"（第 18 章）、
"我愚人之心也哉"（第 20 章）、"道大，天大，地大，王亦大"
（第 25 章）、"将欲夺之，必固与之"（第 36 章）、"古之善为道
者，非以明民，将以愚之"（第 65 章）、"民不畏死，奈何以死惧
之？若使民常畏死，而为奇者，吾得执而杀之，孰敢？"（第 74
章）。是则槐聚引《史记》指出，韩非"极惨礉少恩，皆原于道德之

---

① 语见钱锺书：《管锥编》（二），页 656、645、655。
② 参阅钱锺书：《管锥编》（二），页 650—655。
③ 参阅尹振环：《楚简老子辨析：楚简与帛书〈老子〉的比较研究》（北京：中华书局，
　　2001）。
④ 详阅何炳棣：《有关〈孙子〉〈老子〉的三篇考证》（台北：中研院近代史研究所，
　　2002）。

意"；三国钟会家中"得书二十篇，名曰《道论》，而实刑名家也"[1]。然则胡适认为"老子理想中的政治是极端的放任主义"[2]，岂其然哉？冯友兰认为圣人欲以愚民，"乃修养之结果，乃大智若愚之愚也"[3]，亦曲在其中矣。老子似不可能倾向虚君民主；事实上，像孔、墨一样，都倾向君主专制。

槐聚博览群书，于中土玄言极感兴趣之外，亦颇涉猎有关西方哲学之书。英文之外，精通德文与法文，使钱锺书能够超越英语世界，能及时阅读到这两种文字的经典之作，把握住德法思想界的动向。槐聚生长的 20 世纪是经过两次世界大战的时代，前所未有的欧战浩劫对西方思想界产生了巨大的冲击，动摇了传统的信念与学说，甚至怀疑到整个西方文明的优越性，德国哲学家斯宾格勒（Oswald Spengler，1880—1936）于战后的 1918 年写就了一部名著《西方的没落》（*The Decline of the West*）[4]。西方哲学界于纷乱之余，异军突起，形成一些新的思维与理论，包括由胡塞尔（Edmund Husserl，1859—1938）创立的"现象学"。新学虽于二战前因希特勒的崛起，隐而不显，然战后很快复苏，成为一种新的思想运动与学派，并导致"存在哲学"（philosophy of existence）的出现。此一西方思想界的新趋势，几与钱锺书同时代并进，但槐聚并未失之交臂，实了如指掌。当中国五四新文化运动热衷西方

---

[1] 钱锺书：《管锥编》（二），页 655。
[2] 胡适：《中国哲学史大纲》（上海：商务印书馆，1947），页 52。
[3] 冯友兰：《中国哲学史》（上海：商务印书馆，1934），上册，页 237。
[4] 笔者所见评论斯宾格勒最简明扼要之作为 H. Stuart Hughes, *Oswald Spengler, A Critical Estimate*（New York：Charles Scribner's Sons，1962），可参阅。

古典哲学之时，钱锺书已旁及西方新兴的思想运动，无论"现象学"或"存在哲学"都在他的阅读范围之内。他于二战后就注意到"存在主义"（existentialism），指出是"一派现代哲学"，于战前在德国流行，战后在法国成为风气，于是在英美也开始受到青睐①。1949 年以后中国与西方绝少来往，槐聚想要阅读的新出西书，并未"断粮"，他所在的社科院文学所仍有管道自国外进书，改革开放后，更无论矣，真可谓老子所说"不出户，知天下；不窥牖，见天道"②。他知道美国分析哲学家戴维森（Donald Davidson，1917—2003）的学说，称之为"当世思辩家"，并译其名言为"明比皆真，暗喻多妄"（All similes are true and most metaphors are false）；"盖谓无一物不与他物大体或末节有相似处，可以显拟，而每一物独特无二，迥异他物，无堪齐等，不可隐同（Everything is like everything else in some respect, however unimportant, and everything actually is itself and not something else）"，"即《庄子·天下篇》述惠施所谓：'万物毕同毕异。'""显拟二物，曰'如'曰'似'，则尚非等，有不'尽取'者在；苟无'如''似'等字，则若浑沦以二物隐同，一'边'而可申至于他边矣。"③他也熟悉当代大哲维特根斯坦之说，并将其旨"由吾言而更上阶焉，吾言遂无复意义，亦犹缘梯而升，尽级登高，则必舍梯也"，与佛家所谓"登岸舍筏""过桥拆桥""到岸不须船"、道家所谓"得兔忘蹄，得鱼

---

① 见钱锺书：《补评〈英文新字辞典〉》，《人生边上的边上》，页 295。
② 参阅张隆溪：《怀念钱锺书先生》，《走出文化的封闭圈》（香港：商务印书馆，2000），页 309。
③ 钱锺书：《管锥编》（一），页 70。

忘筌"貌异心同①，遂与维氏遗书释之，道相参印②，笑与拊
会矣。

　　槐聚于《管锥编》一书中，讨论到西方的"阐释学"（Herme
neutics），并多有发挥，于此可见他很早就掌握西方学术的趋向。
阐释学在欧洲古已有之，而今成为环球显学。此字原出希腊文
hermēneia，而 Hermes 乃希腊神话中的"传递讯息之神"，因其发
现文书写作为传递的媒介，得以将不可解者解之，已略具阐释之
微意。阐释大抵涉及三大人文领域，即神学、哲学与文学，而 18
世纪之前，主要是神学。德国神学家施莱尔马赫（Friedrich
Schleiermacher，1768—1834）试图以康德哲学的精神作阐释，追
寻求解文本之道。施氏因而为德国哲学家狄尔泰的人文学铺了
路，在施、狄之间，德国史家兰克（Leopold von Ranke，1795—
1886）与德罗伊森（Johann Gustav Droysen，1808—1884）已不再自
限于解释古典或基督教的零散文献，而视历史为解释人类成败的
记录。如禀赋极高的狄尔泰所说，"有效的解释乃信史之本"③。
狄氏遂推广阐释学为所有人文与社会科学之基础，涵盖一切涉及
内心世界之表述，且欲建立客观而有效的阐释方法。有学者认
为，狄尔泰实已将相反的英法实证主义与德国唯心哲学合为己
用④；若然，则其阐释学更具破解"人学"（to study man）的实力。

---

① 钱锺书：《管锥编》（一），页 446—447。
② 钱锺书：《管锥编》（一），页 617。
③ William Dilthey, "The Development of Hermeneutics," in H. P. Rickman ed. & trans.,
　 *Selected Writings*（Cambridge：Cambridge University Press，1976），p. 260.
④ 参阅 H. A. Hodges, *The Philosophy of Wilhelm Dilthey*（London：Routledge and Kegan
　 Paul，1952），chapter 2。

依狄尔泰之见，吾人之理解必然在自己的识见之内，为阐释的一部分；理解任何事物，没有立场，绝无可能。他将阐释置于诸多人文研究的解释语境之中，认识到阐释要在表现存在的经验，使阐释成为所有人文研究的基础。阐释的对象是客观而有效的知识，比较稳定而持久，但理解客观的知识有赖于历史的而非科学的理解模式。与狄氏同时代的胡塞尔更致力于"超经验的现象学"（transcendental phenomenology），意在说明整个时空世界只是自觉的存在，呈现毫无保留的唯心论与唯我论。于此可知，现代阐释学最初盛行于德意志，而后流布于西欧，其说深受"现象学"（phenomenology）①与"存在哲学"②的影响。理解现象使阐释学得以超越文本解读，而授予所有的人文学科更为广阔的视野，阐释学也势必成为所有人文学的基本功夫。狄、胡两氏之说被海德格尔的"阐释现象学"（hermeneutic phenomenology）所取代，摆脱了康德知识论的制约，启动对存在的本质作本体论的追究。如他在《存在与时间》一书中所说，"理解存在之本身乃实存最明确的特

---

① 康德在《纯粹理性批判》一书中认为只有"现象"（phenomena）而绝非"知觉"（moumena）才是科学知识。据此，凡所知者皆现象。黑格尔也认为我们所有的只有现象，不过进一步说现象呈现一切，经过人心的辩证发展，最后所有的现实浓缩于他的"绝对理念"（absolute idea）之中。今日所用"现象学"一词指的是胡塞尔的哲学，胡氏不尽同意康德、黑两人之说，认为既有的现实经描述而生义，而此描述可说与实存无关，那是现象的"内省"（intuition）。因而胡塞尔所谓现象学实指"心灵的现象学"（the phenomenology of mind），或"在自觉里的现实"（appearance of reality in consciousness）。钱锺书似未提及胡塞尔，而近人喜以现象论来解钱学，反滋纷扰，例见胡范铸：《钱锺书学术思想研究》（上海：华东师范大学出版社，1993），页19—55。

② "存在哲学"认为知识的价值不在求真，而是追求不受情绪与社会偏见干扰的生物性的存在价值，唯有内心的存在，所以属于非形而上、非假设性议题，只求存在于心理的现实，自觉受到神经系统与环境的影响，纯属生物层次，无分身体与心理之别。

征"（Understanding of being is itself a definite characteristic of Dasein Being）①。海德格尔特殊而深具历史性格之存在，成为伽达默尔（Hans-Georg Gadamer，1900—2002）著作的主旨。伽氏将预设的偏见归诸传统，人类不管多么理性都无法超越历史而摆脱来自传统的制约，理解也非孤立的主体，而来自传统，所以伽氏视理解的过程与历史视野为一体。融合于历史视野的理解只有靠文字来完成，经由文字才能呈现出历史现象的世界，故伽氏有言："能够理解的存在就是语文。"（Being that can be understood is language.）②存在的真相也只能透过语文来揭发。换言之，海德格尔与伽达默尔师弟不认为客观诠释之可行，故将诠释学、美学与历史相结合。今人阐释古意，必然包含理解者先验之主观，有如重新创作，未必尽合原意③。所以伽达默尔认为过去所发生的事，绝非有待后人发掘与解释的实物，而是每一个新的解释者与文本或事件之间的对话，以求理解，可称之为"有效的历史"

--------

① Martin Heidegger, *Being and Time*, John Macquarrie & Edmund Robinson transl.（Oxford：Basil Blackwell, 1967），p. 32. 钱锺书曾谓："海德格尔甚称十六世纪有关'忧虑'之寓言（Cura-Fable），先获我心，将其拉丁文语全文引而称之，见《存在与时间》德语原本第一版一九七一—一九八页，按所引为 G. Hyginus 之《寓言集》（*Fabularum Liber*）；卡夫卡早死，并未及见海德格尔、萨德尔，Dostoevsky 之 *Notes from the Underground*，二人皆存在主义思想家，现世赞叹，奉为存在主义之先觉。盖文艺与哲学思想交煽互发，转辗因果，而今之文史家常忽略此一点"，语见钱锺书：《致胡乔木》，《钱锺书散文》，页 424。
② Hans-Georg Gadamer, *Truth and Method*（London：Sheed & Ward；New York：Seabury Press, 1975），p. 432.
③ 参阅 Richard E. Palmer, *Hermeneutics, Interpretation Theory in Schleiermacher, Dilthey, Heidegger, and Gadamer*（Evanston：Northwestern University Press, 1969），pp. 46, 118-123。

（Wirkungsgeschichte），然仍不免带有成见，故必须要有批判性的诠释①。文学作品也不再被视为客观存在的文本，而是必须从人之生活世界来作分析，以了解其创作，所用的方法不是科学的分析，而是经由理解的阐释。阐释有赖于追究作品中作者的痕迹、作品的意义，而阐释正是以追究作品意义为焦点，最基本的是理解，涉及有哪些问题，以及所理解者为何？

更年轻一代的法儒保罗·利科（Paul Ricœur，1913—2005）与尤尔根·哈贝马斯（Jürgen Habermas，1929—　）也莫不以语言文字为重。利氏视语文为客观性的中介，而用阐释学来展示语意结构里的文本与符号。哈氏以语文为意识形态之归宿，为分析之场域。换言之，两氏均以语文为阐释之所本，为人文社会领域特有的方法，反对自然科学方法之全盘介入；不过，他们认可概念的客观化，认为研究人文世界仍然需要客观分析，以便赎回真相。然则阐释学一言以蔽之，可说是理解文本之学。

既知西方阐释学之由来，即知槐聚译之为"阐释"，胜于常译之"诠释"，若谓"厥意如何？伫闻诠释"②，用此旧词，赋以新义，不免在概念上有先入为主之弊。古人虽亦习用阐绎，乃阐明陈述之谓，与西文原意更为贴近。又"阐"，显也，《系辞》有云："夫《易》彰往而察来，而微显阐幽"，更能彰显或理解哲学的意境，进行有效的解释，再配之以"释"字，直指理解而后解之，应

---

① Hans-Georg Gadamer, *Philosophical Hermeneutics*, translated and edited by David E. Linge(Berkeley：University of California Press，1976)，p. xvii.

② 语见颜师古《策问》第一道，载李昉等编：《文苑英华》（北京：中华书局，1966），第3册，卷473，页2416。

属最为精确的译词。语文考订、阐释、赓扬在《管锥编》书中随处可见，也就不足为异了。

　　槐聚又拈出"阐释之循环"（der hermeneutische Zirkel）一说，很值得注意。德国文字学家阿斯特（Friedrich Ast，1778—1841）以"人文精神之凝聚"（Einheit des Geistes）为阐释循环说的基础，若谓精神之整体散见于其所属的个体，而个体则必从整体理解，整体实乃众多个体的和谐体。然则个别作者的作品如不置于整体精神之中，便无从理解，个别与整体之内在关系于焉建立。阿氏经由时代精神理解个别作者，尤有承先启后之功。狄尔泰继前人阐释循环之说，更强调"意义"（meaning）为循环之本，从个体的意义理解整体，而整体的意义来自个体，整体因而能决定个体之意义与运作。狄氏更认识到整体与诸个体间的关系，取决于特定时间的特定观点，故阐释之循环必由历史界定，意义也就有其时限或语境，也就是槐聚所说的"衬境"，有云："古人编年、纪传之史，大多偏详本事，忽略衬境，匹似剧台之上，只见角色，尽缺布景。"①在历史过程中"衬境"与时俱变，所以意义绝非一成不变，于是意义在不同的社会里，不尽相同。在不同的世代，同一人物或作品的意义也不相同。不过，意义虽然不同，仍然是在某一语境里具有和谐的关系。所以狄氏的结论是：意义出自个体与整体之间的关系，而扎根于实际生命与生活之中，那是个人及其时代"精神"（Geist）在阐释循环中的互动，意义也可说是在此互动中的不同关系。

---

① 钱锺书：《管锥编》（一），页492。

　　槐聚将 19 世纪西方阐释循环之学总结为："积小以明大，而又举大以贯小；推末以至本，而又探本以穷末；交互往复，庶几乎义解圆足而免于偏枯"①，言简意赅，周延妥帖，"义解"尤凸显狄尔泰之要义。槐聚更引申说，所谓循环者，就是从一端到另一端，再从另一端到这一端，即《鬼谷子》所谓"以反求覆"的意思；求覆的用意就是设法再度印证。据此，"乾嘉'朴学'教人，必知字之诂，而后识句之意，识句之意，而后通全篇之义，进而窥全书之指。虽然，是特一边耳"，也即是只从一端到另一端，故必须再从"解全篇之义乃至全书之指（'志'），庶得以定某句之意（'词'）"，这样才算完成循环。然而，二边仍同属一体，因有其思想体系，犹如槐聚引《华严经》所谓："一切解即是一解，一解即是一切解故"，故戴震所说，"经之至者，道也；所以明道者，其词也；所以成词者，字也。由字以通其词，由词以通其道，必有渐"，虽然分见两边，仍然未能通观一体②。然则循环之说如邻壁之光，足以照幽显真，令人有喜获新知之感。

　　槐聚的未成英文稿《感觉·观念·思想》，即拟结合这三方面来评论西洋作家及其作品③，从其题目即知其兴趣在唯心而非唯物。外国学者很容易看出，钱锺书的治学方法很受德国学者狄尔泰与卡西尔（Ernst Cassirer，1874—1945）的影响，后者之影响尤甚于前者，若卡西尔的《象征形式的哲学》在《管锥编》中起了"兴奋剂"

① 钱锺书：《管锥编》（一），页 281。
② 参阅钱锺书：《管锥编》（一），页 281—284。
③ 北京语言学院《中国文学家》编委会编：《中国文学家辞典》现代第二分册（成都：四川人民出版社，1982），页 810。

作用，且被多处引用①。其中"观念"一词，或来自洛夫乔伊（Arthur O. Lovejoy，1873—1962）所创的"单位观念"（Unit-idea）。槐聚广采博引，而鲜及洛氏，仅见《管锥编》有云："爱身惜生之外而复好'名'（approbativeness），此人之大异乎禽兽者也（the differentia of man par excellence）"，谓引自洛氏《反思人性》（*Reflections on Human Nature*）一书②；又引同书有云："西方古人言性恶则为政主专制保守，言性善则为政主自由进步，言性恶则乞灵于神明，言性善则自立于人定。"③钱氏补订《谈艺录》时，有言"雅可比（F. H. Jacobi）所谓'超感觉之感觉'（der Sinn für das übersinnliche），即柏格森之'直觉'，近人考论綦详"。所指之近人即洛夫乔伊，并注明参阅洛氏《理性理解与时间》（*The Reason，the Understanding and Time*）一书④。钱氏引洛氏仅此寥寥数则，唯一的解释是未加重视，只参照其说，故未涉及"单位观念"之讨论与阐发。钱锺书知洛氏及其学固无可疑，若谓深受其"单位观念"之影响，吾不以为然，甚至有人疑钱氏之打通说，亦取自洛氏⑤，不得不在此详加辨析。

洛氏"单位观念"（unit-idea）自创发以来，不仅在概念上或方法

① 莫芝宜佳著、马树德译：《〈管锥编〉与杜甫新解》（石家庄：河北教育出版社，1998），页36—37。
② 钱锺书：《管锥编》（二），页789。参阅 Arthur O. Lovejoy, *Reflections on Human Nature*（Baltimore：Johns Hopkins University Press，1961）。
③ 钱锺书：《管锥编》（三），页1845。
④ 钱锺书：《谈艺录》，页365。
⑤ 李贵生：《钱锺书与洛夫乔伊——兼论钱著引文特色》，《汉学研究》，第22卷第1期（2004年6月），页357—384。此文即亟言钱氏深受洛氏影响。

上，都引起学界严重的质疑与争议①，而且其说至今多已过时。从概念上说，观念是否是客观存在的具体单位，就有问题；不是说"观念"不存在，而是说"观念"不存在于人心之外。洛氏不啻将"观念"与产生观念的"心魂"作了区隔，如何可能？② 洛氏同校同事斯皮策(Leo Spitzer，1887—1960)教授就说，假设历史中的观念是一可以完全分离的因素，对他而言，殊不可思议。若视抽象而个别的观念为孤立的单位，对他而言也是错误的，不可能会获致正确的答案。所以他要以"时代精神"(Geistesgeschichte)来取代"单位观念史"③。斯皮策的论点较"阐释派"(hermeneuticists)更推进一步，此派强调阅读者对文本的理解，不认为有不变的、客观存在的知识，无论观念或真理，如果存在的话，只存在于可资解释与再解释的特殊文本之中。而洛氏则坚持观念确有客观的存在，可以区隔无时间性的个体，所以洛氏与其批判者在哲学上基本迥异。换言之，洛氏所主张的是一种心物二元论，观念可由人外求，而非由人心所造；然则洛氏之"观念"无异于"天不变道亦不变"之道，既然是永恒的，即无"观念史"之可言。所以历史哲学家明克(Louis O. Mink，1921—1983)建议洛氏放弃以观念为"静物"之说，而增益观念为"动力"之

① 对此质疑与争论的简明综说参阅 Daniel J. Wilson，"Lovejoy's *The Great Chain of Being* after Fifty Years,"in *Journal of the History of Ideas*，vol. 48，no. 2(1987)，pp. 187-260。

② 有作者说："不能由此推断单位观念不存在，就像'甲不是人'不表示'人不存在'"，见李贵生：《钱锺书与洛夫乔伊——兼论钱著引文特色》，《汉学研究》，第 22 卷第 1 期(2004 年 6 月)，页 378。该作者不知"单位观念"不存在，并不表示观念不存在，未免引喻失义。

③ 参阅 Leo Spitzer，"*Geistesgeschichte* vs. History of Ideas as Applied to Hitlerism,"*Journal of the History of Ideas*，no. 5(1944)，pp. 194-203。

说，即由经验与理解来处理观念与感情，才会有"观念史"；所谓
"观念史不是观念之记事，而是内在自觉发展的过程"（the history
of ideas is not a chronology of things，but the story of the development
of consciousness）①。如果继续视观念为一"原子单位"而非"观念
群"，就会像另一位历史哲学家曼德尔鲍姆（Maurice Mandelbaum，
1908—1987）所说，强调"单位观念"会导致史家错失一个思想家
最原创的"观念"，会低估一个哲学家对后继者的影响，以及会将
任何作者思想的独立性减到最低②。洛氏及其辩护者并未针对此
一质疑回复，而谓其意非如质疑者所指，原本亦重视观念在历史
中的动态，足见批评已促使洛氏修改其不明确的"单位观念史"定
义，他的批评者可谓功不唐捐。

　　即使将"单位观念史"界定为动态的发展史，名家斯金纳
（Quentin Skinner，1940—　　）仍认为，若聚焦于任何"持续发展的
观念"（supposedly persisting idea），不可能是正确的。他不主张
"一个观念的历史"，而主张不同观念持有者如何运用其观念，以
及如何在不同的情况下与不同的心态下用之③。洛氏并非没有注
意到观念的"语境"（context），他特别注意到文学作品的历史语
境，但他心目中的特定观念是一独立存在的理想观念，因而往往
会发现特定人物对此特定观念，会产生矛盾。斯金纳等批评者则

---

① 参阅 Louis O. Mink，"Change and Causality in the History of Ideas," in *Eighteenth-Century Studies*，no. 2（1968），pp. 7-25。
② Maurice Mandelbaum，"The History of Ideas, Intellectual History, and the History of Philosophy,"*History and Theory*，Beiheft 5（1965），pp. 35-41.
③ 参阅 Quentin Skinner，"Meaning and Understanding in the History of Ideas," in *History and Theory*，no. 8（1969），pp. 10-38。

主张检视特定思想家在特定语境里如何用此特定观念，与观念本身的发展并无多大关系；换言之，语境比观念更为重要。

对洛氏的质疑并未就此了结，当选美国哲学学会会长的辛提卡（Jaakko Hintikka，1929—2015）于就任演说时，直言"单位观念"根本不存在；即使将之解作"充沛原则"（principle of plenitude）①，也不是一个观念，而是由相关观念组成的聚合体。辛氏直指洛氏的错误方法，导致他对特定思想家的误解②。辛氏获致几乎与斯金纳相同的结论，即吾人应优为者，乃"正确反映不同思想家景况的观念"③。"单位观念"是否存在，或可各持一端，但作为单位的观念绝不可能是铁板一块。洛氏之说或可借重维特根斯坦"语系相似说"（theory of family resemblance），将"单位观念"解作许多相似观念之结合，为"充沛原则"的不同呈现，"单位观念"也就具有不同的形式。然而洛氏始终未将"单位观念"界定清楚，其心目中"单位"的真实性质到底为何，犹无定论；洛氏所界定的"单位观念"也非许多人设想的那么单一。洛氏代表作《大锁链：一个观念的历史之研究》（*The Great Chain of Being*：*A Study*

---

① 有关"充沛原则"的定义参阅 Arthur O. Lovejoy，*The Great Chain of Being*：*A Study of the History of an Idea*（New York：Harper & Row，1936，1965），p. 52. 关键词是"the fullness of the realization of conceptual possibility in actuality"。

② Daniel J. Wilson，"Lovejoy's *The Great Chain of Being* after Fifty Years，"in *Journal of the History of Ideas*，vol. 48，no. 2（1987），pp. 202-203. 另参 Moltke S. Gram，Richard M. Martin，"The Perils of Plenitude：Hintikka Contra Lovejoy，"in *Journal of the History of Ideas*，41（1980），p. 509。

③ Jaakko Hintikka，"Gaps in *the Great Chain of Being*：An Exercise in the Methodology of the History of Ideas，"*Proceedings and Addresses of the American Philosophical Association*，49（Nov. 1976），p. 24，cf. pp. 25-37。

*of the History of an Idea*）初版于 1936 年，当此书成书五十周年之际，有人建议放弃"单位观念"一词，反而更能重视对观念落实于特定语境中特定文本之理解，才最能凸显洛氏的贡献①。今此书已有七十五年的历史，更少有人仍据洛氏以"大锁链"为譬的"单位观念"方法治思想史，而更趋向于研究"人之所思"（manthinking）。

在此不厌其详回顾洛氏"单位观念"之缺失，以及受到极大的争议，意在说明何以槐聚虽熟知洛氏"单位观念"说，而不多加引述之故。他慧眼洞悉，不仅心中存疑，而且必已触觉到此说的争议性，显然不愿轻易附和；他又何必要"暗渡陈仓"，深受"单位观念"之影响而不明言？

话说槐聚在英国牛津大学读书时，曾于课余之暇在朱光潜编的《文学杂志》第 1 卷第 4 期（1937 年 8 月 1 日），发表一篇以《中国固有的文学批评的一个特点》为题的卷首长文，很审慎地界定所谓中国固有文评的特点：其一是埋养在意识田地里、飘散在谈艺作品里，习见而相忘；其二是在西洋文学里找不到的匹偶，为我所有者；其三是在西洋文学里仅偶尔隐约可见者；其四是虽在现象上为中国所特有，但在应用上有其世界性②。这四之一是否受到 1936 年出版的洛氏《大锁链》之影响？我认为从时间上看，绝无可能。即使洛书在年初出版，海运自纽约到英国上市，再由

---

① Daniel J. Wilson，"*The Great Chain of Being* after Fifty Years,"in *Journal of the History of Ideas*，vol. 48，no. 2（1987），pp. 204，205.

② 钱锺书：《中国固有的文学批评的一个特点》，《人生边上的边上》，页 118—119。此文初刊于《文学杂志》，第 1 卷第 4 期（1937 年 8 月），页 1—22。

牛津大学编目上架，到钱锺书发现此一新书，读此新书再发为万言长文，然后再经海运寄到远在北平的《文学杂志》，阅稿、排印、出版。此一过程，就个人的极限与当时远隔重洋的通信条件而言，岂有可能？就算钱锺书是超人，可以飞鸽传书，及时获见洛氏书，若大有可取之处，以该文之广征博引，正可展示其追读新书之快，何以独漏洛书？实事理所难通。事后钱锺书必然读过此书，且作若干笔记亦不意外，但直到写作《管锥编》仍未多采纳，更可知不为其所重。就看所谓钱氏与洛氏方法"非常相似"的那一点①，李氏断言"钱文与洛氏的说法实在非常相似"，其实钱文的志趣与洛氏的说法实风马牛不相及。钱氏想要说的是，有些特点到处存在，故"习而相忘"，意在点明中国固有文评特点之所在。洛氏则要说明思想史家追寻"单位观念"的诸多形态，其一是含蓄未发的"预设"（assumptions），多少还是"潜在的习向"（unconscious mental habits），尚非正式表述的观念②。两氏所说，根本是两回事，"习而相忘"如何能等同"潜在的习向"？习而相忘是熟悉的观念因而不以为意，而潜在的习向更本是尚未成为自觉的概念。钱氏所说的"片段思想"也绝非洛氏的"单位观念"。所谓"片段思想"，乃指哲学系统经时间销蚀后，只剩下一些未失时效、仍有价值的片段思想③。这与"洛氏曾呼吁哲学史研究应该多

① 李贵生：《钱锺书与洛夫乔伊——兼论钱著引文特色》，《汉学研究》，第22卷第1期（2004年6月），页378—379。
② Arthur O. Lovejoy, *The Great Chain of Being*, p. 7.
③ 钱锺书：《读〈拉奥孔〉》，《七缀集》，页34。

注意哲学观念在宏大的、专技的体系以外的影响"①，又有何干？钱氏也绝不可能赞同"单位观念"可以独立存在于心魂之外。至于说槐聚"打通说"受到洛氏治学方法的影响，更难以牵扯。槐聚此说酝酿已久，所谓"打通"，非尽科际整合，也非科际间的比较，更不必要突破学科的限制，因学科无从限制通感，而掌握"以中国文学与外国文学打通，以中国诗文词曲与小说打通"②的基础是"感觉挪移"，在修辞上五官的感觉可以挪移兼通、彼此相生③。所以重点在"感觉"，而不在"观念"，更不在"单位观念"。钱锺书在意的是要"打通"整个人文研究。请看他的夫子自道：

> 人文科学的各个对象彼此系连，交互映发，不但跨越国界，衔接时代，而且贯串着不同的学科。由于人类生命和智力的严峻局限，我们为方便起见，只能把研究领域圈得愈来愈窄，把专门学科分得愈来愈细。此外没有办法。所以，成为某一门学问的专家，虽在主观上是得意的事，而在客观上是不得已的事。④

专家之学愈演愈烈，成为大势之所趋，早为钱锺书所预见，

① 李贵生：《钱锺书与洛夫乔伊——兼论钱著引文特色》，《汉学研究》，第 22 卷第 1 期（2004 年 6 月），页 381。Arthur O. Lovejoy, "The Historiography of Ideas," in *Essays in the History of Ideas*（New York：G. P. Putnam's Sons, 1960），p. 8.
② 见钱锺书与郑朝宗函，引自郑朝宗：《〈管锥编〉作者的自白》，《海滨感旧集》，页 124。
③ 参阅本书第八章。
④ 钱锺书：《诗可以怨》，《七缀集》，页 133。

故亟力主张人文学科之思想与理念宜能作跨越时空的交流与沟通。他所关注的始终是要打通时间、疆域、学科的人文研究。他为此提供了新契机，也为文史哲"三位一体"的研究，提供了范式。

# 第八章　文学微世界

钱锺书在清华求学时期，未满二十三岁即有志写一本中国文学小史，从当年年纪轻轻时所写的序论，已可见轮廓俱在、才情毕露，中国文学史应该如何去写，已有定见。文学应如何开笔？他不认为需要给文学下任何定义，因作品见仁见智各有其文学价值，"而定义则不能遍举见仁见智之不同以不失为定义也"[①]。文学史是要写文学的历史，而历史必须传信存真，所以开宗立派的大家，即使是"浪盗虚名"，也不能抹杀其实际上影响之大，因"得虚名者虽无实际，得虚名要是实事，作史者须如其实以出耳"，而黯淡不彰的小家，"尽有高出声华籍甚者之上"，不广为人知，"作史者亦不得激于表微阐幽之一念，而轻重颠倒"。写文学史不能不追溯文体的流变，但"不可执着根本之同，而忽略枝叶之异"，更"不可执西方文学之门类，卤莽灭裂，强为比附"，

---

① 钱锺书：《中国文学小史序论》，《国风》，第 3 卷第 8 期 (1933)，收入《人生边上的边上》，页 93。

因为"文学随国风民俗而殊，须各还其本来面目，削足适屦，以求统定于一尊，斯无谓矣"①。于此开宗明义，可以略见他所要写的文学史之基本立场与态度。然而，立意甚早而终未成篇，或因自期过高，牵涉过广，不愿轻易落笔。他深谙西洋文学的概念与内容，如何用此概念于中国文学而不强行比附，极费周章。再从他早年所写一篇评论《西洋小说史略》的文章可知，"史略"难免挂一漏万，故必须求其周全。文学史的作者不能只简单介绍作者与作品，而须明其思想渊源，知其来龙去脉；更不能节外生枝，而要有信心能够一针见血，用精准的文字，叙述名副其实的作者，讲正确的话，并写出自己的风格；至于文笔清通，读之忘倦，不作模棱两可语，尚属余事②。悬鹄如是之高，应是迟不执笔、终失机缘的一个主要原因。

钱锺书在清华读的是西洋文学，他山之石使他看出中国文学的一些独特处，诸如体制分得很严，品类分得很细；文须载道，诗要言志，注疏阐发经义，语录探索理道，各有其体，不能相杂。文体的得失，要看形式上的风格，而品类的高低则视题材的内容而定。文体之间的壁垒分明使中国传统谈艺者，忽略了殊途同归的道理，既没有去沟通，遂未能综合成为西方之所谓文学。

钱锺书特别注意到文学作品不能单纯以时代分，如唐诗分

---

① 钱锺书：《中国文学小史序论》，《国风》，第 3 卷第 8 期(1933)，收入《人生边上的边上》，页 93—95。

② 参阅 Qian Zhongshu，"Great European Novels and Novelists," in *A Collection of Qian Zhongshu's English Essays*, pp. 23–26. 此文初发表于 1933 年的《中国评论家》(*The China Critic*)期刊。

初、盛、中、晚，而应因作品的宗风习尚而分，所以"尽可身生于盛唐之时，而诗则畅初唐之体"，诚如杨万里所说："诗江西也，非人江西也。"①此说于后来完成的《谈艺录》一书中，有进一步的发挥。

再就整个文学史的谋篇而言，涉及历史发展的因革，但不求孰因孰果，盖因果殊难断言。至于叙述策略，贵能"因文以知世"，而不是"因世以求文"，所以他不同意一般文学史作者以普遍之社会状况，来解释特殊的文学风格，认为同时同地可能产生风格绝异的文学，盖时地而外尚有"无数适逢其会之人情世事"，相互运作。他因而建议"以文学之风格、思想之型式，与夫政治制度、社会状态，皆视为某种时代精神之表现，平行四出，异辙同源，彼此之间，初无先因后果之连谊，而相为映射阐发，正可由以窥见此种时代精神之特征"。他更在意的还有"行文之美，与夫立言之妙"，宜以"能文"为本②。而文章的要旨，不在作者抒情，而在于能感动读者之情的文章效用，诸如引发同情与美感。易词言之，文章不在题材与文体，而在乎精神命脉。然则文艺创作无所谓虚实真妄，即使无病呻吟，而能"使读者信以为有病"，就是文艺佳作，故问题不在作者之有病无病，而在于是否善于呻吟；能使人信，要在修辞之精与立言之诚③。他也认知到，中国

① 钱锺书：《中国文学小史序论》，《国风》，第 3 卷第 8 期（1933），收入《人生边上的边上》，页 95—97。

② 钱锺书：《中国文学小史序论》，《国风》，第 3 卷第 8 期（1933），收入《人生边上的边上》，页 99—100。

③ 钱锺书：《中国文学小史序论》，《国风》，第 3 卷第 8 期（1933），收入《人生边上的边上》，页 104—106。

的语文传统在宋代以前多雅言，而宋以后俗语始繁，旧文学遂有
"雅言"与"俗语"两条线索。他甚赞俄国"形式论宗"（Formalism）
什克洛夫斯基（Viktor Borisovich Shklovsky，1893—1984）所谓"新
体只是向来卑不足道之体，忽然列品入流"之说，认为"执此类
推，虽百世以下，可揣而知"①。什氏认为文词容易"袭故蹈常，
落套刻板"，所以作者手眼须使"熟者生""文者野"。槐聚见之，
认为大似梅圣俞所说，"以故为新，以俗为雅"，遂言："夫以故
为新，即使熟者生也；而使文者野，亦可谓之使野者文，驱使野
言，俾入文语，纳俗于雅尔。"而且"不独修词为然，选材取境，
亦复如是"②。什克洛夫斯基为 20 世纪初俄国文评家，强调写作
之技艺，着重小说的形式与技巧，而不全赖内容。称之为"形式
论宗"固非只讲形式而弃内容，槐聚欣赏什氏此言，亦非尽从"形
式论宗"之说，自不待言。

　　然而民国以来的新文学，并非由旧文学以故为新、以俗为
雅、以野为文，从古典传统转移而来，实自英、法、德、俄、北
欧诸国，甚至日本等外国文学寻求模式与灵感③。所以槐聚认为
白话文乃现代的创辟，不是由旧文学中的雅言与俗语演变而来。
他特别指出：虽然文学并不全是雅言，但许多民间丑陋的俗语读

---

① 钱锺书：《谈艺录》，页 35。
② 钱锺书：《谈艺录》，页 320—321。另参阅钱锺书：《钱锺书手稿集·容安馆札记》，
　 第 3 册，页 2191，言及什克洛夫斯基欲"making it new,""making it strange,"亦即以
　 故为新，使野者文之意。参阅 Zhang Longxi, *Tao and the Logos*, *Literary Hermeneutics*,
　 *East and West* (Durham & London, 1992), pp. 161—162。
③ 见 Qian Zhongshu, "Chinese Literature," in *A Collection of Qian Zhongshu's English
　 Essays*, pp. 282, 301。

物，绝非文学。他相信精美的文艺，毋论文体的雅俗，不是凡夫俗子所能欣赏，只有好学深思的人才能心领神会，能够辨别"摇荡读者之精神魂魄"的佳作，以及令"读者心烦意乱，必于书外求安心定意之方"的劣作，所以在他看来，"诲淫诲盗""教忠教孝"的书，都是劣作。文学作品之优劣，不取决于读者的多寡与流传之有无①。这篇序论为一部中国文学史发凡起例，虽未竟成，然所提出的议题煞是不凡，显示出一位年轻学者胸有成竹的学养。

　　槐聚赴英国留学，在牛津大学的图书馆里，勤读西方典籍，再回顾中国文学，如烛照幽，目光似电，看出西洋或中国文化里的特征，并非一方所固有，无论在国粹或洋货里往往可以发现别家的货色，更有许多貌异心同的东西。他毕生不谈比较文学，就是怕浮浅或不伦不类的比附，如他所指，苏曼殊将西方诗人拜伦与中国诗人李白相比，将雪莱与李贺相比，好像是作中西诗人的比较，实则拟于不伦；因"入世尽俗"的拜伦与酒仙李白全不相类，"霞举凤遒"的雪莱与诗鬼李贺亦绝不相配②，如此相比，何异将同为水果的香蕉与橘子类比？同时他也警觉到万不能冒失地认定西洋或中国特色，往往似是而实非。所以他反对"抽取一些表面上有某种相似之处的中外文学作品加以比较，既无理论的阐发，又没有什么深入的结论，为比较而比较，这种文学比较是没有什么意义的"③。换言之，他并不反对相互观摩、阐发不同文化

---

① 钱锺书：《中国文学小史序论》，《国风》，第 3 卷第 8 期(1933)，收入《人生边上的边上》，页 107—108。
② 钱评长吉诗，参见钱锺书：《谈艺录》，页 57—62，所言显然与雪莱异趣。
③ 张隆溪：《钱锺书谈比较文学与"文学比较"》，《读书》，1981 年第 10 期，页 137。

系统里的文学，明其异同，冀有助于对整体文学的了解。他对中外文学作品情愿"赏析"而非"比较"，于赏析之中，将类同或相似之现象，疏理、钩连、比勘、列举，而后分析阐发。他在1983年8月29日主持中美比较文学会议，于开幕词中也曾指出，中西文学可以相互发明与发现，用各种不同的方式做比较，不必定于一尊①。不过，不论用何种方式，首先要能掌握不同的语文，跨越不同文化的鸿沟，以避免从事浮浅的比较。

　　槐聚博览与慎思明辨之余，才发现中国固有的文学批评，确有其独特的特色，那就是"把文章通盘的人化或生命化（animism）"，如用气、骨、神、脉、文心、句眼等名词作为文评的比喻，翁方纲更进而提出"肌理"说。西洋文评也有这些例子，如美有阳刚与阴柔之别，以及文如其人等说法，但"貌同心异，算不得人化"。槐聚指出，在西洋的例子里，虽将文章与人体比，但人与文仍然是二元的，而在中国文评里，人与文是无分彼此的二合一。他举了许多具体的例证，说明西洋文评以人体做比喻，不能视为"人化"，因只是文章的形容，而非文章的本身，而且以文比人偏重病态或变态，然而在中国的文评里却属于常态，阴柔与阳刚是无分好坏的文章风格。西洋人虽注意到文章叮由体貌骨肉来比喻，说出文如人也有强弱之分，但他们不会去想文章尚具有关心灵与生命的神韵与气魄，还有雅俗之别。同样讲气，西洋讲"气氛"②，而中国讲"气息"，前者是物理界的比喻，而后者则

---

① 钱先生将此一演说打字原稿相赠，后收入 *A Collection of Qian Zhongshu's English Essays*, pp. 416–418。
② 钱先生译 atmosphere 为"气压"，在此改译为"气氛"较易为今之读者理解。

是生物界的比喻，显然有"外察"与"内省"之别。依槐聚之见，西洋谈艺因"外察"有余，而"内省"不足，以至于未能将"人化"的倾向，推演到如中国般的精微成熟。艺术欣赏扎根于"移情作用"，而人化文评就是"移情作用"的至高产物①。槐聚在牛津写这篇文章，旁征博引中西典籍，见其相似、相当之处，而又不尽相同者，层层分析，推见至隐，落实中国"人化文评"的特色，展现罕见的学养与独特的创见。如果未能真正学贯中西，安敢下此断语？朱光潜不仅把这篇年轻人的宏文刊登在他所编《文学杂志》一卷四期的卷首，而且在编辑后记中特别介绍说："钱锺书先生拿中国文学批评和西方文学批评相比较，指出他的特色在'人化'，繁征博引，头头是道"，又说："看过钱先生的论文以后，我们想到如果用他的看法去看中国的文艺思想，可说的话还很多，希望他将来对于这个问题能写一部专书。"②其实，钱锺书在此文结尾时已提及，"中国文评还有其他特点，本篇只讲人化"③。他想要写的专书很多，真可惜一本中国文评特色综说没有在他的规划之中。

　　约略同时，他曾用英文发表了一篇文章论述中国戏曲里悲剧的特色④。他是从西洋文学中认识到"悲剧"（tragedy），然后反观传统中国所谓的悲剧，发现有本质上的差异，像白仁甫的《梧桐

---

① 参阅钱锺书：《中国固有的文学批评的一个特点》，《人生边上的边上》，页116—134。
② 朱光潜：《编辑后记》，《文学杂志》，第 1 卷第 4 期（1937 年 8 月 1 日），页 180。
③ 钱锺书：《中国固有的文学批评的一个特点》，《人生边上的边上》，页134。
④ Ch'ien Chung-shu, "Tragedy in Old Chinese Drama," *T'ien Hsia Monthly*, 1（1935），pp. 37-46. 收入 Qian Zhongshu, *A Collection of Qian Zhongshu's English Essays*, pp. 53-65.

雨》、洪昇的《长生殿》、关汉卿的《窦娥冤》与纪君祥的《赵氏孤
儿》都是著名的悲剧作品，但在终剧前取代苦难的结局，大大削
减了悲剧的感染力；落幕不在最悲伤的时刻，事后的悲伤也就消
退殆尽。《梧桐雨》里杨贵妃之死出现在第三场，而将接下来的一
场全留给怨叹相思的唐明皇；《长生殿》里最感伤的场景安排在第
二十五幕，似仅为明皇与贵妃的喜相逢开场。唐明皇所扮演的悲
剧角色显得十分软弱，看不出他内心深处的挣扎，他为爱美人而
失去江山，却又想要赢回江山而牺牲美人，他绝无莎士比亚剧本
中罗马政治家和军事家安东尼（Marcus Antonius，前83—前30）为
了爱情牺牲一切的表现，唐明皇毕竟没有像安东尼那样为爱情而
死。钱锺书的意思是说，我们中国的戏曲家在处理悲剧时，没有
给读者一种"百分百的悲剧经验"（the full tragic experience）[1]。因
为中国的价值观是有等级的，较低的道德层次绝无法与较高的争
胜，高道德永远是胜出者，也就没有太多的悲剧意味。槐聚深解
希腊悲剧，更能洞悉与中国悲剧观的异趣，希腊人视受制于"命
运"（moira or tyche）的生命为悲剧，不能自主而深怀"末世之感"
（eschaton）[2]。华人则相信前世所修可得福报，或今生善行将有善
报，实与希腊人南辕北辙。若按希腊人所谓之悲剧，吾华实无。
其故除种姓与文化外，或亦有社会学与人类学的原因，更有鉴于
英国哲学家怀特海（Alfred North Whitehead，1861—1947）所说，
具有科学想象力的清教徒莫不是雅典悲剧的大作家，怀疑旧中国

---

[1] Qian zhongshu, "Tragedy in Old Chinese Drama," in *A Collection of Qian Zhongshu's English Essays*, p. 57.

[2] 汪荣祖：《史传通说》（台北：联经出版事业公司，1988），页293—294。

科学落后是否与缺乏悲剧有关?① 槐聚因对中西戏剧了解之深,才能如此明察秋毫,说出西方特有的"悲惨的不正义"(tragic injustice),而中国仅多"劝善惩恶的正义"(poetic justice)而已。发表这篇饶有见解的"比较文学"作品时,他才二十五岁。

槐聚平生写了不少文评,也颇具特色:议题明确、例证详备、分析绵密、结论昭然②。譬如他举了许多例子,来澄清中国画与中国诗在文艺批评史上的一个问题,什么问题呢? 就是大家常常认为,"中国旧诗和中国旧画有同样的风格,体现同样的艺术境界"③。中国旧画风尚简约以及笔墨省略而意象丰富的"南宗画",与中国旧诗的神韵派无论在风格上或境界上,确甚"同样"。连西方文评家也多认为中国古诗"空灵(intangible)、轻淡(light)、含蓄(suggestive)",而与灰暗、不着彩色的法国诗人魏尔伦(钱译韦尔兰,Paul Verlaine,1844—1896)相提并论。但是中国传统的画评家虽然承认"南宗是标准的画风",传统文评却"否认神韵派是标准的诗风",像白居易、杜甫等大诗人都不是神韵派的同道,所以"中国传统文艺批评对诗和画有不同的标准:论画时重视王世贞所谓'虚'以及相联系的风格,而论诗时却重视所谓'实'以及相联系的风格";所以"相当于南宗画风的诗不是诗中高品或正宗,而相当于神韵派诗风的画却是画中高品或正宗"④。槐聚只是

---

① Qian zhongshu, "Tragedy in Old Chinese Drama," in *A Collection of Qian Zhongshu's English Essays*, pp. 62, 63-64.
② 槐聚文评参阅钱锺书《七缀集》所收各篇。
③ 钱锺书:《中国诗与中国画》,《七缀集》,页7。
④ 钱锺书:《中国诗与中国画》,《七缀集》,页18、22—23、25、30。

指出长久以来中国诗与中国画在文艺批评史上有不同评价的事实，但并不代表他个人的喜好。

诗与画的讨论使槐聚忆及《拉奥孔：论画与诗的界线》（*Laokoon*：*Oder über die Grenzen der Malerei und Poesie*）一书。此书是18世纪德国著名剧作家莱辛（Gotthold Ephraim Lessing，1729—1781）的巨作，完稿于1760年，缘起是与艺术史家温克尔曼（Johann J. Winckelmann，1717—1768）辩论如何解释古希腊教士拉奥孔及其子将被毒蛇咬死的雕像。莱辛在书中力图区分画与诗的不同功能，画必须观察空间里物体的形态与最能表现的瞬间，而诗则描写时序中事件的动作与过程。槐聚指出，中国古人也划分过"丹青"与"雅颂"的界线，以及说过"史笔善记事，画笔善状物"的话，但都不如莱辛说得透彻与细致。不过，他仍然用了许多中国的例子来说明莱辛的透彻与细致，如借徐凝诗句"画人心到啼猿破，欲作三声出树难"，意谓"图画只能绘形而不能'绘声'"，以说明莱辛所谓"绘画只表达空间里的平列（nebeneinander），不表达时间上的后继（nacheinander）"；换言之，画家很容易"平列"山、水、景物，而难画出一而二、二而三的"后继"的声音[①]。声音固然难画，暗香、寒冷、鸣钟、思乡等更难能入画，也就是莱辛所说"诗歌的画"不能转化为"物质的画"。如"目送归鸿"很可说明莱辛所谓时间上"持续进行"的理论；不过，如中国古人所说，"诗歌的画"即使是静止景象，也未必能转化为"物质的画"。

槐聚更进而引申莱辛的理论，指出画家虽然擅长着色，但诗

---

① 钱锺书：《读〈拉奥孔〉》，见《七缀集》，页35—36。

文世界里虚有其表的颜色也画不出来，在中国诗里也不乏其例，如苏轼所谓"一朵妖红翠欲流"，翠在此并不是真正的绿色，而是在烘托红色的"鲜明"。白居易诗句"黄梅县边黄梅雨"里的黄色也是虚色，凡虚色都是"文字艺术的独家本领，造形艺术办不到"。类此例子固非中国独有，槐聚很容易就举出西洋诗文里相似的例子，如英语紫色（purple）也可以不指实色，而指"光彩明亮"，德国文豪歌德名言"理论是灰黑的，生命的黄金树是碧绿的"，其中"灰黑"与"黄金"都是画不出来的虚色。至于文学语言中常见的比喻以及"似是而非，似非而是"的情景，也足以造成绘画的高度困难①。所以如同莱辛所言，"诗文叙事是继续进展的，可以把整个'动作'原原本本、有头有尾地传达出来，不比绘画只限于事物同时并列的一片场面"②。总之，莱辛认为诗歌的表现要比绘画宽广，而槐聚则认为诗文的宽广要比莱辛所认为的还多几分。莱辛与槐聚都在说明画与诗的异趣，由于异趣，所以标准不同，并无意评论两者的优劣③。

　　诗文描写手法的宽广使槐聚认识到修辞学中的"通感"（synaesthesia）问题，也就是所谓"感觉挪移"，"在日常经验里，视觉、听觉、触觉、嗅觉、味觉往往可以彼此打通或交通"，以至于"颜色似乎会有温度，声音似乎会有形象，冷暖

---

① 钱锺书：《读〈拉奥孔〉》，见《七缀集》，页 40—41、42—44。

② 钱锺书：《读〈拉奥孔〉》，见《七缀集》，页 49。

③ 然而却有人刻意强调两者之异，进而指钱自相矛盾，甚至是一种对莱辛的误解，真是无端的无的放矢之作，见过晓：《对钱锺书诗画关系论的质疑》，《文艺争鸣》，2008 年第 9 期，页 147—150。

似乎会有重量，气味似乎会有体质”①。五官在生理上虽各有所
司，但槐聚指出，五官在诗词上往往可以挪移兼通，彼此相生。
如声音可有颜色，听觉可兼通视觉；如颜色可有暖寒，视觉可挪移
到触觉；如声音有尖钝之分，听触两觉有类似之处，中外文学中不
乏其例。《聊斋志异》所云“（青）梅亦善候伺，能以目听，以眉语”，
举《绿野仙踪》写齐蕙娘“眼里都会说话”，旁及西方词章所谓“双目
含情，悄无言而工词令，暗无声而具辩才”（you shall see sweet
silent rhetoric, and dumb eloquence speaking in her eyes），并指出
“‘眉语’亦屡见古罗马情诗中”②。所以通感“绝非‘有感于物，有
悟于心’。子在川上观水，和尚参苕帚，决不可称为‘通感’”③。

　　槐聚所谓之“通感”，虽然在中国以及西洋的诗文里经常出
现，普遍运用，耳可视、目可听、音可观，至19世纪几成象征
派诗歌的风格标志，但在他之前尚无人汇聚那么多的中西实例，
将通感作为修辞学说得如此圆融透彻，而且因其博学，随手就能
见及前人的失误。例如庞德（Ezra Pound, 1885—1972）误将汉文
中的“闻香”解为“听香”，遭学者驳斥，然槐聚指出以鼻代耳的
“听香”在西方早已有现成的传统，不必外求，而汉文里也早有
“听香”此词，不算是杜撰④。他既揭露驳斥庞德者只知其一，不
知其二，又讽庞德之误打正着，非兼通中西如槐聚者，安得左右

① 钱锺书：《通感》，见《七缀集》，页65。
② 参阅钱锺书：《管锥编》（四），页1924—1926。
③ 钱锺书语，引自丁伟志：《送默存先生远行》，李明生、王培元编：《文化昆仑——
　　钱锺书其人其文》，页13。
④ 钱锺书：《通感》，见《七缀集》，页75、77、78。

逢源若此。

兼通中西贵能通解经典名著，否则不能尽会原意，强作解人；既不足以言赏析精粹，更难能兼通。陆机《文赋》千古名篇，惜李善之注多未妥善，甚至有不知所云处，而陈世骧之英译亦"殊多强作解人"，"Achilles Fang 译本刊于哈佛学报者，较为近切，然亦未尽会原意"，引用者遂多附会无稽，以为《文赋》是赋文之作。槐聚慧眼独见，标出《文赋》意在教人如何作文，"自负颇有发明，而国内论者亦谬称为开径拓荒之作"①。请看槐聚的精彩阐释：全赋的要旨在自道作文的甘苦，抽思呕心，以状难见之情，写无人之态。作文要写出内心之所想，写出所象之物。若能够完全写出所想，才算"逮意"。在此牵涉到意念、文字与事物三事，文字必须要顾到意念，意念必须要符合事物，正与近世西方所谓"思想""符号"与"所指示之事物"三方联系，不谋而合，更与英国诗人勃朗宁（Robert Browning，1812—1889）咏造艺所说："缘物生意"（the thing shall breed the thought）相通。文则"居间而通意物之邮"（the mediate word），更是意旨相同。然而遗憾的是，往往文不逮意，也就是得心未必应手。使物了然于心已经不易，欲了然于口、于手，难上加难，类此"有心无手"或"心手相乖"之憾，也多见之于西方谈艺者之口，亟言成文之难②。

然而难则难矣，又如何克服困难呢？在室内要玄览群书，以六经为本，含英咀华；在户外须观玩四时的万物，激发文机。文

① 参阅《钱锺书复汪荣祖书》（1982 年 8 月 12 日）。
② 钱锺书：《管锥编》（三），页 1862—1867。

机是否流畅，需要苦思冥搜，起沉辞如钩鱼出渊，期于必至。旧籍固宜采纳，但须抉择，博观而约取。"收视反听，耽思傍讯，精骛八极，心游万仞"之余，转息而观古今，回瞬而抚四海，纵横于时空之间。西土论师也有此常谈，达·芬奇（Leonardo Da Vinci，1452—1519）所谓"心能于瞬息间自东徂西"，莎士比亚所谓"心思捷跃，能一举而逾世代、超山海，念动即届"，均达此旨。情动而言，感生为文，哀乐油然而来，读者齐心共感，象忧亦忧，象喜亦喜，宛如身受。作文既为抒情宣志，作者必须设身处地，方能写得惟妙惟肖，无论人物或角色，即事应境，一若在当时局中，休戚与共，虽勿同其情，而必通其情，即亚里士多德所谓造剧者"当自身拟演笔下所写之情节举动"（So far as he can, the tragic poet should act out with appropriate gestures the events of his play）。法国著名小说家福楼拜（Gustave Flaubert，1821—1880）自言与所创作的小说人物痛痒相关。意大利大诗人但丁亦有言"欲画某物，必化为其物，不尔则不能写真"。槐聚借西士同心同理之言，钩深《文赋》之余，更能补阙，认为形诸颜面之笑与叹，不是形诸笔墨的哀与乐，光是笑与叹尚不足以为文，情能生文，未必能成文。事实上，作文之际，形之于文的哀乐已非原来的哀乐，始则因哀乐而动心，继乃因经营摹写，句斟字酌而必须观心、用心，运冷静的心思，写热烈的感情，即所谓"先学无情后学戏"者，盖纯凭情感而能成艺者，中西均未之有也①。

　　槐聚认为，历代注家未能通解陆机作赋心意在于作文之甘

①钱锺书：《管锥编》（三），页 1868—1880。

苦，不免误读连连，失之远矣，若"或操觚以率尔"为贬词，"或含毫以邈然"为赞词，殊不知前者指文之易成，而后者吮笔构思，谓文之难写。李善说"在有无而僶俛，当浅深而不让；虽离方而遁员，期穷形而尽相"四句，是文章要有方圆规矩，误读尤甚；槐聚斥为大谬，指出此四句都在形容文胆，僶勉不让者，乃勇于尝试，离方圆以穷形相，明明要突破陈规，寄妙理于豪放之外。槐聚更指出，超越规矩，无法有法；破坏规矩，乃求精之一术，亦西方论文之常语，可以相互发明。至于"夸目者尚奢，惬心者贵当；言穷者无隘，论达者唯旷"，也都是在说明如何作文，奢指铺张繁缛，徒炫目而不能餍心，惬心则适如所期盼，寡词约言而能穷形尽相、畅达其旨，斯其宜矣，故曰旷而无隘。下文"要词达而理举，故无取乎冗长"，便有着落。盖文繁理富而无主旨，则泛论无归，所以"立片言而居要"为一篇之警策，"必待兹而效绩"①。

　　槐聚认为，陆机要作文者知道，如果成篇之后发现暗合"曩篇"（前人之作），即有抄袭之嫌，"虽爱而必捐"，语虽得意必须忍痛刊落者也，而李善之注竟曰："言佗人言我虽爱之，必须去之也"，误读又甚矣！槐聚斥之为"愦愦"，岂不宜哉！陆机会心到"庸音"赖"嘉句"以存，"嘉句"亦须"庸音"烘托，益其所伟。然自刘勰、李善以下仅识庸音宜芟，而情不忍芟，未能体会一篇之中，工拙相半，若绿叶之可以扶持牡丹也。近代西方名家论诗亦多有此体会，不约而同认识到不必通篇皆佳，大可以烘云托月、宝石镶边为喻，落实《文赋》"济于所伟"之旨。鸿笔巨篇不妨

---

① 钱锺书：《管锥编》（三），页1880—1888。

工拙相间，如江河挟泥沙俱下，但短韵小文似一杯之水，以净洁无渣为尚；否则，妍媸相混，必累良质，不能济伟，适滋玷秽，索然面对，虽应，不和也。至若作而不成，意固难释；作而已成，虽斐然成章，仍不副预期，怏怏若有所失。端因人之才有涯，而文之材无涯，饮河仅能满腹，为文不能尽美，终觉得"恒遗恨以终篇"。槐聚认为文士遗恨与英雄壮志未酬、儿女善怀莫遂，戚戚同心，西人谈艺亦以求全尽善为赍志长恨之端，斯情正是《文赋》所嗟叹。最后道出，文机之利滞非作者所能自主，"应感"者，近似后世所谓之灵感或神来之笔，所谓"来不可遏，去不可止"，诚陆机所谓"非余力之所戮"，天成而人偶得之而已①。陆机《文赋》惨淡经营作文之用心，言之亲切深微，竟不被后人通解，含糊鹘突，一知半解，积非成是。槐聚聪敏，发覆于千载之后，使《文赋》微意重见天日，更征引西方大经大典为说，光大其旨，令人赞叹不已！槐聚不仅是士衡功臣，而且为今之读者，启蒙发聩，善莫大焉。

槐聚兼通中西，时时来往于不同语文之间，故深知从一种文字翻译到另一种文字的问题所在。最理想的译文，能顺畅而不失原作风味，甚而入于"化境"，如钱锺书代金岳霖译毛泽东所用成语"吃一堑，长一智"为"A fall in the pit, a gain in your wit"，形、音、义三美具备，可称化境，令老金赞赏不已。另一成语"三个臭皮匠，顶个诸葛亮"，钱锺书译成"Three cobblers with their wits

---

① 钱锺书：《管锥编》（三），页1888—1901。

combined；Equal Zhuge Liang the master mind"，亦足以传诵①，若非中英词汇掌握得炉火纯青者莫办。在一般情况下，译文往往失真或走样，违背了原文的意思，就成了"讹"。甚者习于成语，未察两造之语意，竟至事理与名理均不可能之讹。邓萨尼（又译唐珊南，Lord Dunsany，1878—1957）剧本《失帽记》（*The Lost Silk Hat*）有云"faultlessly dressed，but without a hat"，名家茅盾译作"衣冠楚楚，可是没有戴帽子"，顾此失彼，令人失笑②。

　　槐聚认为某种程度之"讹"，几乎无可避免，因而能起"诱媒"的作用，即诱导一些人学外文、读原作。林纾不识外文，仅凭舌人相助，其"讹"必多，且对原文又时作删节，更自作主张改译。删节，往往为了回避无法解决的疑难；改译，则是强作解人，甚而胡猜乱测，难免疏漏失真。槐聚少时读林译不能满意，诱其勤学外文。然而，槐聚读了原作之后，再读林译，仍然感到趣味，因林译之"讹"，不全是误解或曲解，时而刻意加工改造，使原文更加"淋漓尽致"，犹如"锦上添花"，甚至不惜改头换面，以便替原作者增饰其美中不足之处。槐聚认为，以林纾之文才，忍不住要点原作者之"铁"成"金"。林纾虽自称洋人亦知"古文义法"，但古文多有清规戒律，实不可能尽用古文义法翻译西洋小说，有时不得不避古文戒律，甚而出现欧化用语；或因林纾晚年失去热情，敷衍了事，不如先前之审慎；但亦因中西文字之隔殊甚，若不在用字遣句上略为

---

① 转引自许渊冲：《逝水年华》，页62。
② 参阅钱锺书：《钱锺书手稿集·容安馆札记》，第1册，页165。译文刊于1920年8月的《东方杂志》。

"放松"，译事难以卒业。令人惊异者，林译虽已过时，失误累累，但其译笔时而优于原作。槐聚举出不少译本胜过原作的例子，认为"自己宁可读林纾的译文，不乐意读哈葛德的原文"，因为林译往往比原作要"明爽轻快"得多①。

槐聚经由《林纾的翻译》，涉及许多有关翻译的议题，其中提到所谓"外国中文"（pidgin-translatorese）的问题，诸如"他热烈地摇动（shake）我的手"，以及"箱子里没有多余的房间（room）"②。类此"外国中文"或"欧化汉语"，不仅成为译文的严重问题，而且直接影响到整个白话中文的写作，造成强用外国语法来改变习用中文的严重后果。观乎槐聚将他学生的译文"在那种人生里，每个男人都是淫棍或则淫妇之夫，每个女人都是爱情的明灯"改为"每个男人非淫棍即乌龟，每个女人都是杨花水性"③，不仅更加符合汉语文法，而且深意尽出，"淫妇之夫"非"乌龟"云何？何必转弯抹角。解决翻译问题之道，一言以蔽之，要如槐聚所谓"得意忘言"④，翻译必须要把原意畅快译出；欲达此目的，必须要摆脱不同文字结构的束缚。所谓"欧化汉语"，就是原意在束缚之下不能妥善表达的奇怪现象。

严复诵英语，亦如林纾以古文译洋书。古文于五四之后，已

---

① 参阅钱锺书：《林纾的翻译》，见《七缀集》，页80—82、84、87—88、93、97—98、99、101。
② 钱锺书：《林纾的翻译》，见《七缀集》，页97。
③ 林子清：《钱锺书先生在暨大》，李明生、王培元编：《文化昆仑——钱锺书其人其文》，页55。
④ 许景渊认为"得意忘言"乃钱锺书在翻译理论上的一个创见，阅沉冰：《琐忆钱锺书先生——许景渊（劳陇）先生访谈录》，沉冰主编：《不一样的记忆——与钱锺书在一起》，页7。

非时尚，视为古董。然以文章风格鉴定家的眼光视之，严译仍然悦目忘倦，槐聚有言，"我从来没有停止过激赏严复转化原作的本领"①。严译之雅文甚至也能掩盖原文之平凡，虽似给人穿上不合身的衣裳，不足以言"信"，然严复力求译文之"雅"，不惜踵事增华，自称若遇到忠实于原文与有损于译文的两难时，他宁取译文之美。严复或对取"雅"舍"信"有所疑虑，但受到吴汝纶的鼓励，不可自已。吴氏不懂外文而甚赏严译之美，为严译《天演论》写序，赞扬备至。

世人常言，严复主张之信、达、雅，受到泰特勒（Alexander Fraser Tytler，1747—1813）所撰《论翻译的原则》（*Essay on the Principles of Translation*）（London，1791）的影响。槐聚非之，甚至怀疑严复是否知有泰特勒之书，盖泰特勒的译事第三条与严复所说的"达"固然相当，但第二条须译出原作的风格，模仿原作的神情，几与严译南辕北辙。与泰特勒翻译理论相近的是马建忠，主张译文要与原作在精神上完全相契，槐聚称之为"翻译的照相理论"（the photographic theory of translation），远迈严复所见。严译与原作之间似有雾隔，槐聚称之为金色之雾，即使最不重要的细微，亦朦胧呈现，却隐藏难以言喻之美②。

美国诗人朗费罗（钱译郎费罗，Henry W. Longfellow，1807—

---

① 原文是"I for one have never ceased to marvel at the skill with which Yan Fu transmute the original author,"语见 Qian Zhongshu，"A Chapter in the History of Chinese Translation,"in *A Collection of Qian Zhongshu's English Essays*，p. 37。

② Qian Zhongshu，"A Chapter in the History of Chinese Translation,"in *A Collection of Qian Zhongshu's English Essays*，p. 42.

1882)《人生颂》("A Psalm of Life")一诗的汉译，引出晚清西洋文学输入中国的大问题。值得注意的是，这首英诗由英国驻华公使威妥玛（Thomas Francis Wade，1818—1895）先译成无韵汉语，再由户部尚书董恂改译为七言诗。威妥玛的英文当然足以理解朗费罗的诗，但他的中文词汇不够，表达能力有限。而董恂又全不懂英文，只能根据威妥玛生硬的译文，揣摩端详，写出自己的译诗，其中误会曲解，断不可免。所以无论威译或董译都是坏诗，然其意义在于汉译英诗的破天荒第一遭。槐聚说："西洋的大诗人很多，第一个介绍到中国来的偏偏是郎费罗。郎费罗的好诗或较好的诗也不少，第一首译为中文的偏偏是《人生颂》。"他认为不应该这样，是这样乃历史的嘲弄[①]。长友《人生颂》的汉译也许全属偶然，这位英国公使选译美国诗人的诗，就有点偶然，而他又偶然不音译"郎费罗"而意译"长友"。对于西洋文学几乎毫无认识的晚清中国，势必没有分辨与选择的能力，中国诗人初以朗费罗为欧罗巴人也就不足为奇了。

槐聚更敏锐洞见，翻译这第一首英诗的用心，并不是要输入西洋文学，为国人提供观摩借鉴的样本，而"是要'同文远被'，引诱和鼓励外国人来学中国语文，接受中国文化，'夷而进于中国则中国之'"[②]。也就是说，翻译朗费罗（长友）的诗，制作成诗扇送给他，要"引诱"他向往中国。这反映了晚清士人的特殊心态，也说明了当时谈洋务者，只觉得西方物质文明，特别是坚船

---

① 钱锺书：《汉译第一首英语诗〈人生颂〉及有关二三事》，见《七缀集》，页159。
② 钱锺书：《汉译第一首英语诗〈人生颂〉及有关二三事》，见《七缀集》，页141。

利炮，尚值得学习，至于包括语文在内的西方精神文明，完全没有向外国学习的必要。直到民国以后，槐聚还听到前清遗老陈石遗告诉他，没有必要到外国去学文学①。董恂以后，他的同僚、下属与后辈，或公使、或随员，虽多"文学之士"，但并没有上行下效，蔚然成风。按照槐聚的说法，这些人"'只扫自己门前雪'，把隔了一垛语言墙壁的西洋诗文看成'他家瓦上霜'，连捡起一点儿道听途说的好奇心都没有"②。槐聚原想写一本论述晚清输入西洋文学的英文书，这本书如果写成，主要议题并不是西洋文学如何输入晚清，而是晚清诗人为何对西洋文学没有"猎奇探胜"的兴趣，其含意更为深邃。

槐聚在文学上的成就未竟全功，中国文学史没有写成，长短篇创作不多，文评集成《七缀集》，也只是薄薄一册；以他腹笥之广，要写七十篇，甚至七百篇，亦倚马可待，然势必不胜其繁，亦非精力可及，故而乃以"较易理董"的笔记形式出之，写成《管锥编》巨制，犹如建筑大水库，任君取用③。他毕竟是通人胜于作家。然而，即使百余万言的学院派《管锥编》巨著，意犹未尽，尚待赓扬，可惜天不假年，未竟其业，令人有"语入妙时却停止"④的遗憾。

---

① 钱锺书：《林纾的翻译》，见《七缀集》，页102。
② 钱锺书：《汉译第一首英语诗〈人生颂〉及有关二三事》，见《七缀集》，页154。
③ 据张隆溪，"钱先生回答说：'我不是学者，我只是通人'，他又说自己有太多的想法，若要一一铺开写来，实在没有足够的时间"。见张隆溪：《走出文化的封闭圈》，页296。
④ 钱锺书引蒋士铨《京师乐府词》之三语，见钱锺书：《七缀集》，页55。

# 第九章　诗学微世界

　　人有七情六欲之外，还有在艺术上自我创作的欲望，想在凡俗烦乱的尘世里表达一些美好的经验，并将之藏诸名山，垂之久远。创作的欲望据心理学家荣格的说法，是每一个人都拥有的"共同潜能"（the collective unconscious），而表现在富有想象的艺术里。"潜能"有点捉摸不定，但文学作品无疑是属于人类共同的自觉意识，而且留下丰富的文字遗产。歌诗更是延续至今最早以语文来传艺的形式，诗的语言最为富丽，也最具感染力。写诗的冲动与天赋都渺难追寻，但如赵翼（瓯北）的诗句所说："江山代有才人出，各领风骚数百年。"无论在哪　个时代的国家或社会，不论在战争或和平的情况下，都可能产生诗人。诗人往往是现世的孤独者，灵感来自身外，飘逸无踪，并不容易捉摸。

　　槐聚酷爱歌诗，他的妻子杨绛知之最深，"我国的旧体诗之外，西洋德、意、英、法原文诗他熟读的真不少，诗的意境是他深有领会的。所以他评价自己的《诗存》只是恰如其分"①。《槐聚诗存》的序文里说，他童年时读《唐诗三百首》就喜欢了诗，"独索冥行，渐解声律对偶，又发家藏清代名家诗集泛览焉"。少年时作诗即受到大家陈石遗的赏识，为之写序，金天翮更视此少年为"敌国"："老夫对此一敌国，年少多才信不廉。"②槐聚写旧诗，能与诸多老一辈的文人雅士唱和，得到赏识，直到晚年才正式编定诗集，且将他早年所写删削甚多，留存者亦多加修改③，所存者不到三百首。却有人以"多产"定诗家之高低，刘梦芙遂谓钱锺书的"总体成就有逊于（钱）仲联先生，这也是名家与大家之差别所在"，认为钱仲联不仅是"大家"，而且是"第一流的大家"，于是说百年来"大家屈指可数"，"与槐聚年辈相若者，如唐玉虬诗之汪洋壮阔，钱仲联先生诗之沉雄博大，饶宗颐诗之高华玄远，皆可称大家或大名家，槐聚诗若相与论列，不啻澄湖曲涧之较碧海黄河也"④。以河汉无极之言盖括诸家，无非要说，熟读无数德、意、英、法原文诗以及能会通中西诗学的槐聚诗，竟远远比

① 杨绛：《钱锺书对〈钱锺书集〉的态度》（代序），《钱锺书集》（北京：三联书店，2002），见各集卷首。
② 见卞孝萱：《诗坛前辈咏钱锺书》，沉冰主编：《不一样的记忆——与钱锺书在一起》，页21。
③ "弟早年作诗，多刊落不存，其存稿者，琢改重叠"，《钱锺书复汪荣祖书》（1983年8月23日）。
④ 刘梦芙：《二钱诗学之研究》，页301、179。但钱仲联曾说："我不赞成饶宗颐，作诗填词数量多而创造性不大"，见卜志君：《高山流水话知音——钱仲联谈钱锺书》，沉冰主编：《不一样的记忆——与钱锺书在一起》，页42—43。"数量多而创造性不大"的诗人可以称"大"乎？又仲联诗果真无瑕可击乎？冯岂默有言："钱翁之作，未免太过剿袭，不能以换骨夺（脱）胎之论为之解嘲也。"钱翁者，仲联也，详阅冯岂默：《钱仲联诗与清诗》，《东方早报·上海书评》（2014年8月17日）。

不上唐、钱、饶诸辈的"碧海黄河"，只是"澄湖曲涧"而已。此论若借槐聚之言，真所谓"沾沾焉，自负诗眼之明，诗心之妙，实则悟入处殊少！"①其实，钱仲联的诗词虽然做得有板有眼，但他绝非"沉雄博大"之人，何来"沉雄博大"之诗？一偏阿私之见而已②。更何况无论"沉雄博大"或"高华玄远"，并非诗评的不二标准。钱仲联亦未必敢于承当此一阿谀，按荸孙固甚称冒孝鲁（叔子）的诗艺，有云："天之将大昌孝鲁之诗者，未有艾也，而岂仅吴吟之中兴而已。"③而孝鲁在巴黎归舟中邂逅钱锺书，一晤倾心，因结诗缘；之后，唱和不衰。叔子极赏槐聚诗，且自称钱诗胜己："我诗任意为，意到笔未至。君诗工过我，戛戛填难字。云龙偶相从，联吟吐幽思。"④再者，钱仲联引钱锺书为知己与恩人，并推重其学贯中外，且也"崇拜"中书君诗。梦苕虽于槐聚喜欢用典，以及论诗喜欢"挖脚根"似有微词，然斯乃见仁见智，无足轻

---

① 见钱锺书评清黄生说杜甫诗，《钱锺书手稿集·中文笔记》，第1册，页181。

② 刘梦芙《二钱诗学之研究》一书的题目虽是"诗学研究"，实包括二钱的所有学问，其文未尽对题。书中固然对钱锺书有些正面评价，但负面甚多，好像是说过好话之后，就叫肆意贬低与抨击。最不可解者，指责槐聚"刻薄"（真是不懂幽默的酸腐之言）却报之于毫无幽默感的"刻薄"之言，而于钱仲联则有褒无贬，独称之为先生，俨然完人，甚且于其人格上有争议之处，也刻意为之辩护，偏见显然，私情有害公心，岂不然欤？大违学术著作应崇尚的"以公心述"之旨。更何况钱锺书与钱仲联志趣虽然不一，但相互敬重，且仲联自称槐聚有恩于他与苏州大学；窃以为，尊崇梦苕者，又何必代行恩将仇报之事。

③ 语见钱仲联：《冒叔子诗稿序》，冒孝鲁：《叔子诗稿》（合肥：安徽文艺出版社，1992），页3。

④ 冒孝鲁：《马赛归舟与钱默存（锺书）论诗次其见赠韵赋柬两首》，《叔子诗稿》，页22。

重①。况槐聚原无意与人争胜，自谓作诗"只以自怡"②。然其诗
自有独特的风格，除石遗所谓槐聚"诗才清妙"之外，更见淋漓酣
畅，用典细腻，拟象比喻最为精彩，尤能状难状之景物，表难表
之情怀，达抽象之理念，颇得西方诗艺微意，故而予谓槐聚诗，
词恢音雅，气阔体正，格高韵远，非侪辈可及。早年《巴黎咖啡
馆有见》："评泊包弹一任人，明灯围里坐憪憪。绝怜浅笑轻颦
态，难忖残羹冷炙心。开镜凝装劳屡整，停觞薄酒惜余斟。角张
今夜星辰是，且道宵深怨与深"③，即已有新意境入旧格律之能
耐，不仅词藻清丽，而且写景生动，语带调侃而不虐，才情毕
见。中年遭遇国难，诗作哀感沉郁，确已"用思细入，运笔老
到"。诚如徐国能所说，槐聚诗当得"沉博绝艳"之评，为当世学
人之诗的代表④，槐聚于七律用力最深，而七律格调最称谨严，
故亦难工；槐聚以其天赋之聪慧、推敲之细致，遂能使其诗的内
质情富、声切、意深，而外形声韵美协、辞藻精简，又因其博
学，典故信手拈来而无雕凿之痕，对仗尤其稳妥自然，更由于稔
知西诗，意境至为宽广。所以槐聚精七律，鲜制大篇，未尝不能
称为大家？

　　槐聚之《谈艺录》论诗，敏锐透彻，洞察到由于美感、价值与
风格的转变，在不同的时代对诗有不同的评价。他指出六代三唐

---

① 参阅卜志君：《高山流水话知音——钱仲联谈钱锺书》，沉冰主编：《不一样的记
　忆——与钱锺书在一起》，页38、39、40—41、42—43。
② 语见《钱锺书复汪荣祖书》(1980年5月29日)。
③ 钱锺书：《槐聚诗存》，页14。
④ 徐国能：《钱锺书杜诗学析论》，《东吴中文学报》，第15期(2008年5月)，页110。

时代的人，并不高视陶渊明的诗作与文名，也不视其为重要的诗人，颜真卿仅赞美其志节，不及文词。刘勰名著《文心雕龙》根本不提陶渊明，钟嵘的《诗品》列陶诗为中品，仅称之为"隐逸诗人之宗"。陶渊明要到宋代才登峰造极，成为大家；然而宋之后，仍有人评陶诗"量不弘而气不胜"，足见品诗根本难成铁案①。槐聚诗若不刊落少作，敝屣自珍，又何尝不会有千首之多？他除了一再刊落不满意的作品之外，更改写旧作，不断推敲，其结果难道仍然仅仅是"澄湖曲涧"而已？爱尔兰大诗人叶芝（William Butler Yeats，1865—1939）重写其早年诗作，当有人批评时，叶芝回答说：

> 朋友们说我错了（The friends that have it I do wrong），
> 每当我重写一诗（Whenever I remake a song），
> 须知问题在哪里（Should know what issue is at stake）：
> 我是重写我自己（It is myself that I remake）。②

诗篇是由先天的禀赋与后天的磨炼荟萃而成，所谓"重写自己"即今非昔比，只能以今日之我改写昔我，所要留下的是诗人最好的创作成果，而不是诗人个人的历史记录，所以没有"窜改历史"的问题；修改旧作，使之更加完善，乃天经地义之事，删除不满意的作品，更无可厚非。槐聚自称："本寡交游，而牵率

---

① 参阅钱锺书：《谈艺录》，页88—93。
② 转引自 Elizabeth Drew, *Poetry: A Modern Guide to Its Understanding and Enjoyment* (New York: Dell Publishing Co., 1959), pp. 23-24。

酬应，仍所不免。且多俳谐嘲戏之篇，几于谑虐。代人捉刀，亦复时有。此类先后篇什，概从削弃。"①如果说，一首诗可以见证诗人的内心与外行，包括其"人格结构"（the structure of his personality）在内②，则槐聚早年的诗作正见证他的"本我"，故多"俳谐嘲戏"甚至"谑虐"之篇。他诗风的改变，未尝不可视为理智的"自我"战胜了原始的"本我"，也就是叶芝所说的"重写了自己"。事实上，"削弃"的篇什，当然不止游戏之作，也有少年时所写诉诸情绪的风情绮靡之篇。这些少作虽得到诗界前辈陈衍的赞许，但认为"多缘情凄惋之作"，希望他不要学汤卿谋与黄仲则等才子之作，虽富风情但并无深致③。故早年的"缘情凄惋之作"亦均在削弃之列。

槐聚早岁即已熟读中西歌诗，两相观摩，眼明如电，异同立见，截长补短，胸有成竹，故知中国抒情诗意识产生甚早，但几乎没有气势磅礴的西洋长篇史诗。他说"中国人有长城，却只有短诗"（The Chinese have a Long Wall, but short poems），因汉诗在结构上远较西洋诗精简紧密，用字遣句极为严格，字与韵在同一首诗里皆避重复，种种约束使吾国旧诗难能大规模展开而止于商籁体。吾华又素以铺陈排比为平淡无奇，不足为训。白居易诗老妪能解，未必是好诗，直如老妪所作，絮聒、细琐、滥情而结构松散。短诗讲究言有尽而意无穷，状难写之景，如在目前；含不

---

① 钱锺书：《槐聚诗存》，序，页 1。
② 参阅 Norman Friedman and Charles A. McLaughlin, *Poetry: An Introduction to Its Form and Art* (New York: Harper & Brothers, 1961), p. 3。
③ 陈衍：《石遗室诗话》（北京：人民文学出版社，2004），续编卷 1，页 549。

尽之意,见于言外。无声而胜有声,诸如"此中有真意,欲辩已无言""但见泪痕湿,不知心恨谁",有余音绕梁,玩味无穷之妙。诗者,持也,是一种控制情绪的艺术。中国诗的清警简短、隐逸轻快,足称"经典",而此特色殊不宜由西方尺度衡量,盖履不可适足也①。

　　五四新文化运动对中国传统文学的冲击甚巨,造成新旧之间的"断层"(rupture),古典旧诗横遭批判,但槐聚认为那些批评多失之肤浅,旧诗之失,不在其形式,而在于若干内容。相对而言,中国旧诗缺少"爱情诗"(love-poetry),所有的爱情诗多般是表示夫妻间爱慕的"情欲诗"(amatory verses),几乎完全找不到表达男女相爱相悦激情之诗,显因历史悠久的宗法社会过于压抑强烈的感情之故。诗圣杜甫明显没有爱情诗,诗仙李白开放得多,虽曾讨好女性,但是仅视女性为其生活的一部分,在他的诗里,女人多般只是他的伴侣。李商隐以"情欲诗"闻名,但所表现的是"做爱"(love-making)而非"爱"之本身,然凭其完美的技巧谱成富丽的诗篇,已达到令人惊艳的效果,后人难能超越。李商隐的"春蚕到死丝方尽,蜡炬成灰泪始干",只道出诗人爱到死而后已,避开了爱到死的疯狂内容,遂掩盖了赤裸裸的情感,成为中国"情欲诗"的传统。槐聚进而指出,这些"情欲诗"大都是事后的追忆,事过境迁,既往的韵事已经渺茫,感情亦不复强烈,只不

---

① 参阅 Qian Zhongshu,"Chinese Literature,"in *A Collection of Qian Zhongshu's English Essays*,pp. 284-289。

过是表示诗人的无奈而已。槐聚认为这与男女性别不平等的传统
有关①。到了讲求"性理"与"道学"的宋代,爱情诗自然更少,而
且"数目不多的爱情诗都淡薄、笨拙、套板"②。他有鉴于此,特
地运用宋明理学家言写情诗,若谓"除蛇深草钩难着,御寇颓垣
守不牢",理障未尝不能克服,只是难度极高,不愧自称"用理学
家语作情诗,自来无第二人"也③。

　　已故美国斯坦福大学汉学教授刘若愚曾指出,中国的爱情诗
从《诗经》起到元明两代虽所在多见,然若愚亦通晓西诗,故也
洞见中西之异,足以呼应钱说。若谓中国咏爱情的诗,方面虽
多,诸如初次惊艳、思念意中人、忐忑不安、甜蜜狂喜、失恋
苦果,以及生离死别,不一而足,但中国人"不会爱到不顾道
德"(does not exalt love as something absolute that frees a person in
love from all moral responsibilities),所以中国的爱情观是"既敏感
又实际"(sensible and realistic),极少见柏拉图之爱,爱情有其价
值,但不能凌驾其他的价值之上④。

　　槐聚尝言,其师吴宓的诗集,爱情诗倒是一大特色,虽偶有
佳句,但"诗体松散"(slipshod versification)、"句法迟滞"(costive

---

① 参阅 Qian Zhongshu, "On Old Chinese Poetry," in *A Collection of Qian Zhongshu's English Essays*, pp. 13–16. 此文初发表于 *The Chinese Critic*, VI(1933)。
② 钱锺书:《宋诗选注》,序,页8。
③ 语见吴忠匡:《记钱锺书先生》,李明生、王培元编:《文化昆仑——钱锺书其人其文》,页45。
④ 参阅 James J. Y. Liu, *The Art of Chinese Poetry*(Chicago: University of Chicago Press, 1966), pp. 57–58。

*diction*）、"结构粗糙"（*rugged and harsh texture*）①，不可能写出很好的爱情诗。槐聚本人早年的爱情诗或情诗，似也未能有所突破，固然由于他个人的爱情似乎很快由绚烂归于平淡，没有可以表达的激情，既平淡无奇，不如不写，或亦因受传统的格局所限，别具风格，不宜表达西式爱情。然而晚年应杨绛之请，为她想写的小说代拟七首情诗，亟写爱情而一发不可收拾，相思缠绵，以至于忏情绝望，遗恨绵绵。这七首情诗可说是《槐聚诗存》的压卷之作，以六言开笔，写爱情之"疏疏落落""脉脉憧憧"，难以捉摸，"心如荷叶"，而爱情如叶上水珠，稍纵即逝。情人匆匆相见就先要为分别担忧，连相聚也不得尽兴；急切求欢后，瞬即转成烦恼。他以"雪被冰床"来比喻逆境，仍愿共度"永夜"，象征黑夜中的洁白；他以"云阶月地"来比喻顺境，然秋天的萧瑟会突然降临仙境。他用徐甲传语老子负债的典故，点出情债之重，足可"成骨成灰恐未休"，强调情与恨之绵绵无有尽期。第三、四两首亟写情侣相思之苦，"春还不再逢油碧，天远应难寄泪红"。晏殊《寓意》："油碧香车不再逢"，春天虽还，美人的油碧香车却不再相逢；美人薛灵芸别父母，泪下沾衣，以玉唾壶盛泪，壶中泪凝如血，用典妥当，意象新警，词藻富丽。下一个对句是："炼石镇魂终欲起，煎胶续梦亦成空"，情魂之难镇与旧梦之难续，两义正反而同归于无比的惆怅。"炼石"与"煎胶"相对也皆具出处，司空图《短歌行》有云："女娲只解补（炼石）青天，不解煎胶

---

① 参阅 Qian Zhongshu, "A Note on Mr. Wu Mi and His Poetry," in *A Collection of Qian Zhongshu's English Essays*, pp. 78–79.

黏日月"，意象更是新警。"折花虽晚未辞枝"其比喻情意难了，不啻义山"春蚕到死丝方尽"的推陈出新，更似"已死春蚕未尽丝"（旅台诗人周弃子句）。往事过眼烟云，容易过去，但心事永在，"依然一寸结千思"。"休凭后会孤今夕，纵卜他生失故吾"，一反前人诗意，特出新解，强调今夕之我，无论"后会"与"他生"都是虚言。慧剑难斩情丝，亦无效果，"春脚忘疲又却回"，春天有脚，故能回来，用词绝妙。"忘疲"比喻生动，死灰又复燃矣！相思比作流水，与逐波激荡，相催不已，意象顿兴。"梦魂长逐漫漫絮，身骨终拼寸寸灰"，以梦魂逐絮形容思念之漫长，衬托身体终灭而精神长存，所以最悲哀的是心死。他回顾少年时所作的那些情诗，都不值得留存，"聊作空花撩眼看"，狂热的爱情毕竟是短暂的："魂即真销能几剩？血难久热故应寒"，所以不能"同梦"的"长恨"往往是由于追求"短欢"，而他自己却清心寡欲而心安理得[1]。槐聚晚年代拟的情诗，用字精微，雕凿细腻，比喻生动，而又运典不僻，读之感人，其中所含"哲理"尤为其少作所不及，故虽是情诗，已臻佳境，大有沉郁悲凉之慨。杨绛读后固然感到"韵味无穷，低徊不已，绝妙好辞"[2]，解诗者必更能体会槐聚诗学之能耐，非大家云何？

　　槐聚经过长期人生的阅历，慧眼洞察人心之细微，自更能旁探男女间爱情的奥秘。他又曾熟读西洋诗篇，对于彼邦诗家重"诗艺"（the art of poetry），亦即修辞之技巧、用字遣句之精审、

---

[1] 详阅钱锺书：《代拟无题七首》，《槐聚诗存》，页 144—145。
[2] 杨绛：《〈代拟无题七首〉缘起》，钱锺书：《槐聚诗存》，页 143。

比喻与节奏之讲求，感受特深，而轻诗教之修性感化。他说"诗者，艺之取资于文字者也。文字有声，诗得之为调为律；文字有义，诗得之以侔色揣称者，为象为藻，以写心宣志者，为意为情。及夫调有弦外之遗音，语有言表之余味，则神韵盎然出焉"①，颇能阐释英国诗人及诗评家柯勒律治（Samuel Taylor Coleridge，1772—1834）所谓"最佳字句的最好安排"（the best words in their best order）。槐聚重视比喻，也在呼应美国诗人弗罗斯特（Robert Frost，1874—1963）所谓"写诗莫尚于比喻"。西方诗家以为，比喻出自内心对不同事物之间相同处的发现，而后形成的新见②。诚如槐聚所说，事物不止一性一能，所以"一事物之象可以孑立应多"，如月有圆形，故可喻为"镜"或"轮"，月又有明亮之意，故亦可喻为"目"，苏东坡诗："看书眼如月"，非眼如月形，而是如月之明③。又如以"蚌病成珠"比喻诗之难产④，以"明珠有泪"喻凝珠似泪，更以珠之光圆比喻诗作琢磨光致之余，尚须真情流露⑤。槐聚于炼字、章法、兴象、意境等颇得西方启发，断非未涉西学者所能想象，而意象比喻尤能中西兼通，而后将之严格纳入中国旧诗的严谨规范之中，如对仗与用典之属。他爱写七律，正因七律特别讲究声韵与对仗；考验诗艺之高低，实以七律为最。

---

① 钱锺书：《谈艺录》，页 42。
② 参阅 Drew, *Poetry*, p. 52。
③ 钱锺书：《管锥编》（一），页 67—68。
④ 钱锺书：《诗可以怨》，《七缀集》，页 122。
⑤ 钱锺书：《谈艺录》，页 437。

　　槐聚早已观察到，在中国旧诗里也罕见深具哲理玄思的诗，少从想象的高度探索生命的问题。对于自然美景，也是观赏多于洞察。陶渊明的怡然自得，有欠神秘的沉思；陶公的孤松与秋菊，殊不如水仙与玫瑰之能给予英国浪漫派诗人华兹华斯（William Wordsworth，1770—1850）的神圣感。人生苦短，及时行乐，亦不在深思人生。刘若愚也看到中国咏自然的诗人如陶潜、王维有异于华兹华斯。中国人的心态不以自然为上帝的化身，而视为存在的事实，为大千世界的一部分，故"不去追寻其渊源"（without searching for a primum mobile）①。西洋人的心态则是体验置身于时空内的经验，进而探索自然界的奥秘。相对而言，中国诗人缺少宁静沉思的心态。

　　李白作仙游之乐，过于人性化，仙人多半是人物的化身，故乏神秘的语汇与象征。李白可以制造神秘，却难以被视为"神秘主义的诗人"（a mystic poet）。老杜咏春诗有句曰："细推物理须行乐，何用浮名伴此身"，也是享乐而非沉思。人生苦短，及时行乐，亦不在深思人生，偶然引起的悲悯遐想，过于浮散而难以凝聚成为"精神景观"（spiritual outlooks）。是故中国的自然诗长于"视觉"（sight）而逊"识力"（insight），以至于不能超脱被动的观察。总之，中国旧诗人的心态使中国文学缺乏静思默想的诗，也少见带有神秘主义色彩的诗。槐聚的批评并无损于中国旧诗之风雅，苹果与桃子无从相比，两者各有其短长，不能一概而论。

　　槐聚诗常被认作宋诗，而其本人并不全以为然，或因其喜作

---

① James J. Y. Liu, *The Art of Chinese Poetry*, p. 49, cf. p. 47.

具有哲理诗之故，若谓"理之在诗，如水中盐、蜜中花，体匿性存，无痕有味，现相无相，立说无说"①，恰与宋诗之重理趣相吻合。槐聚视野广阔，早年即知宋诗之重理趣固不及先秦，与西方相比，更觉其"轻"。他洞悉宋人"好奇"（inquisitive），而欠"思索"（speculative），喜窥探而无神秘感，因而不免有平淡无奇、索然无味的感觉②。槐聚见识之高如此，岂能自囿于两宋理趣？

更何况宋诗也不能一概而论，北宋大家苏东坡并不与其时代精神相符，如其憎恶当时盛行的道学，认为是"良知与道德不合理的夸张"，而主自然，将艺术品转化为艺术家的心灵。槐聚因曰："宋人以自然为教条，而东坡以自然为性格。"（whereas the Sung philosophers are only naturalistic in creed, Su is naturalistic in character.）③南宋两大家陆游（放翁）与杨万里（诚斋）风格绝异，即以放翁之冠冕两宋，槐聚更欣赏诚斋之"眼明手捷，踪矢蹑风"，并以为"放翁之不如诚斋，正以太工巧耳"④。槐聚于笔记中更推崇杨万里备至，若谓"诚斋精究性天，盖以理学家之胸兼诗人之手眼，故无往而不自得，无语而不尽畅，诗人无理障为真理学"⑤。槐聚之胸怀与志趣于此自见。

然而，槐聚熟读旧诗之余，与洋诗相比，知旧诗往往流于应

---

① 钱锺书：《谈艺录》，页231。
② 语见其1935年发表的"Forward to the Pros-poetry of Su T'ung-p'o," in *A Collection of Qian Zhongshu's English Essays*, pp. 43，46。
③ 语见 Qian Zhongshu, "Forward to the Pros-poetry of Su T'ung-p'o," in *A Collection of Qian Zhongshu's English Essays*, pp. 42，49。
④ 钱锺书：《谈艺录》，页118。
⑤ 阅《钱锺书手稿集·中文笔记》，第2册，页454—455。

酬陈腔，如宦游、唱和诸篇，有失真性情，略乏风人雅致，但旧诗绝非不如洋诗，实各有千秋。旧诗固有不及洋诗之处，然亦有其宝贵的独特风格，如"轻快"（airy）、如"优雅"（graceful）①，固不能"责怪苹果树长不出桃子"（reprove apple-trees for not producing peaches）。他喜爱旧诗，所以不惜将固有的传统刻意经营，如其自述：

> 其后游欧洲，涉少陵、遗山之庭，眷怀家国，所作亦往往似之。归国以来，一变旧格，炼意炼格，尤所经意，字字有出处而不尚运典，人遂以宋诗目我。实则予于古今诗家，初无偏嗜，所作亦与为同光体以入西江者迥异。倘于宋贤有几微之似，毋亦曰唯其有之耳。自谓于少陵、东野、柳州、东坡、荆公、山谷、简斋、遗山、仲则诸集，用力较劬。少所作诗，惹人爱怜，今则用思渐细入，运笔稍老到；或者病吾诗一"紧"字，是亦知言。②

这段自述由吴忠匡于蓝田师院时记录，当年槐聚风华正茂，于抗战艰苦时期，诗风既变，而后定型，晚年编录诗集，自不取未变前之少作，所以《槐聚诗存》所存者，皆其自许之什。少作如

---

① Qian Zhongshu,"On Old Chinese Poetry,"in *A Collection of Qian Zhongshu's English Essays*, p. 21.
② 引自吴忠匡：《记钱锺书先生》，牟晓朋、范旭仑编：《记钱锺书先生》，页136—137。

《壬申年秋杪杂诗并序》①，误以为失恋而作，伤心欲绝，于"情"固有纪念价值，所以杨绛说往事时，由吴学昭录下十首中之六首②，然就"艺"而论，句如"巫山已似神山远，青鸟辛勤枉探看""如此星辰如此月，与谁指点与谁看"，不免套用义山陈句，而少创发，其存弃之间，显以艺为重。《诗存》所存赠妻女之作，虽格调谨严，但温婉自然，极富情致，又能推古出新，多怡然自得之句，如1941年自蓝田所写《上元寄绛》七律："上元去岁诗相祝，此夕清辉赏不孤。今日仍看归计左，连宵饱听雨声粗。似知独客难双照，故得天怜并月无。造化宁关儿女事，强言人厄比羁苏"③，以天怜其孤独，今夕无月，故不能双照，反衬思念之苦、殷盼之情，含蓄其中。

　　槐聚所存感事伤时之作，往往更加沉郁悲慨。所谓"涉少陵、遗山之庭，眷怀家国，所作亦往往似之"，确实如此，因与其所处战乱忧国之时代略同。1937年所作《读杜诗》有句曰："饿死万方今一概，杖藜何处过苏端"④，即此心情。槐聚诗以七律为多，而杜诗乃七律之冠冕，古来诗家不涉少陵门庭者几稀？槐聚自亦不能例外。《诗存》中《哀望》《将归》诸篇写日寇侵华之痛，则有金代元好问作品的影子，句如"白骨又多兵死鬼，青山元有地行仙。西南三月音书绝，落日孤云望眼穿"⑤；又如《故国》一首中

① 见《国风》，第3卷第11期(1933)，页56。
② 吴学昭：《听杨绛谈往事》，页81—82。
③ 钱锺书：《上元寄绛》，《槐聚诗存》，页64。
④ 钱锺书：《读杜诗》，《槐聚诗存》，页21。
⑤ 见《元遗山诗集笺注》，卷8，页19下。

之"故国同谁话劫灰，偷生坯户待惊雷"中之"坯户"一词，也采自遗山的《秋夜》诗："九死余生气息存，萧条门巷似荒村。春雷谩说惊坯户，皎日何曾入覆盆"①，都是异代同声的国破家亡之痛；更不必说，"槐聚"之号，典出元遗山《眼中》一诗："枯槐聚蚁无多地，秋水鸣蛙自一天。"②

槐聚诗一变旧格之后，益为精练，也是事实。他写诗所下的功夫的确愈来愈深，其中甘苦可略见之于两首用意深刻的高雅律诗：

> 七情万象强牢笼，妍秘安容刻划穷。
> 声欲宣心词体物，筛教盛水网罗风。
> 微茫未许言诠落，活泼终看捉搦空。
> 才竭只堪耽好句，绣鞶错彩赌精工。
>
> 出门一笑对长江，心事惊涛尔许狂。
> 滂沛挥刀流不断，奔腾就范隘而妨。
> 敛思入句谐钟律，凝水成冰截璐方。
> 参取逐波随浪句，观河吟鬓赚来苍。③

人人熟知，欲求佳句，须讲究情动于中，感发而出，故先能感之，始能写之。槐聚最重诗的抽象思维，故颇欣赏法国神甫白瑞蒙（Henri Brémond，1865—1933）的"诗醇"之说，以"诗秘"与

---

① 见《元遗山诗集笺注》，卷8，页25下。
② 见《元遗山诗集笺注》，卷8，页27下。
③ 钱锺书：《少陵自言性癖耽佳句有触余怀因作》，《槐聚诗存》，页76。

"神秘"并举，而后者犹高于前者，讲求隐晦、含蓄、神秘、妙悟，而不必言之有物①。此说强调心灵的升华，需要更多的体会，"诗中蕴难传之妙"（l'expression de l'inéffable），甚得槐聚之心，认为白氏《诗醇》乃"摛华之书也也"，"陈义甚高，持论甚辩"②。这种空灵神秘的境界，正可与严羽所谓"空中之音，相中之色，水中之月，境中之象。言有尽而意无穷，一唱三叹之音"相呼应；槐聚以神韵为诗中最高境界，也就不足为异③。然而诗境并非只能体会，不能理解，更非有"情"无"理"，其理"如水中盐、蜜中花"，庶几"冥合圆显"④。心物交感而后情动，激发之情则须牢而笼之，始为己有。大匠仍少不了规矩，"刻画"感发之情，更须穷尽技巧之能事，因欲以美词宣泄心声，其难不下于"以筛盛水""以网罗风"。飘逸微茫之抽象思维，尤难落实于言词；活泼之形象，更难捉摸。当江郎才尽时，只能在字句上下功夫，即"赌精工"是也。槐聚以长江的滚滚波涛来形容创作之心的激动与不安，"滂沛"的思绪无从切断，想要表达的心意，上下"奔腾"，难受拘束，所以欲将诗情就范，合乎格律声调，必须具有"凝水成冰"的本领，能将冰裁截成为璐石般晶莹剔透的美玉。"参取逐波随浪句，观河吟鬓赚来苍"两句，也有出典："随波逐浪"，谓随物应机、不主故常；观河鬓苍，佛语波斯匿王观恒河自伤发白面皱。

---

① 参阅 Henri Bremond, *La poésie pure, avec un débat sur la poésie par Robert de Souza* (Paris：Bernard Grasset, 1926)；郭宏安：《钱锺书与白瑞蒙》，丁伟志主编：《钱锺书先生百年诞辰纪念文集》，页77—101。

② 钱锺书：《谈艺录》，页270、268。

③ 钱锺书：《谈艺录》，页275。

④ 钱锺书：《谈艺录》，页230—231。

槐聚此两律借诗论诗，正如其所解读的李商隐《锦瑟》诗的对句，"庄生晓梦迷蝴蝶，望帝春心托杜鹃"，"言作诗之法也。心之所思，情之所感，寓言假物，譬喻拟象；如庄生逸兴之见形于飞蝶，望帝沉哀之结体为啼鹃，均词出比方，无取质言"①。解诗名家叶嘉莹说，槐聚此诗"把极其难于言说的'能感之'与'能写之'的两种诗之素质，用如此精美而工整的形象化之言语表出，真可谓是绝妙之作"。叶氏曾感慨杜甫所开创的超脱的意象诗境，如《秋兴》第八首有句曰："香稻啄余鹦鹉粒，碧梧栖老凤凰枝。"《秋兴》即近人胡适也不能欣赏，斥为"难懂的诗谜"。然叶氏却颇欣赏杜甫"意象化之感情"，更惜老杜此一境界，仅有李商隐承袭而后继乏人，更谈不上发扬光大②。杜甫亦因而仅被尊奉为"北宗"的"诗王"，不知子美原具"南宗"的潜力③。崇尚简约与含蓄，以及超越现实意象的"南宗"特色，正是槐聚视为诗艺的最高境界，早年即具远见，开风气之先，自谓"四十年前，仅窥象征派冥契沧浪之说诗，孰意彼土比来竟进而冥契沧浪之以禅通诗哉"④。

叶嘉莹提到钱诗因才性之故，下笔不免"矜持"，雕凿工整有余，而稍逊博大浑涵⑤。叶氏所谓才性之外，亦涉及不同时代的

---

① 钱锺书：《谈艺录》，页436。

② 叶嘉莹：《杜甫秋兴八首集说》（石家庄：河北教育出版社，1997），代序，页49—51、55。

③ 近人有言，杜诗似不能为"北宗"色彩所"框限"，见徐国能：《钱锺书杜诗学析论》，《东吴中文学报》，第15期（2008年5月），页102。虽不能"框限"，但杜诗仅具南宗潜力，远不足以夺北宗色彩，也不能改变钱锺书所说中国文学史上诗尚北宗的事实。

④ 钱锺书：《谈艺录》，页596。

⑤ 参阅叶嘉莹：《从中国诗论之传统与诗风之转变谈〈槐聚诗存〉之评赏》，汪荣祖主编：《钱锺书诗文丛说：钱锺书教授百岁纪念国际学术研讨会论文集》，页15。

诗风，当时名家如沈子培、陈石遗辈以思致工力取胜者多，浑涵
发扬者少。槐聚诗论固然观照古今，然其吟咏落笔之际，亦自然
而然以用典巧对取胜。中国旧诗有严谨的格律与声调，诗的形式
（form）犹如门禁森严的宫墙，难以逾越，故诗家必须在有限的范
围内施展身手，所谓从心所欲而不逾矩；为了丰富内涵，必须用
典，然用典要能不为典所困。能诗的钱仲联曾说，不喜欢钱锺书
爱用典故，因为"如果一句一句都有来源，卖弄典故，就不需要
创造了"①。钱仲联的意思当然不是反对用典，而是批评钱锺书
"卖弄典故"，没有创造性。"一句一句都有来源"是否可能，暂且
不表，槐聚深知钟嵘所谓之"句无虚语，语无虚字"之"贵用事"
"殆同书抄"，要能"点瓦为金""点铁成金"，东坡、山谷、荆公，
皆如是②，亦皆"卖弄典故"者。盖"卖弄典故"不仅需要学问，也
须有巧思，用典未必不能推陈出新而有所创发。槐聚读书之多、
腹笥之广，信手拈来，势所必然，其诗句虽多有出处，然能点化
古典，成为由我所用之新意象，能脱俗入雅，翻奇为正。1973 年
槐聚《再答叔子》诗首句有云"四劫三灾次第过，华年英气等销
磨"③，"四劫三灾"用佛经"成、住、坏、空"四劫，"水、火、
风"三灾，以古语达今情，未必是实记。故用典之道，在乎善用；
若无典故作为基础，何来创造？槐聚亦有"不尚用典"之言，但非
不用典，而不以运典为尚；他运典虽多，然运之妥帖自然，如东

① 卜志君：《高山流水话知音——钱仲联谈钱锺书》，沉冰主编：《不一样的记忆——
　与钱锺书在一起》，页 42。
② 参阅钱锺书：《宋诗选注》，页 155—156。
③ 钱锺书：《再答叔子》，《槐聚诗存》，页 131。

坡所言"行云流水""泉源涌地",致能"行于所当行,止于所不可不止"①。然则槐聚深明典故不能堆砌,切忌"押韵的文件"、将"抄书当作诗"。他的长处就是善于用典,虽然几乎无一字无来历,自称"拙诗修辞甚保守,无字无来历之积习颇深"②,然无损创意。槐聚诗以学问见长,并无碍作诗。《沧浪诗话》有云:"诗有别才,非关书也;诗有别趣,非关理也;然非多读书多穷理,则不能极其至。"前人或截取前四句,以为学诗者不必读书,实有负沧浪周密之言③。诚如槐聚所说,

> 今日之性灵,适昔日学问之化而相忘,习惯以成自然者也。神来兴发,意得手随,洋洋只知写吾胸中之所有,沛然决肺肝所流出,人己古新之界,盖超越而两忘之。故不仅发肤心性为"我",即身外之物、意中之人,凡足以应我需、牵我情、供我用者,亦莫非我有。④

斯乃槐聚运典之妙,足见其学思两忘,启益神智,例如《哀望》一首用典繁多,"白城"典出南京旧名"白下","鬼哭吞声"出自杜甫的《兵车行》与《哀江头》,包含了"新鬼烦冤旧鬼哭"与"少陵野老吞声哭"的意象,增强抗日战乱时期的悲戚感。用司马迁《报任安书》所云:"死有重于泰山,或轻于鸿毛",论定"重死"

---

① 见钱锺书:《宋诗选注》,页99。
② 语见《钱锺书复汪荣祖书》(1991年1月15日)。
③ 钱锺书:《谈艺录》,页207—208。
④ 见钱锺书:《谈艺录》,页206。

胜过"轻死",再化李商隐《马嵬》诗句,语带消极的"他生未卜此生休",为积极的"纵卜他生惜此生",显然不受原典所限,实已增饰原意,运此两典且以生死相对仗,而意涵既辩证而又彼此呼应。以"赍恨入冥"之典写身殁而此恨难销,用《列子》"天积气耳"之句,亟写亘古以来天地之无情。最后用《尚书》"火焱昆冈,玉石俱焚"句,道出眼前贤愚同尽的惨状,并借庾信的《哀江南赋》点出日寇入侵的江南,铁蹄纵横,哀鸿遍野。几乎每句都有出典,但并非旧典的排比与累积,而是推陈典出新意,古为今用,化合成诗人当时面临的"哀望"。又如《将归》七律之用典,更多变化,如"浮桴妻女幸相依"一句,反原典《论语》子曰:"道不行,乘桴浮于海"之意,谓客居海外的钱家三口正束装回国,不是"浮海",而是"归国",运用之妙,皆操之在我。此律颔联引《续齐谐记》书生脚痛,求寄阳羡人之鹅笼,以感叹自身无"笼"可以寄身,只凭一己之步步向前。他于启程之前,想到鹅笼掌故,可谓奇警;遂即以"笼鹅"与"化鹤"相对仗,上下联相辅相成,点明"将归"的题意。既将归也,自然会想到父母,遂借《左传》杜预注"夏日可畏",以喻其严父,而以孟郊《游子吟》"报得三春晖"之句,喻家中慈母,"夏日"与"春晖"相对应而又极其工整,合而为严父慈母,用典自然,略无斧凿之痕。就当时所处之情景而言,"夏日"未尝不可指入侵之日寇,"春晖"指哺育自己的祖国,亦能相对。"将归"之主题,也会使人联想到陶渊明在《归去来兮辞》中的"田园将芜胡不归"名句,然而陶潜尚可"实迷途其未远,觉今是而昨非",而他自己于劫后(日本侵华之后),已无田园可归，自注其时其"母、妹等时避难流寓于沪"，均为写实①。运典之外，又富比喻，既清新而又妥帖，如"笼鹅""化鹤"之喻。于此可见槐聚诗典喻繁富，新意迭出而自然，对仗与声调之经营，又极工妙、谨严，何啻千锤百炼、点铁成金，诗艺之高超又何让其侪辈中之所谓"大家"乎？

然钱诗绝非刻意雕凿之作，其性情也不喜以幽深孤峭为尚的竟陵体，曾评傅青主之《霜红龛集》诗曰，"中竟陵之病而变症加厉者也"，并说"牧斋斥竟陵为鬼，青主则魔矣！"②而喜天然之态，如在英国《牛津公园感秋》七绝四首之二："绿水疏林影静涵，秋容秀野似江南。乡愁触拨干何事，忽向风前皱一潭"③，运典浅显而深情自然流露其中。他曾说"夫人禀性，各有偏至。发为声诗，高明者近唐，沉潜者近宋"④。他自知"人遂以宋诗目我"，说此话七十余年来，评论者包括叶嘉莹在内，也多视钱诗为宋体。其实宋诗重理致，槐聚更尚神韵，深知宋人常误解唐诗，即黄山谷学杜甫也未得神髓⑤。他早已申明"予于古今诗家，初无偏嗜"，并列举用力最深的古今诗家，唐宋皆有。刘永翔所谓"钱公之诗已唐宋两忘，自成一体"⑥，可谓知言。刘氏也能见及钱诗发挥了"诗可以怨"的功能，然而"怨而不怒""哀而不伤"，与陈寅

① 见钱锺书：《槐聚诗存》，页23。
② 钱锺书：《钱锺书手稿集·中文笔记》，第1册，页91。
③ 钱锺书：《牛津公园感秋》，《槐聚诗存》，页9。
④ 钱锺书：《谈艺录》，页3。
⑤ 参阅钱锺书：《钱锺书手稿集·中文笔记》，第1册，页181。
⑥ 刘永翔：《读〈槐聚诗存〉》，冯芝祥编：《钱锺书研究集刊》，第一辑(上海：上海三联书店，1999)，页104。

恪诗之"怨而怒""哀而伤"恰成有趣的对比:一个"哀以思",一个"怨以怒"。史家陈氏诉诸感情,而文学家钱氏反重理智[1],诚为绝妙的异趣。唯诉诸感情,较易动人心弦、引人节叹、博人同情,以及赢人喝彩。

槐聚讲究诗之格律,而近体诗中七律尤严,故于 1991 年读到其师叶公超所写长句,即流传颇广的《和好友郭则生》那首:"黄帽西风白马鞍,登临却笑步为难。归林倦鸟知安隐,照眼斜阳未觉残。欲借丹霞弭往辙,不因险巇乱心坛。青山翠竹凌霜节,乐与游人夹道看。"[2]他读后颇感诧异,因有如下的评论:

> 叶师晚年书法尚能入格,但旧诗则实未入门,此律实在疵瑕百出。一句"黄帽西风白马鞍",以三件物事"Thrown together in a sort of verbal Irish stew"(按:意谓乱七八糟,一锅煮),全不贯串,且白马之鞍乎?抑如人黄帽之为白马鞍乎?观下句"登临却笑步为难",方知其言骑马游山,则至少白字须易为据字,才见诗中有人作主,"步为难"三字不通,言步行难也,"为难"两字乃"cast-iron idiom"(按:意谓硬性成语,不能混用)刁难、作难之意,此为仄声字,本处都用平声字,原句失拈矣。"欲借"句不甚通,"弭"字尤不通,"心坛"两字杜撰,丹霞与险巇,往辙与心坛如何可成对偶,令人思及林之洋之以"鸟枪打"对"云中雀"。险巇只能说惊

---

① 详阅刘永翔:《读〈槐聚诗存〉》,冯芝祥编:《钱锺书研究集刊》,第一辑,页 104—107。
② 叶诗见符兆祥:《叶公超传》(台北:懋联文化基金,1993),页 295。

心、动心、怖心；美艳富丽等则可言乱心。古文、古诗用字讲究处，近人为学者都不解矣。游人而曰夹道，大似"rent-a-crowd"之欢呼群众矣（按："借来的群众"，非自发也，冷隽之嘲讽也）。叶诗"自铸伟词""自乱心坛"，verse or worse 而已。①

　　此评透露槐聚对旧诗欣赏的标准，基本技巧必须遵守，举凡堆砌成典，略无创发，已不足取，至于声韵失调，对仗不工，自铸伟词，便不能称入门。槐聚仍尊叶为师，然不为师隐。槐聚诗评除重视技巧之外，更重修辞，更看重内容与风格，如评明人学杜无神无骨，"衣冠优孟"②，毫不假借。其于私下笔记中所写之诗评，更为恣肆，如谓翁方纲《复初斋集外诗》"全仗工夫撑持"，"而乏真情意、真气骨"，"议论纠绕而不透澈，描摹细切而不生动，笔致铺叠，了无振警，于堆垛化为烟云之旨，概乎未闻。五七古、七绝写风景之作，较可讽耳"③。所以槐聚认为，全仗修辞技巧，仍不足以言好诗。晚清桐城诗脉中之范肯堂（伯子）诗，近人如吴汝纶、陈散原等推重备至④，然槐聚直言"最不喜范伯子诗，尝谓'叫破喉咙，穷断脊梁'八字可为考语。学山谷而不博炼，学退之而乏浑厚。盖无书卷无议论，一味努力使气，拖沓拈

---

① 引自《钱锺书复汪荣祖书》（1991 年 11 月 6 日）。
② 钱锺书：《谈艺录》，页 172。
③ 钱锺书：《钱锺书手稿集·中文笔记》，第 1 册，页 298。
④ 参阅寒碧：《重印晚清四十家诗钞序》，吴闿生评选：《晚清四十家诗钞》（杭州：浙江古籍出版社，2006），页 6—11。

弄"①。其所以不喜亦非修辞技巧，而是内涵不足，风格卑下。槐聚有一诗专讲作诗的道理，值得一提：

> 寻诗争似诗寻我，伫兴追逋事不同。
> 巫峡猿声山吐月，灞桥驴背雪因风。
> 药通得处宜三上，酒熟钩来复一中。
> 五合可参虞礼谱，偶然欲作最能工。②

　　诗人寻诗，苦思冥想，但奇妙的是，有时外界的诗意也会借诗语授予诗人。颔联点出诗人如何借景感发，巫峡又称明月山，梅尧臣《夜行忆山中》有言："低迷薄云开，心喜淡月吐"；《北梦琐言》记郑綮言："诗思在灞桥风雪中驴子上"，言诗要有景才能生情。颈联言作诗的功夫，灵感来时可以三上，即马上、枕上、厕上，饮酒更能感发诗心③。最后说写诗固然要中规中矩，如五行之合宜，但最好的诗不是刻意求工所能写成的。换言之，亟言灵感对创作之重要。

　　槐聚深知写诗难于作文，有引谭元春《东坡诗选序》"文了然丁心，又了然丁手；诗则了然丁心，犹不敢了然丁口，了然丁口，犹不敢了然于手者也"，得心应手大不易也，故虽大家如苏

---

① 钱锺书：《钱锺书手稿集·中文笔记》，第 1 册，页 193。
② 钱锺书：《寻诗》，《槐聚诗存》，页 107。
③ 详解参阅赵伯陶：《寻诗与灵感——读钱锺书〈寻诗〉诗》，《钱锺书研究》，第三辑（北京：文化艺术出版社，1992），页 97—113。

东坡亦不免"诗不如文，文通而诗窒，文空而诗积"①。吾华旧诗尤忌陈腔滥调，如谓清初龚鼎孳《定山堂诗》"陈言套语，肤率重叠"②，类此诗作皆"苦无真性，大抵只有四套：一宦游，二名士，三禅和，四脂粉。（除此）四者外，无风人之致矣"③。

槐聚亦重诗人的风骨，当陷身敌伪时，其志行高洁，坚拒同流合污，见诸凛然的《剥啄行》古风，如谓"彼舟鹢首方西指，而我激箭心东归"④，表出道不同不相为谋；但对汪精卫《双照楼诗词》的评价甚高，固不以人废言，说是"扫叶吞花足胜情，巨公难得此才清"，意谓汪氏诗词极富感情，居高位的政治人物，难得有如此才华，更知汪诗之佳，由于其愁苦之深，故有"莫将愁苦求诗好，高位从来谶易成"⑤，颇有惋惜之意。另一首诗则是惜黄秋岳的诗才，秋岳父子于抗战爆发后因通敌之嫌被处决，但其诗文安雅有致，句如"绝艳似怜前度意，繁枝犹待后游人"，为识者所激赏，陈寅恪亦叹曰："乱世佳人还作贼，随花圣解幸余灰"⑥，槐聚也认为"失足真遗千古恨"，然而"性毒文章不掩工"，很想"细与论诗一樽酒"，但是"荒阡何处酹无从"⑦。陈、钱两大家皆

① 钱锺书：《钱锺书手稿集·中文笔记》，第1册，页100引谭元春《东坡诗选序》中转述他人言。
② 钱锺书：《钱锺书手稿集·中文笔记》，第1册，页267。
③ 钱锺书：《钱锺书手稿集·中文笔记》，第1册，页108引张谦宜《䌹斋诗谈》语。
④ 钱锺书：《剥啄行》，《槐聚诗存》，页85。
⑤ 钱锺书：《题某氏集》，《槐聚诗存》，页77。某氏者，姑隐汪精卫之名也。
⑥ 陈寅恪：《题花随人圣盦摭忆后》，《陈寅恪集·诗集 附唐篔诗存》（北京：三联书店，2001），页60。
⑦ 钱锺书：《题新刊聆风簃诗集》，《槐聚诗存》，页88。《聆风簃诗集》即黄濬（秋岳）所作，亦姑隐其名。

不避嫌而惜黄秋岳之才,都是为了对诗艺的重视与尊重。正如黄生曾以孟子所说"以意逆志"为善于说诗,所谓"逆之为言,迎也"。黄生比喻说:远客来访,出户相迎,若客从大道而来,不能趋小径迎之;若客从中道而来,不能出左边或右边之道迎之,否则"宾主相失,而欲与之班荆而语,周旋揖让于阶庭几席之间,岂可得哉!?"①即是就诗论诗,亦不以偏道迎之。

槐聚生平只写中国旧诗,没有写过新诗,更是一位出色的诗评家,但很少评论新诗,所评论的都是旧体诗。这也不难理解,新诗在他那个时代尚未成熟,好像还没有订下规则的游戏,无从裁判。他所写的诗评甚是丰硕,他的诗评标准略见之于他的选诗,诗最基本是一种艺术,而非历史文件,所以不取押韵的文件,特别强调"文学创作的真实不等于历史考订的事实"。他未必反对以诗证史,因诗之内容或有助于史事的了解,但甚反对以史证诗,因不能以是否合乎史实断定诗之价值,若在诗里考证史事,刻舟求剑,无异"要从爱克司光透视里来鉴定图画家和雕刻家所选择的人体美了"②。他所要强调的是,性质有异,难以强同。

槐聚说,缅怀祖国出诸情感与灵魂者,才是可取的"活记忆",偏于理智的记忆则是"死记忆",均不可取,潜台词是故意宣传爱国主义就不是出之于真正的情感与灵魂③。他的《宋诗选注》不选文天祥的《正气歌》,因该诗列举古人之正气,迹近理性的

---

① 钱锺书:《钱锺书手稿集·中文笔记》,第1册,页181录黄生《杜诗说》语。
② 钱锺书:《宋诗选注》,序,页3。
③ 钱锺书:《宋诗选注》,页3—4。

爱国宣传，而选了《金陵驿》，因该诗尾句"从今别却江南路，化作啼鹃带血归"，更为沉挚动人。槐聚鄙弃在诗里发粗浅的道理、陈旧的议论；他重视要有"创造性"，认为一味"继承和借鉴""摹仿和依傍"，会"丧失了对具体事物的感受性，对外界视而不见，恰像玻璃缸里的金鱼，生活在一种透明的隔离状态里"，或把"流"当作"源"，自无创造之可言。即使"点铁成金"或"脱胎换骨"也不免有狡猾的"剽窃"之讥，仅仅是旧货翻新，还不足以言新①。

　　韵律当然更不必也不能科学化，科学在 20 世纪成为一大宠儿，各学科包括人文社会学科在内，都想要科学化。英国伦敦一家著名出版社于 1931 年出版了西惠儿(Arthur Sewell，1903—1972)的《美的生理学》(*The Physiology of Beauty*)一书。从书名可知，欲以科学来处理美感问题，认为文学批评于钻研故纸堆之余，须借重生理学、心理学、生物学等科学。文学批评家因而宜多在实验室，少在图书馆，以呼应当时科学化的趋势。例如以下等生物的研究来说明诗人的心理，认为韵律是催眠的，情感是刺激的，完全从生理学来做解释。西惠儿原来专治生物学，遂将其所学用到艺术上，因而比别人更极端。当时还在清华念书的钱锺书就已看了这本书，并以"中书君"笔名写了书评，直言此书之结构既欠平衡，而"实则所讲的东西大部分与艺术不相干"。他进而批评西惠儿的几个主要论点，指出用定性反应来解释美，无法涵盖整个艺术，既不能解释文学与诗学之美，也不会有百读不厌的诗文与不朽的文学了。最使他诧异的是，西惠儿讲美学，却完全

---

① 参阅钱锺书：《宋诗选注》，序，页 14、16—17、18—19。

不提文学的好坏标准。西惠儿否认先天的直觉，将心与物分为公开共见的"公"与神秘而不可传达之"私"，也太过于简单化了，因为世界上有既不是公也不是私的东西，语文与意识更无公私之分①。于今视之，青年钱锺书对文学与诗学之美已有成竹在胸，故敢撄科学之锋，站稳文学的自主立场。

诗人可以制造神秘，无中生有，显隐明暗，然歌诗之想象非由神秘所致，诗人的神秘感有异于原始人以神秘为"真实"，故其神秘并不与科学两极对立。两者之关系不是正相反对，而是自成比例，槐聚认为神秘乃粗糙或不科学的科学，科学无法解释的现象，只好落实于神秘。神秘虽是对"自然现象的一种人神共体观"（It is an aetiological account of natural phenomena），最终仍有导致科学产生的可能性。槐聚指出，神秘与神秘主义反而是对立的，神秘代表人类努力了解宇宙的极限，不免流于轻信，而神秘主义则是个体而极其私密的，亟欲与神道结合。两者的差异，在文学上尤其显著，神秘经常是诗的要素，其本身具有丰沛的象喻，而神秘主义则是不可言喻，难以形诸笔墨者②。

槐聚于 1980 年年底在日本早稻田大学访问时，做了一次《诗可以怨》的学术讲演，后来修订成文。此文指出自《诗经》以来，好诗多半是"怨诗"，因诗穷而后工，穷愁才能产生好诗，或因冤谴逐，或征戍行旅，或冻馁病老，或存殁别离，犹如蚌病成珠。

---

① 详阅钱锺书：《美的生理学》书评，《新月》，第 4 卷第 5 期（1932 年 12 月 1 日），页 1—8。

② 阅 Qian Zhongshu, "Myth, Nature and Individual," in *A Collection of Qian Zhongshu's English Essays*, pp. 27-30。

槐聚引《张苍水集》说："盖诗言志，欢愉则其情散越，散越则思致不能深入；愁苦则其情沉着，沉着则舒籁发声，动与天会。"又引《寒厅诗话》曰："一生失意之诗，千古得意之句"，愁苦的诗比欢愉的诗既多且好，西方也是如此，认为"最甜美的诗歌就是那些诉说最忧伤的思想的"，"不朽的篇章是纯粹的眼泪"，真美必染"忧伤的色彩"，"诗是'不如意事'的产物"。然而为了作好诗，虽无销魂与断肠的经验，也要强说"穷苦之言"："小伙子作诗'叹老'，大阔佬作诗'嗟穷'，好端端过着闲适日子的人作诗'伤春'。"这是槐聚所说，"诗人企图不出代价或希望减价而能写出好诗"，不免付出不病而呻的代价。但是这种现象却很普遍，中外皆是，西方诗里的"春愁"与"情焰"也有"姑妄言之"者①。槐聚将"诗可以怨"此一传统中国的文学主张，与西方文学比而观之，显示在古代无论中西，诗歌重视穷苦之言，音乐重视悲哀之音。他自问类似的传统"有没有共同的心理和社会基础"？他没有明确回答此一问题，只是指出问题之存在；他更幽默地说，不解决问题或否认有问题，"也不失为解决问题的一种痛快方式"②。

　　槐聚提出"诗可以怨"的大问题后，曾引用后现代"新批评家"罗兰·巴特（Roland Barthes，1915—1980）的话，说是悲剧已被"鄙弃"③。的确当代比较文学家斯坦纳（George Steiner，

---

① 钱锺书：《诗可以怨》，见《七缀集》，页127—133。参阅钱锺书：《管锥编》（三），页936—938。
② 钱锺书：《诗可以怨》，见《七缀集》，页133。参阅钱锺书：《管锥编》（三），页946—949。
③ 钱锺书：《诗可以怨》，见《七缀集》，页133、136。

1929—　　)也于 1960 年出版《悲剧之死》(*The Death of Tragedy*)一书，直言悲剧已死，甚至不认为悲剧有恢复的可能性。20 世纪无法产生悲剧的假设，俨然成为一种信念。现代戏剧反映工业社会的刻板生活，命定没有选择的余地，如果人类被视为由复杂的经济与环境等因素所命定，便无"道德自主性"(moral autonomy)可言。弗洛姆(Erich Fromm，1900—1980)曾说，现代人压抑对死亡的自觉，"就会失去悲剧感"(loses the sense of tragedy)①。按此说法，西方自希腊以来，以及中国自《三百篇》以来的悲剧传统，难道已经灭绝？事实上，现代人的悲惨并未消失，现代人仍受制于不可预测的伟力，科学与理性并无助于生存与生命奥秘的解释，反而增添迷茫，以至于"丧失信心"②。意识形态与核武竞赛的新时代，确实有异于古代，现代人再无任何至高无上的法则，灾难不再认为是上帝的愤怒或命运的残酷所致，而是历史的错误和作弄。现代人不再去解答神秘人生，不相信天堂或地狱，但万能的科学也解决不了道德的意义与宇宙的目的。假如有善恶的标准，唯取决于人，一切责任也就归于人。然则新时代仍不至于"鄙弃"悲剧感，只会有新的表达方式和内容。有评论家认为不可能再有独一无二的悲剧哲学或形式，并列举一些有异于古代的悲剧作品；他虽说没有"鄙弃"悲剧的必要，却仍视悲剧是"缺乏信心"，

---

① Erich Fromm，*Escape from Freedom*(New York & Toronto：Rinehart & Co.，1941)，pp. 245-246.

② "Faith is lost"，加缪语，见 Albert Camus，*Resistance*，*Rebellion and Death*，trans. by Justin O'Brien(New York：Alfred A Knopf，1961)，p. 229。

或是"反社会的失败主义"①。不过，哥里克斯堡（Charles I. Glicksberg，1900—1998）教授并不尽同意这种说法，他虽同意新时代有新的悲剧概念，但相信现代悲剧观，不管如何荒谬，仍可传达神秘人生的意义。现代悲剧虽深染自然与虚无观，仍可表达关切人类命运的普世动机，以及反抗的勇气；现代人必须对自己负责，但对苦难的承当并不亚于古人。现代的悲剧确也展现了苦难以及面对苦难的勇气，只是因为没有上苍可以求助，人必须为尊严、为大爱而心甘情愿地牺牲自己。这样的悲剧人物应会感受到所发生事情难以理解的神秘性，而悲剧就在传达此一神秘的意义。悲剧人物反抗黑暗、死亡、邪恶，每一分钟的坚持，都见其"伟大"。坚持反抗无法扭转的荒谬，只是拒绝愚弄自己，并不期盼所受苦难得到补偿，因而此悲剧感扬弃幻想，始终坚持生命的价值。现代的悲剧人物必须接受难以理解之世界里的局限，但不会放弃心灵上的抗拒，坚持自由与发现自我。哥里克斯堡具体说明了 20 世纪的文学意识如何表达生命的悲剧观点②。悲剧的视野确有社会基础，故而希腊式的悲剧已不适合现代，但悲剧的心理需求似乎古今中外不异，人类仍然无法完全掌握自己的命运，只有勇敢地与命运做无休止而又无效的斗争，困苦与悲哀应该仍是优秀文艺创作的动力。然则诗可以怨的命题仍然屹立不摇。

---

① 参阅 John Gassner, *Theatre at the Crossroads* ( New York：Holt, Rinehart and Winston, 1960), pp. 25, 59。

② 参阅 Charles I. Glicksberg, *The Tragic Vision in Twentieth-Century Literature* ( Carbondale and Edwardsville, Southern Illinois University Press, 1963), pp. xi-xviii, 148-157。

# 第十章　史学微世界

　　槐聚上承中国旧学，兼通西学，既能入之，复能出之，除熟读集部之外，于经史亦具卓识。近人不论中外，甚称章学诚（实斋）六经皆史之说，所著《文史通义》被视为传统中国"唯一的历史哲学的专著"[1]，发中国现代史学之先声，然而近人往往以后见之明来看实斋，因而视其为超时代的大史家，无乃过甚其词，近人所谓之"新发现"，不过是近人的"新发明"而已[2]。

　　槐聚于抗战期间初撰《谈艺录》，即已直言道破，晚年修订该书，维持原义，指出实斋六经皆史说，并非创见，古人已多言之，且一一列举，如王元美说："天地间无非史而已"，"六经，史之言理者也"，又如胡元瑞说："夏商以前，经即史也"与实斋《易教》议论略同。胡元瑞所谓："才、学、识三长足尽史乎？未也。有公心焉、直笔焉"，也与实斋《史德》《文德》两篇指归相

---

① 余英时：《历史与思想》（台北：联经出版事业公司，1976），页172。

② 参阅拙著 Young-tsu Wong, "Discovery or Invention: Modern Interpretations of Zhang Xuecheng,"*Historiography East and West*, vol. 1, no. 2(2003), pp. 178-205。

同。顾亭林说："孟子曰：其文则史。不独《春秋》也，六经皆然"，亦已发实斋经即史的先声。最为明确的是王阳明的五经亦史之说，槐聚约之如下："以事言曰史，以道言曰经。事即道，道即事。《春秋》亦经，五经亦史。《易》是庖牺之史，《书》是尧舜以下史，《礼》《乐》即三代史，五经亦即是史。史以明善恶，示训戒，存其迹以示法。""《春秋》亦经"，暗合董子《春秋繁露》之绪；"五经亦史"，已发实斋《易教》之先声①。槐聚更进而指出，王阳明的五经皆史说，原有所承，有异于程朱，虽亦以史为存迹示法，然法非即道，记事著道，事非即道，而阳明以为经史同归于训戒，故经史不异②。

章实斋认为六经之所以皆史，因皆属先王政典，古时只有史而无经；经是后来儒家者流，尊六艺而奉以为经。但是六经并不是一般的历史记录，更非普通的史料，而是掌在官府的先王政典，由"有德有位"之人，用之以"纲维天下"，绝不是私人的著述，"故以夫子之圣，犹且述而不作"。然而，既然是有德有位者的政典，既然其目的在纲维天下，自有其明善恶、示训戒、存迹示法的作用，则与旧说少异。更有进者，王阳明的道事合一之说，认为道德之"真谛"（道）不能脱离道德之"实存"（事），亦与实斋所谓不能离器而言道，有其相契之处。槐聚因而断言，实斋经即史说，非仅仅沿用前人的名词而已，其基本概念，亦颇雷同，故曰："窃谓实斋记诵简陋，李爱伯、萧敬孚、李审言、章太炎等皆曾纠其疏阙；然世

---

① 钱锺书：《谈艺录》，页264。
② 钱锺书：《谈艺录》，页263—265。

人每有甘居寡学，以博精识创见之名者，阳为与古人梦中暗合，实则古人之白昼现形，此亦仲长统'学士第二奸'之变相也。实斋知博学不能与东原、容甫辈比，遂沾沾焉以识力自命，或有怵人先我，掩蔽隐饰。"①槐聚不仅认为实斋六经皆史之说没有创意，即其《史德》《文德》指归，亦早已为胡应麟（元瑞）所抉发，胡氏不言乎？才、学、识三长未足尽史，尚有公心与直笔②。总之，槐聚对举世推崇的章氏原创史学，颇多保留。

常人皆可见，实斋强调经由事示法，以明大道，其心眼中的大道，仍然是六经所载的不变之道，也就是他提倡史学以究三代之道的微意，所以他不可能提出"以史代经"的主张，更不可能视圣经为一堆史料。实斋在乾嘉时代不可能做到的以史代经，随着时代的巨变，现代的章太炎才能突破六经皆史旧说的传统藩篱。比章太炎年轻四十岁的钱锺书，时代又复不同，对西方文化以及经史的认识，更大不相同，故更能洞见实斋未脱传统藩篱，所见未能超越前人或时人的实况。槐聚不仅批评实斋"六经皆史"之说无多新意，同时也提出自己的看法。他的看法反映现代，无可避免地有别于传统。在传统中国的思维里，道乃百世常新之经，经即史，史则以存迹示法，所以史仍然具有经的作用，如阳明所说，经史的作用莫不归于训戒，实斋用意，并未逾此。美国学者列文森（Joseph R. Levenson，1920—1969）因而认为，凡在 20 世纪之前称经为史者，皆无损于经，盖传统中国之史已经不是现代之所谓史，至康有为引进西学

---

① 钱锺书：《谈艺录》，页 264。
② 王记录：《胡应麟的"公心"与"直笔"说》，《史学史研究》，1997 年第 4 期，页 77—78。

后，经史之间始起根本的变化。此后经即史，然经已非经①，此即槐聚所说，"经本以载道，然使道不可载，可载非道，则得言忘意之经，尽为记言存迹之史而已"②。当实斋所处的乾嘉时代，经之永久价值犹在，一直到 20 世纪初才进入非经时代；在钱锺书之前，章太炎、王国维、陈登原、顾颉刚等已把经史都当作非经的史料看待了。

槐聚身处非经时代，自将经与史俱视为已无生命的陈迹，自不足为异。他因而借道家之常言，直言六经不过是圣人遗留下来的糟粕或糠秕。在他看来，不仅仅是六经，包括一切存留下来的文字记录，都成了没有生命的遗迹，也就是死的史料。所以槐聚有言："阳明仅知经之可以示法，实斋仅识经之为政典，龚定庵《古史钩沉论》仅道诸子之出于史，概不知若经若子若集皆精神之蜕迹，心理之征存，综一代典，莫非史焉，岂特六经而已哉。"③换言之，所遗留下来的史料既然仅仅是遗迹，必然是已经失去精神的蜕迹，因而史家的职责无非是要赋予"死史料"以"新生命"，恰似实斋"化腐朽为神奇"之说。然则依槐聚之见，史学家与文学家一样需要创作，所不同的是后者可以虚构，而前者必须求真，明白指出所谓历史，不是没有生命的蜕迹或既往的史实，而是史家的创作。

槐聚此说俨然超越了实证史学的观点（按：实证史学为西方近

---

① Joseph Levenson, *Confucian China and Its Modern Fate*（Berkeley：University of California Press, 1968）, vol. 1, pp. 92-94.
② 钱锺书：《谈艺录》，页 265。
③ 钱锺书：《谈艺录》，页 266。

代史学的主流），德国史家兰克主张实证，提倡利用档案资料重建信史，被尊为近代史学之父。西潮东来，中国近代史学自梁启超以下，均深受兰克史学方法的影响，举凡利用档案写史，书写一如过去所发生之事，无论在精神上或方法上，都与实事求是的乾嘉朴学，颇能呼应。兰克史学又常被误解为科学的历史，以为史家可以借重科学方法，重建完全信实的往事，甚至像自然科学同样地精确。不过，1920—1930 年代的"历史相对主义"（historical relativism）质疑科学的历史之可能，以为历史不可能有绝对的真相，每一位史家都可以写他自己的历史。20 世纪盛行的社会科学，又使史学社会科学化。当史学书写沦为社会科学报告书之后，又使史学界重新认识到历史叙事的必要。近代史学虽时有变化，但实证主义的基调并未动摇。钱锺书同时代的著名中国史家，如孟森、陈寅恪、陈垣、岑仲勉、胡适、顾颉刚、向达、韩儒林、何炳棣等人，几乎无不讲求实证，重视原手史料与史事考证。但是到 1980 年代涌现的后现代风潮才彻底否定实证史学，否认重现客观过去之可能，认为历史仅是史家的作品，与文学作品并无二致。经过"后现代史学革命"之后，主流史家大都理解到，历史不过是史家的叙述或以"符号代言"（semiotic representation）。既往之事经由史家代言之后，才成为历史。史家罗伯兹所谓"吾人仅有历史"（nothing but history）①，即此意也。保罗·利科所谓："往事只能有意义地存在于吾人的书写

---

① 参阅 David D. Roberts, *Nothing but History: Reconstruction and Extremity after Metaphysics*（Berkeley：University of California Press，1995）。

之中。"①所以往事不等于历史，往事乃既往之事，随风而逝，而历史是史家所书的往事。史家可像文学家一样，用不同的"形式"（form）来叙述其"内容"（content）。史家所选择的代言"形式"，反映各自表述真实而具有意义"内容"的知识、方法与专业②。故史家的任务不尽如考古学家写"发现报告"，而是通过叙事来呈现真实的过去及其意义。历史知识不是自然存在那里，由史家去发现，而须由史家书写出来。史家形诸笔墨的文字，是谓 signifier（signifiant），槐聚译之为"能指"；文字所代表的概念或字之指事称物是谓 signified（signifié），槐聚译之为"所指"。当代法国文化理论家罗兰·巴特认为所谓客观或真实的历史，不过是模糊的"所指"，即由文字所指示的事物③。不过，槐聚认为"能指"与"所指"两者殊功而异趣，前者"意义"（meaningful）可了，而后者"真实"（truthful）可以不虚，尝引刘禹锡诗句曰："常恨言语浅，不如人意深"，以强调解人之难得④。

　　槐聚于 1930 年代对历史的理解，即认为历史乃史家之作品，由"现在"支配"过去"⑤，已触先机，预知史学发展的趋势，而同时代的傅斯年仍然在提倡史学即史料学，希望能借充分的史料，

① 引自 Alun Munslow, *Narrative and History*（New York：Palgrave Macmillan, 2007），p. 9。

② 参阅 Alun Munslow, *Narrative and History*, p. 65。

③ 阅 Roland Barthes, "Le Discours de l'histoire," *Information sur les Sciences Sociales*（1981），pp. 65-75。

④ 阅钱锺书：《管锥编》（二），页 633—638。

⑤ 钱锺书的神来之笔，把历史的本质彻底概括了，他说："历史的进程里，过去支配了现在；而历史的写作里，现在支配了过去"，见钱氏《宋诗选注》（香港版）前言。

建构科学的历史，希望从档案里发掘完整的历史。事实上，过去发生过的事，既然已经消逝，只留下残存的史料，档案里并没有完整的历史。史料不会说话，必须要靠作史者书写历史。

　　若历史果是史家之代言，代言虽不可能原汁原味，但并不等同历史即无真相、客观，以及意义可求。诚如伽达默尔所说，史家的"主观"与所代言的"客观"之间的关系，并不是求真的障碍，而是创造真相之必须①。单有史料固成不了历史，若无史料也写不成历史。史家在史料的基础上求真，不仅要求遗迹之真，且于遗迹确定下来以后，更须传神，将真相生动地描写出来。槐聚有警语曰："非传真之难，而传神之难。遗其神，即亦失其真矣。"②史家要能传史事之神，除掌握"一时之政事"外，尚须了解"一时之风气"，所以槐聚有言："不读儒老名法之著，而徒据相斫之书，不能知七国；不究元祐庆元之学，而徒据系年之录，不能知两宋。"③也就是说理解史事有赖于史事背后的思想，恰如英哲柯林伍德（Robin George Collingwood，1889—1943）之重视思想，即其所谓重演之旨，以求有效的历史知识，有云："史家必须重温古王决策之过程，在其心中重演古王之经验。"④此重演之旨，岂非与钱氏之所谓传神，大有异曲同工之处？

---

① 参阅氏著 *Truth and Method*（New York：Seabury Press，1975）。
② 钱锺书：《谈艺录》，页160—161。
③ 钱锺书：《谈艺录》，页266。
④ 原文是："the historian must go through the process which the emperor went through in deciding on this particular course. Thus he is re-enacting in his own mind the experience of the emperor."阅 R. G. Collingwood，*The Idea of History*，1956 Reprint（New York：Oxford University Press，1993），p. 283。

柯林伍德所谓"重演史事于史家之胸"（re-enactment of past experiences）①，不只是将心比心，以我心知彼心，而是运作我心以重演彼心。柯氏之说并不否定史料与文证的重要性，史家仍须涉及史料之选择与史事之解释，只是反对用剪刀与浆糊来编写历史②。故柯氏之常言曰，重演古人的经验，并不是将古人的思想复苏，而是在史家胸中作批判性的重演，所以重演的结果，并非照本画符，原样重现。宋人吕东莱有言："欲求古人之心，必先求吾心，乃可见古人之心"，罗大经亟赏此言，认为"真读书之法也"，而此读书之法，正可通柯林伍德治史之法③。唯柯氏运作我心，既非全凭主观，仍须依靠证据，故而重演仍然是理解历史的手段，史家自我做主，庶免拾人牙慧。柯氏又认为，任何历史事件或行动都有内外两面，"内在"乃事件或行动所"表现出来的思想"（what is expressed），而"外在"则是表现思想的事件或行动，故内在、外在必然是一体的二面，例如柯林伍德批评史家塔西佗

---

① R. G. Collingwood, *The Idea of History*, pp. 282-283；William H. Dray, *History as Re-enactment: R. G. Collingwood's Idea of History*, 1995 Reprint（Oxford: Oxford University Press, 1999）, pp. 32-107.

② 柯林伍德之说常被作简单化的字面解说而造成误解，如谓所有的历史都是思想史云云，详尽而客观的评论可参阅 Louis O. Mink, *Mind, History, and Dialectic: The Philosophy of R. G. Collingwood*（Bloomington: Indiana University Press, 1969）, pp. 121-194。吾华旧籍中有不少与洋人之见有不谋而合处，惜跬步而止，未大加论也。如黄恩彤有言："史者，古人之事也，而意存焉。论事不如论意，而意必即事以求之。"见黄恩彤：《重刻于文定公〈读史漫录〉序》，于慎行著、黄恩彤参订、李念孔等点校：《读史漫录》（济南：齐鲁书社，1996），附录六，页530。黄氏所谓"意"，岂不就是柯氏之 Idea 乎？

③ R. G. Collingwood, *The Idea of History*, pp. 283, 302；罗大经：《鹤林玉露》（北京：中华书局，1983），页89。

（Publius Cornelius Tacitus，56—120）之罗马史，端以善恶评价历史人物，未能在其内心重演古人的经验，故只见古人外在的善恶表现而已[1]，极似实斋所谓，"言相似而不同，失之毫厘，则谬以千里矣"[2]。

槐聚尝引道家之言曰，"书乃古人糟粕，道之精微，不可得传"[3]，亦近似柯林伍德对历史事件本质的看法。糟粕一词在此非必贬意，只是陈述事实：往事既是既往的陈迹，就像是失去生命的尸体，已无精神可言，故精微之道，亦如鸿飞冥冥，了无踪影，也就不可得传。所谓蜕迹、所谓征存，都是没有生命意义的"糟粕"。陈迹既属糟粕，又如何能够示法？历史作为今日之史学，其目的就是要赋"糟粕"或"陈迹"以新生命。使陈迹起死回生，能有"化腐朽为神奇"之效，却非实斋所能见及，而是柯氏的重演之旨。

槐聚呼应柯氏重演之旨，显而易见："史家追叙真人实事，每须遥体人情，悬想事势，设身局中，潜心腔内，忖之度之，以揣以摩。"[4]钱、柯两氏都认为古王与古心已死，端赖今日史家之心来重现古心。以今心演古心，必以今心裁择。而今心裁择，常有障碍，足令后人不能"心眼空灵，直凑真景"。王安石诗句"残菊飘零满地金"，不知菊花枯于枝上，不随众花雕落于地上，安石咏物未能"征之目验，而求之腹笥"，借古语自解，不

---

[1] R. G. Collingwood, *The Idea of History*, p. 39.

[2] 章学诚：《文史通义》（台北：国史研究室，1973），页47。

[3] 钱锺书：《谈艺录》，页265。

[4] 钱锺书：《管锥编》（一），页272。

免以古障眼目。凡造艺者有资于书卷，而不能"直凑真景"，槐聚认为都是柯林伍德所谓的"意识腐蚀"（the corruption of consciousness）之例①。槐聚能读柯氏之书，熟知其历史哲学；不仅熟读柯书，也熟悉柯氏先驱克罗齐（Benedetto Croce，1866—1952）之书，早年撰《谈艺录》即已对克氏有所评论。

　　克氏以为真艺不必有迹，无须依托外物以求表现，所以凡是形诸笔墨者，都不是艺术的精神，只是艺术的皮相。例如大师画画，实以心画，而非手画。克氏执心弃物的想法，槐聚并不认同，以为顾此失彼，"大家之能得心应手，正先由于得手应心。技术工夫，习物能应；真积力久，学化于才，熟而能巧"②。故心与手两者不可偏废，若"专主意象"，"抹杀迹象"，实有违克氏本人心手一体之教③。史家重演往事，是心的运作；重演之往事形诸笔墨，是手的运作。手眼一体，才能将意象与表达二而即一。槐聚虽认为得心应手为一体，但觉得应手实难得得心，因意在笔先，词不逮意④，类此所谓"意余于象""象外见意"，乃老生常谈，西方论师亦不例外。槐聚屡引但丁，必知但丁之名言曰"语言不善追踪思想"⑤，真是"词不逮意"的意国翻版。史家传递真相，欲尽言外之意尤难；盖历史真相贵能传神，遗迹既无精神，

---

① 钱锺书：《管锥编》（一），页418；（二），页896—899。钱引 R. G. Collingwood, *Principles of Art*, 见 p. 216。

② 钱锺书：《谈艺录》，页211。

③ 钱锺书：《谈艺录》，页537—538。

④ 钱锺书：《谈艺录》，页210。

⑤ 原文是："cioe che la lingua non e di quello che l'intelletto vede, compiutamente seguace." 见 Dante Alighieri, *La Commedia secondo l'antica vulgata*, p. 18。

并无真相之可言，史家赋遗迹以生命，有赖师心造境、笔补造化、力透纸背，此应手之所以难于得心。柯林伍德作为哲学家，虽重心演，却未偏废史证，然并未多说史家运用证据的技术与功夫。槐聚力言"得心应手"，可补柯林伍德心演之说之不足。

中外史家莫不奉信史与直笔为最高的学科指标。槐聚亦以"载笔之真"为史学的悬鹄，然演为二义，一曰"直不必尽"（the truth but not the whole truth），二曰"尽而不污"（the whole truth and nothing but the truth）①。由实践证明，"尽而不污"殊难求之于史家；史家非不愿为，实在难以做到，即使"求直不必尽"，也颇费周章。槐聚固深知之，若谓："我既有障，物遂失真，同感沦于幻觉"②，用之于史，即今人观古写史，要能与古人、古事同感，始见其真；如有今障，则古人、古事遂而失真；所呈现者，不过是今人的幻觉而已。易词言之，今人去古既远，难以确知真古。

槐聚对于史不可尽信，体会颇深，更试图探讨不可尽信的原因。他认为外在的因素，如政治或宗教的迫害，不值得细究，因非史家或史学本身的问题。就史论史，记载之缺略不止一端。一则因记者耳目有限，有所不知，故而缺如；二则因众所周知，略而不载，遂使后世文献难征，如槐聚所说："一代之起居服食、好尚禁忌、朝野习俗、里巷惯举，日用而不知，熟狎而相忘；其列为典章，颁诸法令，或见于好事多暇者之偶录，鸿爪之印雪泥，千百中才得什一，余皆如长空过雁之寒潭落影而已。"③亟言

---

① 钱锺书：《管锥编》（一），页267—269。
② 钱锺书：《谈艺录》，页56。
③ 钱锺书：《管锥编》（一），页492—493。

残留之史料既已不足，而不足之史料或因增饰润色而失真，或因言之凿凿而坐实，或因弄虚而作伪，或因得杜撰而受用①。即使具史德者据有限的史料而善用之，耳目不蔽，流俗不牵，免于爱憎，不加附会，不作曲饰，亦未必能写出客观而公正的信史，所谓"即志存良直，言有征信，而措词下笔，或轻或重之间，每事迹未讹，而隐几微动，已渗漏走作，弥近似而大乱真"②。槐聚的"走漏"观，颇具创意，曾引莱辛之言曰，惜画图必须手绘，以至于自眼至腕，自腕至毫端，沿途走漏不少③。柯林伍德有言："史家对往事的图像，每一点都要凭想象"（historian's picture of the past is thus in every detail an imaginary picture）④，若眼前既无具体的形象，则必须根据残存的史料，拼凑成图，再事描写，走漏势必更多。因而虽得古人之言，未必能得古人之心；古人意欲言此而今人以为是彼。也不能排除古之正人能作邪文，邪人能作正文，而今人又习以文论正邪⑤，类此都是可能走漏真相的陷阱。一部史书的好坏，也就端视走漏多少真相而定了。

在戏文或其他文学作品之中，时而出现的"时代错乱"（anachronism）之谬，不拘时代之先后，如春秋时人暗用北宋故事，"逞文才之戏笔，非秉史德之直笔"，而后人不察，妄生穿

---

① 槐聚所举诸例证见钱锺书：《管锥编》（三），页 1701（杜撰受用之例）；页 1815—1816（饰虚坐实之例）；页 1689—1690（点窜篇什之例）；（二），页 1000（附会坐实之例）。
② 钱锺书：《谈艺录》，页 160。
③ 钱锺书：《谈艺录》，页 209。
④ 语见 R. G. Collingwood, *The Idea of History*, p. 245。
⑤ 钱锺书：《谈艺录》，页 161。

凿，"乃系诸某朝某代，而道后世方有之事，用当时尚无之物"①；据此而订史，乖迕最甚。槐聚博览，更慧眼洞见史传中多有"以华语为实语"，若尽信之，"即以辞害意，或出于不学，而多出于不思"②。或只见象骨，即冥想象之形状，所以"古史记言，太半出于想当然"③。槐聚指出：中国传统史书仿古失真尤多，如孙盛记司马孚与陈泰枕帝尸号哭事，实仿《左传》屡见不鲜的枕尸股而哭的故事；陈寿《三国志·蜀书·先主传》裴注引《世语》："请（刘）备宴会，蒯越、蔡瑁欲因会取备，备觉之，伪如厕，潜遁出"，显然是仿《史记》鸿门宴故事。槐聚有言"记事仿古"，未必"行事师古"，因而若"借古申今，非对不发，典故纵切，事迹失真，抽黄对白，以紫乱朱，隔靴搔痒，隔雾看花，难征情实，转滋迷惘"④。后之作史者若仿古人文字，绝不可能完全反映当时的实况，必然华而不实，遣词害意之余，真不知又会走漏多少真相。

史虽不可尽信，并不等同史无可信；槐聚明言真实乃史之特性，与后现代疑史之论，截然异趣，故虽以为"马迁之增饰渲染，未必信实有征"，于怪事轶闻，未能芟除净尽，仍谓"吾国之有史学，殆肇端于马迁"。无他，因司马迁载笔之慎，能够信信疑疑之故。《左传》固已萌"信以传信，疑以传疑"的史识，然仍如"雨中萤焰，明灭几微"，一直到"马迁奋笔，乃以哲人析理之真通于史家求事之实"，能知"前载之不可尽信，传闻之必须裁择"，因

---

① 语见钱锺书：《管锥编》（四），页2031—2033。
② 钱锺书：《管锥编》（一），页166。
③ 钱锺书：《管锥编》（一），页452。
④ 参阅钱锺书：《管锥编》（一），页451、362；（四），页2208。

将柯林伍德所谓之"轶事俗说"（quasi-history），沟而外之于史，遂畅明孟子所发书不可尽信的义谛，以"判别清浑"；班固删削马书绘声传神之笔，亦可"谓之谨严"①。此正希罗多德（Herodotus，前484—前425）之所以被视为西方史学的始祖，希氏自称"我必须说出已经说过的，但我绝不必信其为真，自谓此乃全书之宗旨"②。希氏一如马迁，也有传闻之误，然也如马迁之力求严肃谨慎，希氏常以"我认为如何"，为判断真相留下余地，足见槐聚以真实为史之标准，以求真辨伪为史家之职责，颇合主流史学的主张。然而时至近代，传闻失实之例仍层出不穷，相传咸丰皇帝曾询及俞樾（曲园），且有"写作俱佳，人颇聪明"之谕，曲园信以为真，遂注于自述诗中，并刻为图章；实则咸丰并未询及，乃香岩制府（英桂）信口所造，以此言相慰藉，竟传为实事。无独有偶，相传英国文豪约翰生博士曾赞某女士新出小说，有"读之不能释卷，至终夕废寝"之语；当有人向博士求真，博士答称根本未读此书，但雅不愿让世人知之③。其中曲直，若非因偶然因素而得白于天下，即当事人也蒙在瞽中矣！

　　史家既然活在现在，也不免受到现代时空的支配。槐聚不云乎，史家遥想古人、古事，常会"远取而近思，自本身之阅历着眼，于切己之情景会心，旷代相知，高举有契"，并以钱牧斋推

---

① 参阅钱锺书：《管锥编》（一），页516、418、419、452。

② 原文是"I must tell what is said, but I am not at all bound to believe it, and this comment of mine holds about my whole *History*"，语见 Herodotus, *The History*, Trans. by David Grene（Chicago & London：The University of Chicago Press, 1987），p. 521。

③ 两例俱见钱锺书：《钱锺书手稿集·中文笔记》，第1册，页128。

崇慧远和陶潜为例，以说明后人如何"托古喻今，借浇块垒，自明衷曲"，所谓"云萍偶遇，针芥易亲"①。于此牵涉到古事与时事，既相影射、复相映发（actualization）的问题，也是一种"今障"，值得玩味。不过，托古喻今，或无助于知古，必有助于知今。钱谦益之托古，欲借野史亭以自文，庶几隐愧丧节，可知其晚节有亏。类此例子在中国旧史中甚多，如苏洵之《六国论》、苏轼之《商鞅论》，莫不以古事论时事，一喻宋之贿辽，一喻王安石之变法②。于今两苏又自成古，今人复可自两苏之托古，得两苏及其时代的真相。史家在绝对真理与绝对虚无之间，唯有接受槐聚所谓"直不必尽"之余，继续设法用新而有效之方法，孜孜不倦，不断求真而后已。

　　更值得注意的是，槐聚强调传神为求真之本，有谓"非传真之难，而传神之难；遗其神，即亦失其真矣"！故特欣赏王安石诗句所说，"糟粕所传非粹美，丹青难写是精神"③。传历史真相已非易事，但相比之下，传神似乎更难，更何况传真若无精神，仍得不到鲜活的真相。古事的真相可由科学方法重建而传，但是没有精神的古事，"仿佛走了电的电池"④，难见真情。古文的真意，可由阐释学方法而传，但若不得古人的精神，文字分析得再精确，可能是邪人的正文，或正人的邪文，益增迷惘。所以一定要能传神，而后才能传真。神又如何得传？槐聚说："史家追叙

① 参阅钱锺书：《管锥编》（四），页1990—1991。
② 参阅钱锺书：《管锥编》（四），页1991。
③ 阅钱锺书：《谈艺录》，页160—161。
④ 见钱锺书：《宋诗选注》，序，页20。

真人实事，每须遥体人情，悬想事势，设身局中，潜心腔内，忖之度之，以揣以摩"①。此论显然与实证主义史家有异，而与克罗齐、柯林伍德之历史哲学观点同轨。柯氏之名言有云："史家必须重演往事于其心中"（the historian must re-enact the past in his own mind）②，岂非槐聚"遥体人情，悬想时势"之谓？柯氏说写一个皇帝，必须要悬想这个皇帝走过的历程，"因此史家也就要重演皇帝的经历于其心中"（Thus，he［historian］is re-enacting in his own mind the experience of the emperor）③，此非槐聚所谓"设身局中""忖之度之"乎？但是过分强调史家匠心独运，多少会产生主观问题；心中之造，不免有"横看成岭侧成峰"的后果，忽略了往事本身的客观存在，可助长史学相对论的发展。槐聚并非相对论者，认为历史可能是活在现在的过去，历史事件是过去的陈迹，欲使陈迹存活于今日，不能光是复制陈迹，而须由史家匠心独运，使陈迹原有的精神面貌（包括思想、感情、社会结构）复现。此亦正是克罗齐所谓"一切历史都是当代史"之微旨，而为槐聚所引用而赞同者④。

槐聚驰骋于文史之间，深知古代史书，无论《史记》《汉书》《后汉书》，皆具高度的文学性，《史记》文章尤其疏荡而有奇气；冯班有谓："今人读《史记》，只是读太史公文集耳，不曾读

① 见钱锺书：《管锥编》（一），页272。
② R. G. Collingwood, *The Idea of History*, p. 282.
③ R. G. Collingwood, *The Idea of History*, p. 283.
④ 见钱锺书：《古典文学研究在现代中国》，《明报月刊》，第14卷第9期（1979年9月），页37；《钱锺书研究》，第二辑，页4。

史"①，即把史书当文学作品读。西方史籍亦若是。史既自文来，史体可说是文体之一种，所谓意匠经营，同贯共规，故良史必须工文。然而矜心刻意为文的范晔，却曰"耻作文士"，此后亦颇有人视史之文有别于篇什之文，或曰词人不能为史家之文。如此遥相应和，槐聚一语道破，斯乃重"学究"而轻"秀才"之谓云尔。事实上，良史宜能表偏什之美②。

现代史学讲求实证，极忌以文害意，力图文史分途，而"后现代"论者又将文史复合，视史为文，不忌蹈虚，不必践实，以为历史可以没有"史境"（historical context），文本可以超越作者原意。如怀特（Hayden White，1928—2018）即将史学与文学视为同样的书写、同样的属性，因而写了另类的19世纪史学史，不再有序地叙述史家及其史著，而要发掘史著里"深层的结构性内涵"（a deep structural content），因为"史著乃以叙述体作为论述的言辞结构"（the historical work as a verbal structure in the form of narrative prose discourse）③。然则怀氏所谓"后设"者，乃因过去已无意义，后人必须加设意义于无意义之过去之谓。怀特显然把历史写作，视为文学的形式之一。"后现代"作者也反对以虚实来区分文学作品与历史著作，认为文亦能反映现实，史亦有其虚幻的一面。怀特认为"不是所有的文学作品都是虚拟的，虚拟的也

① 冯班：《钝吟杂录》（北京：中华书局，2013），卷6，页107。
② 钱锺书：《管锥编》（四），页2001—2002。
③ Hayden White, *Metahistory: The Historical Imagination in Nineteenth-century Europe* (Baltimore & London: The Johns Hopkins University Press, 1973), p. ix.

不一定都是文学作品"①。同一史事不仅可有各种不同的说法，而且具有相同的"真实"性，选择某一种观点完全是基于美感或道德感②，于是彻底将史学文学化了。

怀特甚至将历史等同小说，在他心目中所谓史实，根本由建构而得，历史叙事本身是创作，即"史实的小说化"（fictionalization of fact and of past reality）③，历史叙事讲述故事，其内容虽可真实，仍然是一种书写小说的动作。史家可以利用档案资料作客观的研究，然仍须将研究结果，形之于笔墨，无论记人或记事，一如小说家之讲故事，免不了文字上的点缀与虚拟等运作。怀特更指出，西方著名古典史家自希罗多德以下，包括伏尔泰、吉本以及近代的兰克与布克哈特（Jacob Burckhardt，1818—1897）等人在内，其叙事史莫不具有高度的文学性④。中国传统史学里的名家，如司马迁、班固、陈寿、范晔、司马光，似亦不例外。怀特显然欲将文史从虚实的二分法中排解出来，然史与文成亲，并非与虚拟结合。

槐聚则认为，文与史虽同宗而非同道⑤，因文可言虚，而史必践实；文学可以踵文而不践实，然史则踵文必须践实，故史体

---

① Hayden White, "An Old Question Raised Again: Is Historiography Art or Science," *Rethinking History*, 4, 3(2000), p. 403.

② Hayden White, *Metahistory: The Historical Imagination in Nineteenth-century Europe*, p. xii.

③ Hayden White, "An Old Question Raised Again: Is Historiography Art or Science," *Rethinking History*, 4, 3(2000), p. 398.

④ Hayden White, "An Old Question Raised Again: Is Historiography Art or Science," *Rethinking History*, 4, 3(2000), p. 403.

⑤ 钱锺书：《管锥编》（一），页422。

旨在求真。文学虽具真实性，然其任务并不要求真实；如为了真实而伤及文学之美，并不是好的文学。良史要能厘清事实，分辨真伪，考订正误；然欲将真人实事写成可读的历史，不能堆砌史料，有如编撰大事记，而须择取与消化，运思而后笔之于纸端，也就是写史需要经过文学处理的过程。文学处理固然并不一定从虚，而史家行文则与小说家有异，后者可以"虚处理"，而前者必须"实处理"。《三国志》与《三国演义》虽同具文学性的叙事，然历史与历史小说之异，仍昭然若揭。故所谓历史者，虽非等同过去发生的真实，乃史家所书，而史家所优为者，无非借文学技巧从事可靠的"叙事"（narrativization）而已。史家叙事不仅"代表"既往之事，而且赋予往事以意义，其用心与小说家有异，虽同出自文学手笔，目的与结果皆不相同。槐聚所谓文可言虚，并不是说文学作品均虚妄不实，也不完全等同虚拟，一部小说亦可能"代表"或反映真实的现实。槐聚认为即使虚而不实之文，仍可供史之采，如王士祯（原名王士禛）《香祖笔记》与纪晓岚《阅微草堂笔记》中之野语，"虽未足据以定事实，而每可以征人情，采及刍荛，询于刍荛，固亦史家所不废也"①。"征人情"与"采及刍荛"尤其值得史家体会，盖野语亦社会人情之表征，从中可以探知真切的消息，无论雅言或野语皆可为史家求真之用，陈寅恪所谓即使假材料，也可为史家所用，亦即此意。槐聚的结论是：文史作为载体，惟文可言虚，而史必践实；文可供史之采，然史不可如文之可以虚构。故文与史之间，既有亲密关系，又须保持距离；

---

① 钱锺书：《管锥编》（一），页 443。

史家应具文采，必不可因文蹈虚，两者如何拿捏并不容易。槐聚
的文史观泾渭分明，甚是明通。

　　槐聚的史、诗之辨，也有同样的卓见，曾说："史必征实，
诗可凿空"，又说："诗而尽信，则诗不如无耳"[1]；史虽难尽信，
史而不可信，亦不如无耳，明言诗与史本质有异，不可强同。他
赞同刘知幾所说，不宜轻信词赋之可补史实[2]。然而两者复有互
惠之谊，既可会通，又不可尽通，故槐聚指出：论者"只知诗具
史笔，不解史蕴诗心"[3]。诗具史笔，其事较显，如西方之诗史
（epics），以诗篇传史事，名篇络绎不绝，有谓一国的诗史"乃国
史之精髓也"（constitute the essence of its history）[4]。杜甫诗篇，也
有诗史之称，如老杜《石壕吏》一首，叙战乱之惨状，道出当代社
会史之面相，表达民不聊生的实况，极为传神，不下于当时人的
实录，无异秉笔直书之史笔。不过，诗具史笔不能于诗中刻意求
史，槐聚曾说，诗"虚而非伪、诚而不实"的话，毕竟"诗歌之
真"，非即"事物之实"，故史笔不可刻意从诗语中考史。盖"词章
凭空，异乎文献征信，未宜刻舟求剑"；又说"苟有人焉，据诗语
以考订方舆，丈量幅面，益举汉广于河之证，则痴人耳"[5]。若凿
空考史，非仅考史无得，更无视诗之特质，有碍诗之风雅。总
之，"可视史为诗，不可视诗为史"（Yet, while history was poetry,

_____

① 钱锺书：《谈艺录》，页 38、388。
② 钱锺书：《管锥编》（四），页 2030。
③ 钱锺书：《谈艺录》，页 363。
④ Louise Merwin Young, *Thomas Carlyle and the Art of History*. 1939 Reprint（New York：Octagon Books. 1971），p. 16.
⑤ 钱锺书：《管锥编》（一），页 166、167、164；（四），页 2029—2030。

poetry was not history)①。

　　然则诗与史既可会通互补，也各有分际。陈寅恪笺证白乐天
《长恨歌》，力求信史，虽有功于考史，卒不免有碍歌诗之风情，
故槐聚非之；并非考史无当，实不自觉误会了诗体。盖诗体有虚
构的本质，有其象征含蓄之美，若一一求实，必伤风雅，更不免
有凿空之讥。一篇《长恨歌》之所以大有风情，因其刻画君王与贵
妃之间缠绵感人的爱情故事，"天长地久有时尽，此恨绵绵无绝
期"，必欲考证时、地、人之精确，断定杨太真入宫前，已非处
子，以便揭发以儿媳为妇之丑事，透露时代的讯息，史笔固然峥
嵘，然于诗情则不免扫兴矣；"温泉水滑洗凝脂"，"侍儿扶起娇
无力"，极尽美人出浴之娇态，以及诗情传神之意境，而必谓"温
泉之浴，其旨在治疗疾病，除寒祛风"，亦大伤风情；"六军"泛
指羽林军，犹如用典，不能以未考盛唐兵制相难；"宛转蛾眉马
前死"，道出死别之难，何必追究是缢死或吞金；"峨嵋山下少人
行"，峨嵋泛指四川，点出幸蜀，未必真的途经峨嵋（峨眉）山下。
陈寅恪曰"乐天未入翰林，犹不谙国家典故，习于世俗，未及详
察，遂致失言"②，直以史笔要求诗之必信，乐天诗人地下有知，
何以心服？至于诗中所述，临邛道士，上天入地云云，都是虚
构，亟写君王思念爱妃之殷切，增加哀婉动人的气氛，也是诗体
的特质，断不能以史眼看待。赵瓯北虽说"《长恨歌》自是千古绝
作"，仍谓"其时肃宗卧病，辅国疑忌益深，关防必益密，岂有听

① Peter Gay, *Style in History*(New York：Basic Books，1974)，p. 175.
② 陈寅恪：《元白诗笺证稿》(上海：上海古籍出版社，1978)，页19、21、42。

方士出入之理！即方士能隐形入见，而金钗、细盒，有物有质，又岂驭气者所能携带！此必无之事，特一时俚俗传闻，易于耸听，香山竟为诗以实之，遂成千古耳"①。香山岂欲以诗实之，特以诗言虚，刻画思念之殷耳。史家赵翼亦诗人也，仍不免强诗为史；不知诗有凿空言虚的本质，殊"不宜苛责词赋之有背史实"②。然则若谓槐聚欲以"诗的本体观去打倒史的本体观"③，斯言差矣！槐聚明言，诗可言虚，史必证实，于诗与史之分际，了然于胸，不容曲解。

　　至于"史蕴诗心"，人多不解，因诗尚虚，故史家往往视为大忌。其实史传中不乏"弄笔狡狯处"④。槐聚所谓"史蕴诗心"非欲舍"真"就"虚"，强史为诗，实欲增添信史的美感。刘知幾欲求诗于史，故谓史之美者，以叙事为工；叙事则以简省为要，简省须知疏而不遗的隐晦之道，而此道实即诗道，故刘氏曰"读古史者，明其章句，皆可咏歌；观近史者，得其绪言，直求事意而已"⑤。换句话说，近代史笔不似古人之具诗心，以至于读来冗长乏味，不能深体微意，仅得史事的大概而已；唯有史蕴诗心，始称佳史。刘知幾用晦之道、刘彦和余味曲包之说，皆属此意。足见史蕴诗心关涉到史笔叙事，以及创意之流畅与美感、真与美之结合。马迁《史记》疏

---

① 赵翼：《瓯北诗话》(上海：扫叶山房，1917)，卷4《白香山诗》。
② 钱锺书：《管锥编》(四)，页1297。
③ 李洪岩、毕务芳：《钱锺书古典文学研究的特征与贡献》，辛广伟、李洪岩编：《撩动缪斯之魂——钱锺书的文学世界》(石家庄：河北教育出版社，1995)，页127。据此极端的结论，自然会引申出钱锺书反对实证、反对考据、反史等错误的判断。
④ 钱锺书：《谈艺录》，页363。
⑤ 刘知幾：《史通》(北京：中华书局，1961)，明张之象刻本，卷6，页15a。

荡而有奇气；温公《通鉴》，庄严信美；吉本的《罗马衰亡史》行文恣肆，结构宏伟；米什莱（Jules Michelet，1798—1874）之《法兰西史》，使中古之往事复苏，人与物呼之欲出，均可称史蕴诗心，有诗般之美，可资咏诵之史。诗既有助于认识人性，诗心亦足称想象之母。史家对史事所产生之震懔与共鸣，皆属直感，也就是诗感，并经由思考与内感以掌握现实，故史蕴诗心始能在认知上加重直感之敏锐。现实中本有诗情，人类既往之业绩，有如宏伟之诗篇。英国史家卡莱尔（Thomas Carlyle，1795—1881）深信史与诗密不可分，诗心足可使史笔洞察生命的奥秘，掌握时代精神的去向，提升高明的想象力，而想象力与同情心乃理解历史之所必须，甚至以为史乃真人实事之诗，其佳者远胜于小说之引人入胜①，因"诗心之伟大，端能揭露历史表象的面纱，而后见及史事之真与美"（poetry's great function is to reveal the truth and beauty of the reality behind the veil of appearance），谓之"诗般之史"（poetico-historical）②。诗心既最具情绪与美感的敏感度，亦因而最能表示历史现象之真与美；既具诗之敏感，始得深探人事之内层，叙事方能栩栩如生，而免死气沉沉③。卡莱尔评伏尔泰之史书，如"仓库里整齐的货品"（like goods ın a well-kept warehouse）④，绝非诗般之史。盖史意得自对往事之感动，而感动来自诗般敏锐的观察。然则史意乃诗意的特殊表

---

① Thomas Carlyle，*Critical and Miscellaneous Essays*（London：1857），vol. 2，p. 284；vol. 3，p. 247；另参阅 Louise Merwin Young，*Thomas Carlyle and the Art of History*，pp. 6，18。

② Louise Merwin Young，*Thomas Carlyle and the Art of History*，pp. 112，113.

③ George Saintsbury，*A History of Nineteenth Century Literature*（New York，1896），p. 251.

④ Louise Merwin Young，*Thomas Carlyle and the Art of History*，p. 18.

现，诗体与史体虽有异，然若史体之设计、写作、风格、议论、行文、遣句，皆蕴诗心，岂不佳甚？于此可知，槐聚所谓"史蕴诗心"乃史家应具的认知。史家若沉迷于特殊史事，必难具诗心；凡史家渴望述史的和谐之美，必具诗心。真与美以及风格与内容，实有相关之处。瑞士史家布克哈特有言：史可自诗吸取最纯美之泉水，获致探究人性的洞察力，以照明史事，良有以也。布氏直称"史乃诗的一种形式，甚至是诗之层峰"（Die Geschichte ist und bleibt mir Poesie im größten Maßstabe）。事实上，"就了解人性而言，莫逾于诗心"（Die Poesie leistet mehr für die Erkenntnis des Wesens der Menschheit），故诗人之才智高于史家①。从史家布克哈特由衷之言可知，史蕴诗心绝非幻想或浪漫，而能培育史家的眼光与想象力，诗心更能洞察历史的精髓，增益史识，因得其神而益见其传真之余，更能传神。

考证发掘固有利于传真，若碑文实录、古墓石室，虽真实无讹，却了无生气。史家不为旧闻所没，则有赖诗心，以澡古人古事之精神，庶令其魂魄重现，更能达到传神的目的。故史家治史，智度之外尚须神会，此即德国史家蒙森（Theodor Mommsen，1817—1903）所言："史家宜具神悟之才"（the divinatory gift of the historian），而神会妙悟莫愈乎诗，所谓"禅道惟在妙悟，诗道亦在妙悟"②。诗道之空灵婉约正可为史家神会之助，而真实之事原

---

① Jacob Burckhardt, *Briefe*(1929), vol. 1, p. 208; vol. 7, p. 52; Burckhardt, *Reflections on History*, pp. 107-108.

② Hugh Trevor-Roper, *History and Imagination*(Oxford：Clarendon Press, 1980), p. 20. 严羽：《沧浪诗话》，见何文焕编订：《历代诗话》（台北：艺文印书馆，1983），页442。

可由史料掌控，诗心之柔肠无妨史笔之铁腕。想象与资料合而为一，始见今古人情之温馨，以及诗心史笔之真挚。

　　槐聚屡及狄尔泰，有其慧眼，自称"Dilthey 之学，域中称述者，弟为最早"①。狄氏以哲人而酷爱历史，尝从大师兰克游，且曾亲访档案馆，作过第一手的史学研究，不同于一般哲学家之凭空设想，以历史为奴仆而任意使唤。其著作虽多未能定稿，所见实已发柯林伍德历史哲学之先声，且有柯氏不可及之处。狄氏虽反对实证派的科学观点，但认同科学方法，两者并不矛盾，因他认为不应将自然与人文两界相混淆，因两界各可以不同的科学方法作研究。人文界与自然界最大的不同，是内省多于外观；自然界要建造外观的物质世界，而人文界则要建造内省的精神世界。诚如近人所说，"狄尔泰之后，史家毋须再为史学的非科学性格而致歉"②。凡"精神世界"（die geistige Welt）之建造，均有赖于"理解"（Verstehen），不仅须深入别人的心灵，而且还要洞悉别人经由言词和行动所表达的意义。表达的本身是经过"解释"（Auslegung）的结果；要理解这些"表达"，则有赖于对整个社会与文化背景之熟悉，包括组织、规范、语言、诗歌、宗教、科学等等。狄氏称之谓"心之客观存在"（objektiver Geist）。换言之，一个人不可能在孤立于整体的情况下被理解，而必须在整体中被理解，因为个人的思想与感情莫不受制于客观环境。例如《红楼梦》一书的"两个世

---

① 语见《钱锺书复汪荣祖书》（1980 年 9 月 18 日）。

② 原文是："After Dilthey historians no longer needed to apologize for the unscientific character of their disciple." 语见 H. Stuart Hughes, *Consciousness and Society: The Reorientation of European Social Thought, 1890-1930*（New York: Random House, 1958），p. 199。

界"，一属曹雪芹个人创作的心灵，另一属于具体存在而反映社会与文化整体的著作。精神世界包含了个体与整体，故有别于一般生理上的心灵运作。

历史世界属于精神世界，史家欲阐释个别历史事件或人物，必要重建这些个体的最原始解释，"理解"之目的在深入内心世界，重新发现历史行动的意义；而"理解"的方法则是将人与事，置于影响个体的整体之中去"理解"。历史的最终整体是世界史，但在实践上多般是一个时代、一个国家或一个阶级。唯有经过"理解"的过程，才能避免时代、国家、阶级的偏见。后人理解"古人而获致历史知识，其可能性端在今人与古人，虽异代相隔，却具有同样的心灵世界"[1]。于此可见，狄氏并不主张以现代的偏见来解释古代，而是以现代的心灵来探索古人的心灵。写历史的人与历史人物具有同样的心灵，也就是历史研究最"科学"的依据。狄氏强调在任何一个历史世界之中，都存在着人事与人事之间密切的关联性，诸如经济、政治、法律与语言、歌诗、宗教间之关系，以及人事及其背景的关联性，故必须注意自然以及文化环境对人的影响。由特殊个体群组成的具体系统，形成一致而和谐的关联机制；"此一机制的部分，从具有价值与目的之整体关系中，获得意义。"[2]历史事件的意义来自与相关机制的联系上，且与其他事件共

---

[1] 参阅 Wilhelm Dilthey, *Pattern and Meaning in History: Thoughts on History and Society*, Edited & Introduced by H. P. Rickman(New York: Harper, 1961), pp. 64, 66。

[2] "The parts of such a system of interactions acquire significance through their relation to the whole which sustains values and purposes." 语见 Wilhelm Dilthey, *Pattern and Meaning in History*, pp. 146, 148。

同展现整体的价值与目的，个体也就是在整体中运作。个体与整体之间的循环关系于焉浮现，单一的事件须从大格局中求理解，谓之循环的一边；大格局也须由单一事件来理清，谓之循环的另一边。当代论师一则曰："建立格局以便理解其中的个别现象"①，二则曰："作者自一般的观测进探特殊，亦有人自特殊的陈述，逐步归纳到更高境界。"②再则曰历史要有意义，"必须牵涉从个体到整体，或整体到个体的关系"（all historical accounts have to involve part-to-whole or whole-to-part relationships）；不过，个别的事实可被发现，"而包罗个体的整体格局，最终必须靠想象与发明"（to contextualise the facts has to be ultimately imagined or invented）③。三者都颇得循环之微意。

　　槐聚亦论及古今之循环，有云"鉴古足佐明今，而察今亦裨识古；鸟之两翼、剪之双刃，缺一孤行，未见其可"④，拈出由今可以识古，以及由古可以明今的循环。朱熹曾说："古今者时也"⑤，古今之分，始有古往今来的时间观念，历史意识生焉；历史原是说古，而说古者乃人。法国史家列斐伏尔（Henri Lefebvre,

① "Constructing a context within which we can understand a given phenomenon." 语见 Trygve Tholfsen, *Historical Thinking* ( New York, Evanston, and London: Harper & Row, 1968), p. 298。

② "Some writers begin with general observations and proceed to the particular; others begin with specific statements and built inductively to greater and greater heights." 语见 W. T. K. Nugent, *Creative History*, Second Edition( Philadelphia: J. B. Lippincott, 1967, 1973), p. 111。

③ Keith Jenkins, *On What is History? From Carr and Elton to Rorty and White*( London and New York: Routledge, 1995), p. 19.

④ 钱锺书:《管锥编》(一)，页282。

⑤ 朱熹:《朱子全书》(明武英殿御制本)，卷6，页63。

1901—1991)有言，史家以今为出发点，先回顾，由今而古；然后再回到现在。古益远，而今瞬间成古，犹若吾华所谓"今日之今，霍霍栩栩；少焉瞩之，已化为古"①，亦若谓"昨日新，前日陈，昨日陈；今日新，此时新，转眼陈"②，故时光刻刻流转，古今不断绵延，然则"今人如泳于古，而无从逃避矣"③。

　　古今之所以能够互通，一如彼我之可以相知，端因古今境遇虽异，而人性并无不同，可以今人之心，度古人之腹；古人的遗言遗行，也可由今人识得。此亦狄尔泰认为历史知识可能性的基础。此亦即槐聚所说，上下古今"观其同而通之，则理有常经，事每共势"，有心之人甚至可以借古讽今，不患无词开说，也因而可能无意触犯时忌，百口莫辩④。鉴古明今，古来多用镜喻，《史记》有云："居今之世，志古之道，所以自镜也"，《三国志》有云："明镜所以照形，古事所以知今"，皆如唐太宗所谓"以古为镜，可以知兴替"，目的均在以历史为当代政治的《殷鉴》《龟鉴》，庶几前事不忘，后事之师⑤。若就史学而言，所鉴之古乃历史知识；若无历史知识，则既往茫然，不知汉唐，无论魏晋，不知今之所从来，更不知何所往。古或应喻为烛光而非镜子，唯烛光能通幽而明今。章太炎尝曰："鉴往以知来，援古以证今，此

① 见袁枚：《随园随笔》（上海：大达图书供应社，1934），卷23，页2。
② 见傅山：《霜红龛集》（太原：山西人民出版社，1985），卷37，页15，总页1040。
③ "We swim in the past like fish in water, and we cannot escape from it." 斯乃英国马克思派史家 Hobsbawm 之言，见 Jacques Le Goff, *History and Memory* ( New York：Columbia University Press，1992)，p. 10。
④ 钱锺书：《管锥编》（三），页1724—1725。
⑤ 参阅汪荣祖：《史传通说》，页174—175。

如弈者观谱，旧谱既熟，新局自创。"①这是循环的一边，另一边则是察今以识古，以新局比对旧谱，识古即如识谱。克罗齐以历史皆近代史，柯林伍德将心比心，可谓俱演察今识古之旨。历史阐释苟能作此双边循环，既察今识古，又鉴古明今，多少也能略知未来。阿道司·赫胥黎（Aldous Leonard Huxley，1894—1963）所谓历史教训几不可得②，应属一偏之论。

惟英国史学名家若麦考莱·特里维廉（George M. Trevelyan，1876—1962）认为，"凭今日的知识，论断古人古事显有偏颇"③。欲免偏颇，"今人论古，要能出于今而入于古，庶能洞悉今人视为异者，而古人却习以为常"④。此语不异于王船山所说："设身于古之时势，为己之所躬逢；研虑于古之谋为，为己之所身任"⑤，虽表出古今之异，投今于古，然言犹未详。诚欲通古今，必须掌握古今时间的距离，槐聚尝用譬引喻，"以空间概念用于时间关系"（der Gebrauch der Raumbegriffe für Zeitverhältnisse）⑥。

---

① 阅《读史与文化复兴之关系》，《章太炎先生演讲录》（上海，1933），徐澂、王乘六记，页1—2。

② 原文是"That man do not learn very much from the lessons of history is the most important of all the lessons that history has to teach,"见 Aldous Huxley, *Collected Essays*（New York，1960），p. 308。

③ 原文是"judging the past by our knowledge of the present, clearly introduces the element of bias,"见 G. M. Trevelyan, *An Autobiography and Other Essays*（London：Longmans，Green，1949），p. 76。

④ 原文是"how to think ourselves out of milieu in which we have been reared, to force ourselves into points of view which are strange to ourselves but familiar elsewhere,"见 E. H. Dance, *History of the Betrayer: A Study in Bias*（London：Hutchinson，1960），p. 45。

⑤ 王夫之：《读通鉴论》（北京：中华书局，1975），第3册，卷末，页956。

⑥ 钱锺书：《管锥编》（一），页287。

空间固然有距离，时间也有之，唯时间的距离较为抽象，不易觉
察而已。黄庭坚《过家》诗有云："系船三百里，去梦无一寸。"①
三百里是空间距离，而诗人心中的距离，可以缩短为不足一寸。
史家说古今可以驰骋，"虽燕越万里，而于径寸之内犬牙可接；
虽昭穆九代，而于方寸之中雁行有叙"②，也很容易跨越实际上的
空间距离，因而无意之间忽略了古今之间的时间距离。欲掌握古
今时间的距离，必记"古今缅邈，时异势殊"③。所谓"异"与
"殊"，即由时间的距离所造成者。槐聚有言，后世虽贱鬼贵神，
但初民并不区分鬼神之贵贱，故"上下古今，察其异而辨之，则
现事必非往事，此日已异昨日，一不能再（Einmaligkeit），拟失其
伦"④。故察今识古，必察今之有异于古，始能识之；而鉴古明
今，亦须知古今时间之异，所造成的情同事异或事同情异的实
况。明人于慎行已有此见："天下之事，有异情而同形者。当曹
操伐吴之时，则降者亡而战者胜；及魏鼎既成之后，则战者败而
守者全。何也？前之形未成，而后之势已定也。"于氏亦颇道"同
事而异功"之例⑤。相似的历史事件因历史时间的区隔，而有极大
的差异；同样的事在不同的时空里，也会有完全相反的结果，在
在显示对历史时间的认知。若以其形同而以为情同，以其事同而
以为功同，则既不能识古，更无从明今矣。古今异情，然今情往

① 阅黄庭坚：《黄山谷诗》（台北：河洛出版社，1975），页178。
② 语见陆深：《史通会要》，载《俨山外集》，嘉靖乙巳序，卷31，页4。
③ 语见张溥：《历代史论》（上海：扫叶山房，1924），原序，页1。
④ 见《管锥编》（一），页306；（三），页1724。
⑤ 于慎行：《读史漫录》（明万历刻本），卷5，页11；卷6，页16。

往横加于古人古事，即槐聚所谓："'断章'乃古人惯为之事，经籍中习见，皆假借古之'章句'，以道今之'情物'。"①所断之章句，既为今用，固不必尽符本旨。断章取义虽便于借古讽今、借题发挥，必不尽符本事，或以今人之是非妄论古人，强古就今，发抒块垒，虽能察今，却不能识古矣。

伯伦汉（Ernst Bernheim，1850—1942）于其史学方法名著中，提出"史料之相互解释"（Gegenseitige Interpretation der Quellen）②，史料互补犹如考证之互证。史实经考定之史料而出，故史料与史实之间，也有一种供需的循环关系；史实既由史料而成，史料可以不断修正或推翻史实，如洪迈提出唐代平蛮碑此一史料，证明唐明皇曾遣内常侍高守信为南道招慰使，推翻了唐朝太监掌握兵权至唐宪宗时才开始的史实，下开陈寅恪用长庆唐蕃会盟碑作史料考定史实之先河③。史实与史实间的关系得到合理的解释之后，成为历史，即法国人泰纳（Hippolyte A. Taine，1828—1893）所谓"收集史实之余，究其因缘"（Après la collection des faits, la recherche des causes），始能将弄清楚的史实联系起来，以明其间的关系④。从史实关系中理出含有普遍性的结论、有效的类比、相同的情景，可获致规模不等的"概括"（generalization），若更晋一阶，则是普遍

---

① 钱锺书：《管锥编》（一），页 370。
② Ernst Bernheim, *Lehrbuch der Historischen Methode und der Geschichtsphilosophie* ( New York：Burt Franklin, 1970 ), p. 599.
③ 参阅洪迈：《容斋随笔》（台北：大立出版社，1981），上册，页 2。陈寅恪：《金明馆丛稿二编》（上海：上海古籍出版社，1980），页 98—99。
④ 参阅 Patrick Gardiner, *The Nature of Historical Explanation* ( Oxford：Oxford University Press, 1961 ), pp. 70–71。

的"法则"(law)。无论概括或法则，皆具争议性，因其无法像自然法则之能放诸四海而皆准。检验之道，无非重视史实与理论之间互动的循环关系。一方面由史实建立通则或理论，另一方面再据通则或理论来检验与史实是否相符，两者如鸟之双翼、剪之双刃，相辅相成。宋人吕祖谦颇能从史事中归纳通则，如举陈侯惧宋卫之强，而忽郑之弱，结果祸发自郑；秦惧匈奴而忽百姓，结果为百姓所倾；汉抑宗室而任外戚，结果为外戚所败；晋武帝轻忽戎狄，而遭戎狄之难；隋炀帝轻忽盗贼，卒因民乱四起而亡国，遂概括之曰："天下之事胜于惧，而败于忽。"①槐聚引古希腊文家论仇敌可为己益，所谓"外无畏忌，则邦国危殆"(Now is our position really dangerous, since we have left for ourselves none to make us either afraid or ashamed)，复引 16 世纪意大利政论家之言，谓"安乐为人之大敌"②，以西方之经验，更加坐实东莱"天下之事胜于惧，而败于忽"的概括。槐聚根据中外史事所得出之概括，固不止此，诸如由于人性之猜忌，君主遇功臣必寡恩；又如凡事乐极生悲，怒极悔生，合《礼记》所谓"盈而反"，或心理学之"疲乏律"③等，所言均极精彩。槐聚评黑格尔自以为是的概括，实不只一端。黑氏谓中国虽发明印刷术，而无活字板，竟不知中国活字板早于欧洲千年的事实。黑氏不知汉字同音字之多，将众多的同音字视为同一字，而斥其杂乱，更不知汉字尚有正义借

---

① 吕祖谦：《东莱博议》(上海：启新书局，1924)，页 11。
② 钱锺书：《管锥编》(一)，页 359。
③ 参阅钱锺书：《管锥编》(一)，页 544、334—336。

义、正音借音之辨①。黑格尔不知事实而有意见，却抱怨"中国人
虽知史实，然对史实全无思维与意见"②。黑氏类此概括，虽成为
不少西人之常言，不知存疑，但槐聚以实学、实例驳之，极为
明快。

　　建立史学的普遍法则，在科学主义大潮之下，曾经成为一时
的风尚，波普（Karl R. Popper, 1902—1994）首创"涵盖法则模
式"（the covering law model），于 1935 年即提出具有涵盖性的阐释
理论，后续出版之名著《开放社会及其敌人》（*The Open Society and
Its Enemies*），将其理论更施之于历史。波氏承认自然科学或应用
科学与历史科学之间性质有别，历史科学阐释个别事件而不作预
测和实验，但坚持史家须像自然科学家之运用普及法则，以严格
的逻辑思考作为诠评的准则。亨普尔（Carl G. Hempel, 1905—
1997）更进而强调普及法则用诸历史之可行性，若谓"普及法则对
历史与自然科学有相当类似的作用"③，以便建立史学阐释的逻辑
结构。按照此一理论，个别历史事件的发生，必须从普及法则中
求答案，而普及法则与逻辑结构，不仅可得必然的结果，而且可经
反复试验而屡试不爽。然而，可以质疑者，普及法则的一环，能否
涵盖特殊的史事？能否经得起史实这一坏的考验？历史的本质原有

---

① 参阅 Georg W. F. Hegel, *The Philosophy of History*, trans. by J. Sibree（New York:
　　Dover, 1956）, pp. 135, 137。
② 原文是"History among the Chinese comprehends the bare and definite facts, without any
　　opinion or reasoning upon them."语见 Hegel, *The Philosophy of History*, p. 135。
③ 原文是"general laws have quite analogous functions in history and in the natural sciences."
　　语见 Carl G. Hempel, "The Function of General Laws in History," in Patrick Gardiner,
　　*Theories of History*（New York: The Free Press, 1960）, p. 345。

高度的特殊性格，故凡概括皆有其局限，更不要说法则？历史不像科学或逻辑一是一、二是二，而具有不确定性。不确定性并非偶然，须视情况而定，绝不能一概而论。欲将历史理论化，寻求涵盖一切之法则者，多属哲学家；哲学家所写的历史哲学在西方早已洋洋大观，但哲学家鲜有实际写史的经验。史学家则较为强调史事之独特性与不可预知性，故不认为历史之意义可由屡试不爽的法则所概括，遂而漠视理论。历史之本质与自然科学既然有根本之异，绝无可能同具涵盖性的法则。史事有其发生之环境，可称之为"史境"，所谓"史境展示史事的意义"（context gives meaning）①。历史意义固不能由一法牢笼，然而仍需概括，以及有各种模式可寻。模式由真实可信的史事组织、分析、阐释而成，也必然经得起考核。然则模式与史事之间，亦有其循环关系在焉。

历史阐释为史学中之重镇，未经阐释的历史仅仅是年谱、日志或大事记，不足以称之为史书，更难登现代史学著作之林。主观的阐释能不失其客观公正，经过阐释之史事，更能见到真相与意义，故史家之功夫也最能见之于阐释。现代史家欲求阐释之精益求精，颇求助于自然与社会科学的法则与理论，然其流弊是以论带史，以模式来套历史，槐聚释史正可救此流弊。若能将个别史事与历史趋势相互循环，则不至于见树不见林，也不至于见林不见树；能通古今之循环，则可避免以古惑今，或以今强古；得悉史实与理论间之循环，始能不断以史实来修正理论，而理论也得以照亮而非扭曲史事矣。

--------

① Gordon Leff, *History and Social Theory* (London: The Merlin Press, 1969), p. 79.

# 后　语

钱锺书曾说，他不是学者，而是通人，意谓他不是专业的文学家、史学家、哲学家，而是兼通文史哲的通人。文史哲可说是撑起他学术微世界里的三根支柱，旁及可资点缀的其他林林总总的人文社会学科，呈现一个璀璨的学术殿堂。

钱锺书渊博的学问，有目共睹，无人会有异议，即使刻意讥评者，也只能说他玩弄学问；然玩弄学问也要有智慧与能力，始得运作自如，亦非同小可。按所谓学问，并不仅仅是资料或知识的堆积；如果是的话，那电脑要比人脑既完备又有效。学问不仅要学，而且要问，必须审思之、明辨之；洋人所谓"学问"（scholarship），每指一位学者的性格，包括其传承的学统、才能、心思，以及成果，无论中外，学问绝非材料与知识的吸纳，而是要靠人脑而非电脑处理出来的成绩。

所以学问可以说是思想的本钱，学问愈大，思想应该愈精，钱锺书即其人也。学问也可比作表达思想的工具，工具愈善，思想愈利；然而用此本钱作为工具来表达思想的方法与途径却未必相同。就西方传统而言，在思维上讲究逻辑思考，建立哲学体系。综观西方的哲学体系多般试图为人类所面对的大小问题求答案，但每一个体系的内涵都不免是实际情况的"简化"（simplification），要因体系的建构者会有意或无意忽略，甚至无视无数其他的思想因子，故以一人的心力包揽一切，必然有失。西人亦自知在人文学科范围内的体系，远不如自然科学之精确不二，所以几乎没有任何一个人文体系可以天长日久。有的体系固然在一段时间内广受欢迎，如黑格尔体系（Hegelianism）之兴隆，固然得力于其"理性的形而上学"（metaphysics of rationalism），亦由于其依据实际经验的"现象学"（phenomenology），包括两大概念："观察"（observation）与"形成"（becoming），论者将之与科学实证方法相提并论。但是黑格尔并不能证实任何东西，包括他著名的"绝对理念"（absolute mind）在内。他像其他的哲学体系建构者一样，以"简化"思想发展史来表达他自己的信念而已。当达尔文的"演化论"一出，形成社会达尔文主义，提供了真正物质的、自然的、立足于"绝对理念"与上帝之外的替代体系。"演化论"足可漠视黑格尔的唯心论，"心"既然成为人种适应的器官，理念不过是现象观察或检验的对象，而非具有绝对与永恒的本质①。在 20 世纪出现了极其庞大的汤因比（Arnold J. Toynbee, 1889—1975）体系，有系统地论述二十几种文

---

① 参阅 Harry Prosch, *The Genesis of 20th Century Philosophy: The Evolution of Thought from Copernicus to the Present* (New York: Thomas Cromwell Co., 1971), pp. 318-324。

明，皇皇十巨册，虽红极一时，但汤氏及身目睹其说之衰微①。

在中国学术思想传统里，几乎没有庞大的哲学体系，甚至有许多西方人根本不认为旧中国有哲学。章太炎就说过，"哲学之名词，为今日一般人所通用，然考之实际，尚不甚适当，惟求一较善之名词，亦不可得耳"②。胡适之也有此觉察，所以把他的《中国哲学史大纲》改名为《中国思想史大纲》。哲学原是西方文化的产物，表达思想的一种"文类"（genre）；传统中国有自己表达思想的文类，主要是子学，近人将之与哲学相比附，取径实不尽相同。古代中国思想崇尚人伦，以空泛幽渺之思，为不切实用，聊供清谈，更有绝伦蔑理之虞，故多不愿穷究细微，不似西方哲学之畅所欲言。然诸子百家并非没有精辟的思想与独到的见解，只是精见覃思，浓缩于各家的概念，如儒之仁义、老之无为、庄之齐物、墨之非攻、魏晋玄谈、两宋道学、宋明理学、王阳明知行合一，都不曾作西式逻辑之展开。

兼通中西的学者未必认为西方范式特别优越，而中国范式可以弃如敝屣。史家陈寅恪即洞见，今人效西人建构哲学史，实乃今人自身之哲学，而非原有的哲学，有云："其言论愈有条理统系，则去古人学说之真相愈远。"③所以他深信未来的趋势必然是

---

① 详阅汪荣祖：《汤因比的历史研究》，《史学九章》（北京：三联书店，2006），页37—62。
② 章太炎：《章太炎国学演讲录》（台北：文海出版社，1973），张冥飞笔述，页115。
③ 陈寅恪：《冯友兰中国哲学史上册审查报告》，《金明馆丛稿二编》（《陈寅恪集》），页247。

"一方面吸收输入外来之学说，一方面不忘本来民族之地位"①。钱锺书幼承家学，对自家学术源流一清二楚，知其短长，绝不盲从。同时自少年时代起即已接触到西方哲学，在清华读书时就已展露阅读西典的批判能力。他虽深受黑格尔唯心论的影响，但绝不迷信包括黑格尔在内的泰西大师鸿儒。他不迷信任何人，也坚决不要任何人迷信他，因为迷信就是走向蒙昧的开始②。他深谙西学，从不随波逐流，当然也不会迷信西方的哲学体系，深知貌似严密的思想和哲学系统都不能持久，犹如庞大的建筑物经不起时间的侵蚀而倒塌，只剩下木石砖瓦尚可利用的片段思想③。片段思想反倒比庞大体系更能持久，所以他既不沉醉，也不仰慕任何庞大的体系。或有人有鉴于槐聚学问之大，惋惜他未能建立体系，其实非不能也，是不为也，因为他自觉有表达他学问与思想更好的方法。

钱锺书能像其当代人一样，用现代西方人的方式写论文，如他的中文文集《七缀集》以及《英文文集》，从一个主题展开，娓娓道来，揭出独到之见。如果以这种方法来写，就《谈艺录》与《管锥编》的简明雅言和丰富内容而言，非千百篇莫办。他自称"兼贪多与爱好之病，所论述皆发其端而未竟其绪"④，非尽谦词，故而用古文和传统笔记手法来写，可说是聪明的选择。《谈艺录》尤其

① 陈寅恪：《冯友兰中国哲学史下册审查报告》，《金明馆丛稿二编》(《陈寅恪集》)，页 252。

② 参阅刘再复：《钱锺书先生记事》，《东方早报·上海书评》(2009 年 11 月 15 日)。

③ 阅钱锺书：《读〈拉奥孔〉》，《七缀集》，页 34。

④ 见《钱锺书复陈子谦书》手迹，载陈子谦：《钱学论》，首页。

是《管锥编》，以吾华经典名著为底本，揭出其警句名言，作为主题，探其玄思，举证不厌其烦，或更与西说互观验证，如烛照幽，触类旁通，成果累累；虽尚未竟其志，已粲然可观。若只看举证繁琐，不见迭出之精见，即憾其有材料而无思想，真不免有眼无珠之讥矣①。

钱锺书选择以读书札记体来表达其学术见解，显然认为是最便捷的方式，事实也是如此；即使如此，尚有遗珠之憾，特别是对杜甫与韩愈都有未发之新意②。有一位中国社会科学院的学者说："他（钱锺书）的两部力作《谈艺录》《管锥编》都沿袭顾炎武《日知录》、钱大昕《十驾斋养新录》、赵翼《陔余丛考》式的学术笔记的路子，惟一不同的就是征引文献的范围扩大到了西洋原典。"③除顾、钱、赵之外，还有王念孙父子、戴东原等，都是有清一代著名的大学者，可说是集传统中国学术思想之大成。钱锺书仅仅是"沿袭"清代学者的余绪，发其尾声吗？非也！美国汉学家艾朗诺（Ronald Egan，1948—　）旁观者清，看出钱氏于承继清儒所采用的传统笔记体裁之余，所选的文献、所关切的议题，以及"整个的范围研究的对象和方法与清代札记并不一样"。不仅此也，钱锺书不时与这些清儒"对话""抬杠"甚至"驳斥"，如驳钱大昕翻案之不当，揭露王念孙训诂之局限，哂戴震当面错过解

① 驳斥所谓钱有学问无思想之谬论，可参阅张隆溪：《中西交汇与钱锺书的治学方法：兼评当代学风》，汪荣祖主编：《钱锺书诗文丛说：钱锺书教授百岁纪念国际学术研讨会论文集》，页196—200。
② 杨绛：《〈钱锺书手稿集〉序》，《钱锺书手稿集·中文笔记》，第1册，页3。
③ 蒋寅：《在学术的边缘上》，杨联芬编：《钱锺书评说七十年》，页154—155。

决问题的答案。更重要的是，钱锺书能用新的方法重新解读古籍，关心前人所忽略的文学与美学议题，西方学说更为他在中国学术内"开拓新的视野"①。钱锺书站在后来者的高度，评说清儒总结传统学术的成绩，无论在方法上和内容上早已超越先贤。引用西洋原典亦非仅扩大文献的范围而已，外国学者能见钱锺书视野之宽广、见识之深远，国内的那位学者反而见不及此。

　　从钱锺书的学术微世界，可知"思想"的比重极高，尤其是抽象思维为其所好，故能"高着眼，远放步"。他自己决定将《管锥编》英译为 *Limited Views: Essays on Ideas and Letters*（《所见有限：思想与文论丛说》）②，"所见有限"显示一贯的谦怀，亦暗合管锥两字之微意，盖语出《庄子·秋水篇》"直用管窥天，用锥指地也，不亦小乎？"英文副题则凸显"思想"与"文论"是全书的主要内容，也是他毕生志趣之所在，并进而主张人文学科之间作跨时空的思想交流，既欲使中西古今的观念互通，又力避各种观念之貌同心异③。钱锺书以其丰沛的西洋哲学素养研究文史，尤重观念的厘清与辩证。他独具批评的眼光，于洛夫乔伊"单位观念"说，虽提及，但对此一议题之论辩，雅不欲偏执一端。槐聚思想的底线是理性主义，

<hr/>

① 阅艾朗诺（Ronald Egan），《脱胎换骨——〈管锥编〉对清儒的承继与超越》，汪荣祖主编：《钱锺书诗文丛说：钱锺书教授百岁纪念国际学术研讨会论文集》，页 213、214、215、216、220—221、224—225。
② Qian Zhongshu, *Limited Views: Essays on Ideas and Letters*, p. 1.
③ 李洪岩别进一解说："'中书君'是钱锺书的笔名，而中书君即笔，即管城子，毛锥子即管锥，所以，问题清楚了，'管锥编'三字藏有著者的名字，正是'钱锺书集'的意思"，见氏著：《智者的心路历程——钱锺书的生平与学术》，页 459。说得颇有道理。

然作为文学研究者，他同时注意到"感觉"（sensations）的重要性。"感觉"比"思想"和"观念"直接而鲜活，又必须从经验观察中获得，然并无必然的客观联系。"感觉"又比"思想"和"观念"更加复杂，如"恨"与"悔"的情接境交关，殊情而有贯通之绪；情绪既"晦昧杂糅"，语言表达亦不免"含糊浮泛"，遂提出心情之"分而不隔"之说①。他另有"感觉挪移"说，即五官的感觉可以挪移兼通，彼此相生，尤具卓识②。

　　钱锺书原来想以西文写作的外篇，既欲以西文属草，必以西方学术范式出之，更能呈现钱学之全貌，惜其晚年"多病意倦"，未能写定也。

---

① 参阅钱锺书：《管锥编》（三），页 1673—1674。
② 参阅钱锺书：《通感》，见钱锺书：《七缀集》，页 65。

# 结　论

　　钱锺书在北京医院卧病一千六百天之后，于 1998 年 12 月 19 日与世长辞，简短的遗言"不留骨灰，不设灵堂，恳辞花篮，不举行告别仪式，不开追悼会"，道出他一生淡泊名利、不落俗套的人格特质。以他的盛名，几乎无声无息的丧礼，并不容易做到；然而在杨绛竭力坚持下，一再请求遵照钱锺书的意愿，中国大陆最高当局始同意不举行任何仪式[①]，因而在国外也少见报道。

　　钱锺书如此洒脱交代身后事，甚至连骨灰都不留，让当时的中共中央总书记江泽民称赞钱氏夫妇是"真正的唯物主义者"[②]。钱氏若地下有知，又会"受宠若惊"，不敢当也。其实，他并不信奉唯物主义，在学术思想上实尚唯心，只是像英哲罗素一样，不信鬼神灵魂之说，以为神道设教别有用心，

① 参阅吴学昭：《听杨绛谈往事》，页 384—385。
② 吴学昭：《听杨绛谈往事》，页 385。

并不足取①，也像史学家吉本那样瞧不起非理性的世俗②。他不为身累，将"臭皮囊"弃之如敝屣而已。他既不殉名，更不殉利。这与他平生的价值观相当一致，他生前从不追求享乐，也不喜虚誉，死后也不在乎留名后世。他为他自己的兴趣而活，虽受病痛，处逆境，终能超越形骸身体，不求闻达，但求有清静的环境，读书自娱。然而文章虎炳、声名鹊起之后，仍不受浮名牵连，依然故我。

个性半由天成，钱锺书周岁时无意中抓了一本书，不仅取名锺书，而且从此与书结了不解之缘。他没有成为爱书成癖的藏书家，而是成为读破万卷书的真学人。他习惯借书，读后记毕即还，读自己拥有的书，则往往批阅而后弃之，毫不珍惜，因他的兴趣在于书之内容、可以获致的知识，而不在知识的载体。他读书之多、悟性之高、记性之强，早已闻名于世；身后大量读书笔记出现，已汇编为《钱锺书手稿集》出版，包括《容安馆札记》三册、《中文笔记》二十册、《外文笔记》四十八册，更证明他读书不仅心到，而且手到。天赋之外，更多的勤学，令人叹为观止。他并非因寂寞而读，或以读书来排遣时光，他忙于读书，乐于读书，"惜时如命"③，欲以有涯的生命，读无涯之书，其志向在此。晚年屡遭俗务牵累，自叹："衰朽之躯而未能离群索居，

① 参阅钱锺书：《管锥编》（一），页30—39。
② 参阅 Peter Gay, *Style in History*（New York：Basic Books，1974），pp. 43-45。钱氏自谓："Gibbon 乃弟宿好，援据颇繁。"语见《钱锺书复汪荣祖书》（1980年9月18日）。
③ 语见吴学昭：《听杨绛谈往事》，页312。

精力乏少，每有日不暇给之感，八十老翁欲学 Greta Garbo 之娇啼：'I want to be alone'。"①欲离群索居而不可得，何来寂寞？

　　钱锺书进大学后，就立志做学问，也就是以读书与写作为志业，在追求功名利禄的时代，此志自知不大，但要把学问做好又谈何容易？钱氏凭其先天的禀赋与后天的勤学，在做学问上攀登到顶峰，成为名副其实的"读书人"。读书几乎成为他人生的最高价值，只要有书读，其他都不在乎，就是再简陋的生活条件都过得去。在"五七"干校时，杨绛指着窝棚，与钱锺书有这样一段对话："'给咱们这样一个棚，咱们就住下，行吗？'默存认真想了一下说：'没有书。'真的，什么物质享受，全都罢得；没有书却不好过日子。"即使下放在干校做劳动改造，钱锺书的"箱子里只有字典、笔记本、碑帖等等"②。与他一起下放的年轻人也注意到，钱锺书"在挎包里带部外文辞典，在路边歇息时翻翻""在蚊帐里看书"③。从干校回京后，又因与邻不和，在外"流亡"三年，住在简陋的办公室内，完全没有影响他看书、写书，就在这艰苦的三年内基本上完成了《管锥编》巨著。

　　钱锺书钟情于书，在书的世界里慎思、明辨、驰骋，无暇顾及其他，他对生活细节全不在意，幸而饮食起居有贤妻照料，对于名利不仅视若浮云，而且避之唯恐不及，即使因其学术而赢得的荣誉与实利，也毫不考虑一再婉拒。他对自己的作品既要求甚

---

① 语见《钱锺书复汪荣祖书》(1992 年 2 月 27 日)。
② 杨绛：《干校六记》，页 64。
③ 陈骏涛：《琐忆：和钱锺书先生在干校的日子》，何晖、方天星编：《一寸千思：忆钱锺书先生》，页 145、146。

严，也不珍惜，在别人眼里他的精妙绝伦之作，他多不满意，自称"生平敷衍之什，随手抛弃，当作粪土之弃，岂问玑羽之拾乎？"①少作如《谈交友》诸篇愿其"摧烧扬灰"②。即使《谈艺录》《人·兽·鬼》等早年名著，经出版社长期游说后，才勉强答允重印，并加审订修改③，绝非故作谦怀，实有阅尽沧海难为水之感。其力拒重印旧著、不收徒弟、反对研究"钱学"，亦非虚情假意，实出自内心的不喜欢而情愿逃名。章实斋曾说班固所谓"艺由己立，名自人成"乃"千古名言"，钱锺书实至名归，何以仍要逃名？因其洞察人情世故，熟知实至名归虽系自然之理，但并不是"必然之事"，若谓"学问文章之起家树誉，每缘巧取强致"，故不齿"学人文士之欺世饰伪、沽名养望"④。成名者既未必皆与艺、与学有关，名又何惜之有？何莫避之若吉。钱氏亦洞悉人爱身惜生之外，亦复好名，然而"求名以荣身，而杀身成名者有之"，人之好名有甚于生者，亦有之，所谓"殉"也⑤。此虽人情世故之常，然以身殉不值之名，岂钱氏所愿？故不如逃名。然求名固不值，逃名亦不易也。

钱锺书自访美归来，名满天下，中外访客络绎不绝，甚引以

---

① 语见《钱锺书复汪荣祖书》(1982 年 4 月 8 日)。
② 我在故纸堆中得见钱锺书十九岁所写《复堂日记序》，钱先生回信说"此与掘墓辟棺何异？"并引莎士比亚说之："Good friend, for Jesus' sake forbear/To dig the dust enclosed here/Blest be the man that spares these stones/And cursed be he that moves my bones." 见《钱锺书复汪荣祖书》(1981 年 12 月 13 日)。
③ 参阅《钱锺书复汪荣祖书》(1982 年 8 月 7 日)。
④ 参阅钱锺书：《管锥编》(三)，页 1570。
⑤ 参阅钱锺书：《管锥编》(二)，页 789。

为苦，自称"安得山深林密以逃名乎"①，也不免因而得罪人。他最有趣的两道退鬼符：一是美国教授浦安迪（Andrew Plaks, 1945—  ）欲介绍一美国学生、一香港学生来见，复之云："博士候选人大都无趣，因其兴趣受限于论文，倾倒于学位。"（Ph. D. candidates all as a rule not very interesting because bound by dissertation and bent on degree, they are patently interested.）二是一英国女学生来信，盛赞欲于来京时晤见，复之云："只因看到鸡蛋，就想要认识母鸡，绝无必要，犹如那胆怯的小牧师吃了快坏的蛋，仍说部分是美好的，你以为如何?"（It seems super unnecessary to try to get acquainted with the hen just because one has found the egg, like the curte's excellent in parts. Don't you think so?）②钱氏笑称，此乃平生不爱请人拜客之"报应"，以《儿女英雄传》中之长姐儿自况③。这样特殊的自我，绝非"矫情"可以为说，而是为"淡泊名利"提供难以企及的典范。

于此可见，钱锺书避世唯恐不及，始终如一，情愿多些时间看书。他读书成癖，涉猎至广，著作反而是读书之后的余兴。他对自己的作品向来不很重视，甚至愿人忘却；他既然不收徒弟，更遑论开宗立派；他不求闻达，不喜人捧，愿有二三知己足矣。他对人事上的安排，也随遇而安，如杨绛所说，钱锺书

① 语见钱锺书函札，录自许景渊：《从钱锺书先生学诗散记》，牟晓朋、范旭仑编：《记钱锺书先生》，页14。
② 语见《钱锺书复汪荣祖书》（1985年9月17日）。
③ 钱先生来书谓："长姐儿被安老爷命为程师爷之垢臭烟筒装烟，舅太太笑此婢平日爱洁耽香，故得此报应，弟之谓乎?"语见《钱锺书复汪荣祖书》（1981年12月21日）。

主要是搞外国文学的，而将他"永远"借调在古典文学所，是感到"很委屈"的①，但他耐得住，从未抱怨过。然而在知识上的是非，他却毫不含糊。最明显的一个例子，他在参加英译《毛选》期间，发现毛泽东误把铁扇公主作牛魔王，还说孙悟空钻进了庞然大物牛魔王的肚子里。指出错误原是好事，然而在那个时代的氛围里，诚如杨绛所说，是"够狂傲"的②。《毛选》第三卷于1953年初版时，已经改成铁扇公主了③。钱锺书对政治威权者的错误都雅不愿阿旨取容，而直言不讳，自然也不会为批评古今中外的学术权威而却步。他在行事上"不冒尖，不争先，肯帮忙"④，但在知识上必究是非，必论当否。即使对待自己的学生，平时"亲切厚待，无拘无束，但一到学术领域却严肃不苟，绝不通融马虎"⑤。如果说这是"书生气"，则来自于他对知识的高度认真与尊重。

钱锺书登上现代学术的高峰，不觉高处的孤寒，怡然自乐。现代中国始于西方势力的东渐，现代化未必等同西化，但任何非西方国家的现代化，都无法回避诸多的西方影响。中国之"走出中世纪"⑥也无例外是由于西潮的冲击。晚清守旧者排斥新知因其

---

① 语见杨绛：《我们仨》，页128。
② 语见杨绛：《我们仨》，页156—157。
③ 参阅王水照：《钱锺书先生的"西游"情结》，《万象》，第7卷第3期（2005年3月），页109。
④ 语见杨绛：《我们仨》，页124。
⑤ 王水照：《记忆的碎片——缅怀钱锺书先生》，何晖、方天星编：《一寸千思：忆钱锺书先生》，页223。
⑥ 朱维铮语，见氏著《走出中世纪》（增订本）（上海：复旦大学出版社，2007）。

来自域外，一如昔年儒者之辟佛①。及知优势之外来文化，不得
不有所借镜，较易承受者为物质文化，因其利益显著易见，不辩
自明。其次为制度，于他国行之有效，反求诸己，而后自能见贤
思齐。最难承受者为思想，因牵涉到文化、语言、信仰，以及抽
象思维等形而上的层次，非短时间内可能跨越鸿沟。按诸现代中
国对西方之反应，似亦难逾此一规律，国人见到西方船坚炮利，
即欲师夷之长技，故先有借镜西方物质文明的自强运动。及甲午
丧师辱国，知船炮不足以强兵，西方国富兵强因其制度之优良，
遂有晚清之变法与新政。物质与制度之师法固然也不顺利，多少
为中国现代化奠定了基础。至于在抽象的思想层面，其滞碍更多
且甚，初有保守派之排斥西方精神文明，后有激烈反传统派之唱
"全盘西化"，皆属盲目反应，既于事无补而均有害。钱锺书早年
仍然觉察到在"大邑上庠"之中，尚有"鲰生曲儒"乐用外来的器
物，而排斥西来的"要言妙道"，故以李斯《谏逐客书》谏之②。及
其晚年，虽不见再有轻视西来的精神文明的"鲰生曲儒"，但于西
方学术的意象境界，虽不再"概乎未闻"，仍不免浅尝即止，未能
深入，甚且盲从。

欲深入西方之思想，必先通解其经典，欲通解其经典，必先
充分掌握其文字，而西方各国语文不一，通其一种已属不易，何

---

① 钱锺书指出，为二西之学作护法者，"立论每与李斯之谏逐客似响之应而符之
契"，李斯谏逐客之命意，实为后世斥排外者之张本。参阅钱锺书：《管锥编》
（一），页531。
② 见前引钱锺书在蓝田所写：《徐燕谋诗序》，见《人生边上的边上》，页227—229；
李斯谏逐客之意后在《管锥编》有充分发挥，见（一），页530—534。

况其余？晚清士人中能通西文者绝鲜，康有为、梁启超、章太炎
辈仅能从日文汉字中略窥西学。严复之英文能译经典名著在当时
堪称异数，然止于英译汉。王国维国学邃深，然于西学不免浅尝
即止。民国以后留洋学生日多，然学得西方一技一能者众，得一
门专家之学亦有之，而能通解西方文史哲学术思想者殊少。五四
新文化运动破旧有余，而立新不足，于西学实一知半解。美国苏
俄史名家屈莱果（Donald W. Treadgold，1922—1994）旁观者清，
曾指出在五四时代，鲁迅用十一页的中文提到西方思想史上十八
位人物，从泰勒斯（Thales，约前 624—约前 546）到哥白尼（Nicolaus
Copernicus，1473—1543）到圣提雷尔（Étienne Geoffroy St. Hilaire，
1772—1844）到赫胥黎（Thomas Henry Huxley，1825—1895），将古
希腊哲学家与近代英国人一锅煮，分不清谁是大家，谁是小咖①。
于是五四之后，中国旧学问如花果飘零，日渐衰微，而西洋新学
问又如无根之浮萍，不见生机。

　　在此大背景下，大清王朝灭亡的前夕，钱锺书诞生于江苏无
锡。他生在书香之家，得以承继不绝如缕的国学；他又自幼有机
会读教会学校，打好外文的基础。继而在清华学习、牛津深造，
正轨教育之外益之以勤苦自学，大有读尽图书馆藏书之志，且毕
生略无旁骛，专心读书。即使于危难困顿之际，亦不忘开卷；无
书读时，则以翻阅辞典解怡。槐聚之学，真积力久之余，旧学根
底之深，固不待言；英、法、德、意诸欧西主要文字均足以通读

---

① Donald W. Treadgold, *The West in Russia and China: Religious and Secular Thought in
Modern Times*(Cambridge: at the University Press, 1973), vol. 2, p. 131.

其经典巨著，所能引用之外文又多达七种，乃真能兼通中西者，故而能中西相互比观，巧思妙想往往脱口而出，成为现代中国最博学之人。他的一生过的是简单的读书人生活，却不能宁静地过。他生长在一个极其动荡的时代，经过民国初年的混乱，短短几年留学生涯，亦因战争迫在眉睫而提早返国。回到已经破碎的家园后，立即历经抗战的艰辛，承受内战与革命浪潮的冲击，以及挨过"文革"的浩劫。钱锺书能够处变不惊，即使被迫戴高帽子游街受辱时，仍"昂首阔步"，"既不畏缩，也不惶悚"①，充分显示了他的自信与自尊，维护其自我的完整。他的读书声在风声与雨声中持续不辍，一直没有中断对知识的追求，自有其阅世的明智以及性格上的淡泊与坚毅。

　　我们毋须假设如果钱锺书生活在太平盛世是否能在学术上更创辉煌，也许在艰困中更触发他的智能与创造力。他在学术上既有的成就，已经是现代中国一笔珍贵的精神遗产。写这位不世出学人的一生，如不包含他的学问，将会何其空泛与贫乏。他驰骋于文史哲三大领域，兼及人文学科里的林林总总，建造了他自己的、多彩多姿的学术微世界。俄裔英籍自由主义大师兼思想史家伯林发挥维柯（Giambattista Vico，1668—1744）与赫尔德（Johann Gottfried von Herder，1744—1803）之说，提出"文化多元论"（cultural pluralism）的卓见。伯氏文化多元论并非文化相对主义（cultural relativism），亦不为非西方文化代言，而是阐述文化并

① 李慎之：《千秋万岁名　寂寞身后事——送别钱锺书先生》，李明生、王培元编：《文化昆仑——钱锺书其人其文》，页5。

存之旨。非西方文化的多元论者于西方强势文化冲击下，一方面认知到西方文化之不可拒，另一方面觉悟到本土文化之不可废，因而接受西方文化之余，本土文化应该并存。钱锺书是真能兼通中西者，熟知中西固宜并存而互为发明，也可以说是一位文化多元论者。

钱锺书晚年，女儿钱瑗从英国留学回来告知电脑技术的用处，立刻明白可以用来处理大量文献与快速检索，遂大力支持中国科学院的"中国古籍电子数据化"计划，尤推动将《全唐诗》输入电脑，并提供建议，使检索中国古典文献的良好系统得以完成，为研究者提供极大的便利[①]。于此也可见他在副院长任内，并非完全没有做事，而他所做的真是极具远见的事情。只可惜他久为病魔所困，不及亲自利用此一西方技术，否则必如虎添翼，更有助于《管锥编》未竟之篇的完成，以及以西文属草之书的写定。电脑书写之方便，固非打字机可同日而语也。

公元前 7 世纪的古希腊诗人阿基罗库斯（Archilochus，前680—前645）有残句曰："狐狸虽懂得很多事，但刺猬懂得一件大事"（The fox knows many things, but hedgehog knows one big thing），似谓狐狸虽诡计多端，然不敌刺猬之一击。思想史家伯林借此作为两种不同人物的对喻，不分轩轾：将所有的一切归宿于一个中心思想者，刺猬也，诸如但丁、柏拉图、黑格尔、陀思妥耶夫斯

---

① 高莽：《怀念钱锺书老先生》，丁伟志主编：《钱锺书先生百年诞辰纪念文集》，页121—122。胡小伟：《钱锺书与电脑时代》，丁伟志主编：《钱锺书先生百年诞辰纪念文集》，页240—244。

基、尼采等人；追求许多不同甚至不相干的目标者，狐狸也，诸
如亚里士多德、莎士比亚、歌德、普希金、巴尔扎克等。如此将
才能两分为专精与博雅，或不免失之于浮泛，不够精准，但伯氏
认为仍有其正确性，如在俄国文学史上，普希金（Alexander S.
Pushkin，1799—1837）与陀思妥耶夫斯基（Fyodor M. Dostoyevsky，
1821—1881）为此一对喻最明显的两极，泾渭分明。不过，当他
碰到俄国大文豪托尔斯泰（Leo Tolstoy，1828—1910）时，即使托
翁的生平言行都很透明，却难以将其归类。伯氏的设想是："托
翁是天生的狐狸，却相信自己是刺猬；他的天赋与成就是一回
事，他信以为是以及对他成就的最终解释是另一回事。"①托翁是
多才多艺的大作家，却想要充圣贤，当先知，做人类的导师②。
钱锺书在《中国诗与中国画》一文中提到伯氏此喻，并说"苏轼之
于司空图，仿佛狐狸忮羡刺猬，而波德莱亚之于雨果，则颇似刺
猬忮羡狐狸。歌德和柯勒立治都曾讲到这种现象，叶芝也亲切地
描述了对'相反的自我'（the most unlike，being my anti-self）的追
求；美学家还特地制订一条规律，叫什么'嗜好矛盾律'（Law of
the Antinomy of Taste）"③。托翁是最好的一个例子，但嗜好未必
一定有矛盾。钱锺书像托翁一样是"狐狸型"的天才，博学多能，
学者与作家兼而有之，然而他不仅不忮羡刺猬，甚且视任何单一

① 原文是"Tolstoy was by nature a fox, but believed in being a hedgehog, that his gifts and
achievements are one thing, and his beliefs and consequently his interpretation of his own
achievements another."见 Isaiah Berlin, "The Hedgehog and the Fox," *The Russian Thinkers*
（New York：Penguin Books，1978），p. 24，另参阅 pp. 22-81。
② Isaiah Berlin, "The Hedgehog and the Fox," p. 27.
③ 文见钱锺书：《中国诗与中国画》，《七缀集》，页 26—27。

的系统理论为"浅薄庸俗"。他曾说过：许多周密的思想系统经不起时间的考验，会像庞大的建筑物一样崩塌，脱离系统的片段思想，倒像构成建筑物的木石砖瓦，反而仍有利用的价值①。这话并不是说，做学问不需要系统与理论，而是认为不可能在人文世界里寻求牢笼一切的大规律，所谓放诸四海而皆准的真理往往不能持久。他有才华像托翁，但他不像托翁念兹在兹，期盼一个能够解释整个人类的普遍原则，而被评者视为空洞的"宿命论"（fatalism）。钱翁更不像托翁之好为人师，实避之唯恐不及。他的嗜好无矛盾，倒是相当一致。

我们可以总结说，钱锺书是一"真实的自我存在"（authentic dasein），以海德格尔之见，非真实的存在，不是为自己活而是为别人活，势必生存在没有主见的价值之中，时时顾忌别人的意见，心甘情愿受人支配②。换言之，自我做主才是真实的存在，建立起可由自己验证的准则。钱锺书的一生尽量不受外界的影响，做自己喜欢做的事，荣辱皆置之度外，正可为不为物喜，也不为物忧，提供最好的范例。于今观之，钱锺书已成百代之过客，令人感到遗憾的是后继乏人；今后会有跟他一样聪敏、一样勤奋的学者，但已无他少年时所承继的家学与学习外文的环境。要把这些条件再发生在一个人身上，几无可能。陈寅恪有诗句曰"绝艳植根千日久，繁枝转眼一时空"③，悼中国文化之凋零也，似亦可悼一代学人钱锺书的随风而逝。

———————

① 钱锺书：《读〈拉奥孔〉》，《七缀集》，页34。
② 参阅 George Steiner, *Martin Heidegger*, p. 94。
③ 见《陈寅恪集·诗集　附唐篔诗存》，页167。

# 引用书目

## 一、中　文

爱　默：《钱锺书传稿》(天津：百花文艺出版社，1992)。

北京大学校友联络处编：《笳吹弦诵情弥切——国立西南联合大
　　　学五十周年纪念文集》(北京：中国文史出版社，1988)。

北京语言学院《中国文学家》编委会编：《中国文学家辞典》现代第
　　　二分册(成都：四川人民出版社，1982)，页810。

蔡田明：《〈管锥编〉述说》(北京：中国友谊出版社，1991)。

曹聚仁：《中国学术思想史随笔》(北京：三联书店，1986)。

沉冰主编：《不一样的记忆——与钱锺书在一起》(北京：当代世
　　　界出版社，1999)。

陈　衍：《石遗室诗话》(北京：人民文学出版社，2004)，续编
　　　卷1。

陈寅恪：《陈寅恪集·诗集　附唐篔诗存》(北京：三联书店，

2001）。

陈寅恪：《金明馆丛稿二编》（上海：上海古籍出版社，1980）。

陈寅恪：《元白诗笺证稿》（上海：上海古籍出版社，1978）。

陈子谦：《论钱锺书》（桂林：广西师范大学出版社，2005）。

陈子谦：《钱学论》（成都：四川文艺出版社，1992）。

丁伟志主编：《钱锺书先生百年诞辰纪念文集》（北京：三联书店，
　　　　2010；香港：牛津大学出版社，2010）。

冯　班：《钝吟杂录》（北京：中华书局，2013）。

冯友兰：《中国哲学史》（上海：商务印书馆，1934），上下册。

符兆祥：《叶公超传》（台北：懋联文化基金，1993）。

傅宏星编撰：《钱基博年谱》（武汉：华中师范大学出版社，
　　　　2007）。

傅　山：《霜红龛集》（太原：山西人民出版社，1985）。

何炳棣：《有关〈孙子〉〈老子〉的三篇考证》（台北：中研院近代史
　　　　研究所，2002）。

何　晖、方天星编：《一寸千思：忆钱锺书先生》（沈阳：辽海出
　　　　版社，1999）。

何开四：《碧海掣鲸录：钱锺书美学思想的历史演进》（成都：成
　　　　都出版社，1990）。

何文焕编订：《历代诗话》（台北：艺文印书馆，1983）。

洪　迈：《容斋随笔》（台北：大立出版社，1981）。

胡范铸：《钱锺书学术思想研究》（上海：华东师范大学出版社，
　　　　1993）。

胡河清：《真精神与旧途径——钱锺书的人文思想》（石家庄：河

北教育出版社，1995)。

胡　适：《中国哲学史大纲》(上海：商务印书馆，1947)。

黄光国：《儒家关系主义：哲学反思、理论建构与实证研究》(台北：心理出版社，2009)。

黄光国：《社会科学的理路》(台北：心理出版社，2001，2003)。

黄光国：《心理学的科学革命方案》(台北：心理出版社，2011)。

黄庭坚：《黄山谷诗》(台北：河洛出版社，1975)。

孔庆茂：《钱锺书传》(上海：江苏文艺出版社，1992)。

李昉等编：《文苑英华》(北京：中华书局，1966)。

李洪岩：《智者的心路历程——钱锺书的生平与学术》(石家庄：河北教育出版社，1995)。

李明生、王培元编：《文化昆仑——钱锺书其人其文》(北京：人民文学出版社，1999)。

刘桂秋：《无锡时期的钱基博与钱锺书》(上海：上海社会科学院出版社，2004)。

刘梦芙：《二钱诗学之研究》(合肥：黄山书社，2008)。

刘知幾：《史通》，明张之象刻本(北京：中华书局，1961)。

陆　深：《史通会要》，载《俨山外集》，嘉靖乙巳序，卷31。

罗大经：《鹤林玉露》(北京：中华书局，1983)。

吕祖谦：《东莱博议》(上海：启新书局，1924)。

莫芝宜佳：《〈管锥编〉与杜甫新解》(石家庄：河北教育出版社，1998)，马树德译。

牟晓朋、范旭仑编：《记钱锺书先生》(大连：大连出版社，1995)。

钱　穆：《八十忆双亲　师友杂忆》（北京：三联书店，2005）。

钱　穆：《八十忆双亲师友杂忆合刊》（台北：东大图书公司，1983，1986）。

钱锺书：《管锥编》（北京：中华书局，1979 第 1 版，1986 第 2 版，1994 年将增订本合为第 5 册），5 册。

钱锺书：《七缀集》（上海：上海古籍出版社，1985 第 1 版，1994 修订本）。

钱锺书：《钱锺书集·管锥编》（北京：三联书店，2007），（一）至（四）。

钱锺书：《钱锺书集·槐聚诗存》（北京：三联书店，2002）。

钱锺书：《钱锺书集·人·兽·鬼》（北京：三联书店，2002）。

钱锺书：《钱锺书集·人生边上的边上》（北京：三联书店，2002）。

钱锺书：《钱锺书集·石语》（北京：三联书店，2002）。另见钱锺书：《石语》（北京：中国社会科学院出版社，1996）。

钱锺书：《钱锺书集·宋诗选注》（北京：三联书店，2002）。

钱锺书：《钱锺书集·谈艺录》（北京：三联书店，2007）。

钱锺书：《钱锺书集·写在人生边上》（北京：三联书店，2002）。

钱锺书：《钱锺书散文》（杭州：浙江文艺出版社，1997）。

钱锺书：《钱锺书手稿集·容安馆札记》（北京：商务印书馆，2003），3 册。

钱锺书：《钱锺书手稿集·中文笔记》（北京：商务印书馆，2011），20 册。

钱锺书：《宋诗选注》（北京：人民文学出版社，1979）。

钱锺书：《谈艺录》(台北：开明书局影印，1948 初版本；北京：中华书局，1984 第 1 版，1987 补订本)。

钱锺书：《围城》(北京：人民文学出版社，1980)。日译本即称之为《结婚狂诗曲》(东京：岩波书店，1988)，荒井健等译。

汤 晏：《民国第一才子钱锺书》(台北：时报文化出版企业有限公司，2001)。

汪荣祖：《史传通说》(台北：联经出版事业公司，1988；北京：中华书局，2003)。

汪荣祖主编：《钱锺书诗文丛说：钱锺书教授百岁纪念国际学术研讨会论文集》(桃园："中央大学"出版中心，2011)。

王夫之：《读通鉴论》(北京：中华书局，1975)。

王卫平：《东方睿智学人——钱锺书的独特个性与魅力》(石家庄：河北教育出版社，1997)。

吴 宓：《吴宓日记》(北京：三联书店，1998，2006)，10 册。

吴泰昌：《我认识的钱锺书》(上海：上海文艺出版社，2005)。

吴学昭：《听杨绛谈往事》(北京：三联书店，2008；台北：时报文化出版公司，2008)。

夏志清：《中国现代小说史》(台北：传记文学出版社，1979)，《传记文学丛刊》之四十九，刘绍铭编译。

谢 泳主编：《钱锺书和他的时代》(上海：上海辞书出版社，2009)。

徐复注：《訄书详注》(上海：上海古籍出版社，2000)。

杨国枢、陆洛编：《中国人的自我：心理学的分析》(台北：台湾大学出版中心，2008)。

杨　绛：《从丙午到"流亡"》（北京：中国青年出版社，2000）。

杨　绛：《干校六记》（北京：三联书店，1981；香港：广角镜出版社，1981）。

杨　绛：《记钱锺书与〈围城〉》（长沙：湖南人民出版社，1986）。

杨　绛：《将饮茶》（北京：三联书店，1987）。

杨　绛：《我们的钱瑗》（北京：三联书店，2005）。

杨　绛：《我们仁》（北京：三联书店，2004；台北：时报文化出版社，2003）。

杨　绛：《洗澡》（北京：三联书店，1988）。

杨　绛：《杂忆与杂写》（台北：传文文化有限公司，1994）。

杨　绛：《走到人生边上——自问自答》（北京：商务印书馆，2007）。

杨联芬编：《钱锺书评说七十年》（北京：文化艺术出版社，2010）。

叶嘉莹：《杜甫秋兴八首集说》（石家庄：河北教育出版社，1997）。

尹振环：《楚简老子辨析：楚简与帛书〈老子〉的比较研究》（北京：中华书局，2001）。

于慎行：《读史漫录》（明万历刻本）。

余英时：《历史与思想》（台北：联经出版事业公司，1976）。

元好问撰、张德辉类次、施国祁笺注：《元遗山诗集笺注》（清道光二年南浔瑞松堂蒋氏刻本）。

袁　枚：《随园随笔》（上海：大达图书供应社，1934）。

张明亮：《槐阴下的幻境：论〈围城〉的叙事与虚构》（石家庄：河

北教育出版社，1997）。

张　溥：《历代史论》（上海：扫叶山房，1924）。

章太炎：《章太炎国学演讲录》（台北：文海出版社，1973），张冥飞笔述。

章太炎：《章太炎先生演讲录》（上海，1933），徐澂、王乘六记。

章学诚：《文史通义》（台北：国史研究室，1973）。

郑朝宗：《海滨感旧集》（厦门：厦门大学出版社，1988）。

郑朝宗编：《〈管锥编〉研究论文集》（福州：福建人民出版社，1984）。

周振甫：《周振甫讲〈管锥编〉〈谈艺录〉》（南京：江苏教育出版社，2005）。

朱维铮：《走出中世纪》（增订本）（上海：复旦大学出版社，2007）。

朱　熹：《朱子全书》（明武英殿御制本）。

朱振才：《建国初期北京反间谍大案纪实》（北京：中国社会科学出版社，2006）。


艾朗诺（Ronald Egan）：《脱胎换骨——〈管锥编〉对清儒的承继与超越》，汪荣祖主编：《钱锺书诗文丛说：钱锺书教授百岁纪念国际学术研讨会论文集》（桃园："中央大学"出版社，2011），页211—226。

卞孝萱：《诗坛前辈咏钱锺书》，沉冰主编：《不一样的记忆——与钱锺书在一起》（北京：当代世界出版社，1999），页19—21。

卜志君：《高山流水话知音——钱仲联谈钱锺书》，沉冰主编：
　　　　《不一样的记忆——与钱锺书在一起》（北京：当代世界
　　　　出版社，1999），页 37—45。

常　风：《和钱锺书同学的日子》，《山西文学》，2000 年第 9 期，
　　　　页 40—43。

沉　冰：《琐忆钱锺书先生——许景渊（劳陇）先生访谈录》，沉冰
　　　　主编：《不一样的记忆——与钱锺书在一起》（北京：当
　　　　代世界出版社，1999），页 5—10。

陈骏涛：《琐忆：和钱锺书先生在干校的日子》，何晖、方天星
　　　　编：《一寸千思：忆钱锺书先生》（沈阳：辽海出版社，
　　　　1999），页 142—151。

陈骏涛：《特殊年代里的几封书信》，丁伟志主编：《钱锺书先生
　　　　百年诞辰纪念文集》（北京：三联书店，2010），页
　　　　230—236。

丁伟志：《送默存先生远行》，李明生、王培元编：《文化昆
　　　　仑——钱锺书其人其文》（北京：人民文学出版社，
　　　　1999），页 9—16。另见《万象》，第 1 卷第 2 期（1999 年
　　　　1 月），何晖、方天星编：《　寸千思：忆钱锺书先生》
　　　　（沈阳：辽海出版社，1999），页 210—219。

范培松、张　颖：《钱锺书、杨绛散文比较》，丁伟志主编：《钱
　　　　锺书先生百年诞辰纪念文集》（北京：三联书店，2010），
　　　　页 40—60。

冯岂默：《钱仲联诗与清诗》，《东方早报·上海书评》（2014 年 8
　　　　月 17 日）。

傅璇琮：《记钱锺书先生的几封书信》，沉冰主编：《不一样的记忆——与钱锺书在一起》（北京：当代世界出版社，1999），页250—254。

高峰枫：《钱锺书致方志彤英文信两通》，《东方早报·上海书评》（2010年12月19日），第120期，页3—4。

高　莽：《怀念钱锺书老先生》，丁伟志主编：《钱锺书先生百年诞辰纪念文集》（北京：三联书店，2010），页114—127。

高嵩松：《小器易盈　好问则裕》，《东方早报·上海书评》（2009年10月25日），页8。

龚　刚：《钱锺书对新人文主义的误读》，谢泳主编：《钱锺书和他的时代》（上海：上海辞书出版社，2009），页1—6。

龚鹏程：《评钱锺书的〈管锥编〉》，《历史中的一盏灯》（台北：汉光文化事业股份有限公司，1984），页180—190。

郭宏安：《钱锺书与白瑞蒙》，丁伟志主编：《钱锺书先生百年诞辰纪念文集》（北京：三联书店，2010），页77—101。

过　晓：《对钱锺书诗画关系论的质疑》，《文艺争鸣》，2008年第9期，页147—150。

寒　碧：《重印晚清四十家诗钞序》，吴闿生评选：《晚清四十家诗钞》（杭州：浙江古籍出版社，2006），页1—23。

何西来：《追念钱锺书先生》，丁伟志主编：《钱锺书先生百年诞辰纪念文集》（北京：三联书店，2010），页218—223。

胡范铸、陈佳璇：《〈管锥编〉所蕴涵的社会批判意识》，丁伟志主编：《钱锺书先生百年诞辰纪念文集》（北京：三联书店，2010），页61—76。

胡木英:《父亲胡乔木晚年与钱锺书的交往》,丁伟志主编:《钱锺书先生百年诞辰纪念文集》(北京:三联书店,2010),页 139—142。

胡小伟:《钱锺书与电脑时代》,丁伟志主编:《钱锺书先生百年诞辰纪念文集》(北京:三联书店,2010),页 237—244。

黄恩彤:《重刻于文定公〈读史漫录〉序》,于慎行著、黄恩彤参订、李念孔等点校:《读史漫录》(济南:齐鲁书社,1996)。

黄维梁:《钱锺书婉拒荣誉文学博士学位》,黄维梁:《文化英雄拜会记》(台北:九歌出版社,2004),页 43—52。

黄永玉:《北向之痛:悼念钱锺书先生》,黄永玉:《比我老的老头》(北京:作家出版社,2003)。

蒋　寅:《在学术的边缘上》,杨联芬编:《钱锺书评说七十年》(北京:文化艺术出版社,2010),页 150—156。

柯　灵:《促膝闲话中书君》,《联合文学·钱锺书专辑》,第 5 卷第 6 期(1989 年 4 月),总第 54 期,页 134—136。

孔芳卿:《钱锺书京都座谈记》,杨联芬编:《钱锺书评说七十年》(北京:文化艺术出版社,2010),页 80—84;原载《明报月刊》,第 16 卷第 1 期,总 181 期(1981 年 1 月),页 100。

李贵生:《钱锺书与洛夫乔伊——兼论钱著引文特色》,《汉学研究》,第 22 卷第 1 期(2004 年 6 月),页 357—384。

李洪岩、毕务芳:《钱锺书古典文学研究的特征与贡献》,辛广伟、李洪岩编:《撩动缪斯之魂——钱锺书的文学世界》

（石家庄：河北教育出版社，1995），页123—148。

李洪岩：《吴组缃畅谈钱锺书》，牟晓朋、范旭仑编：《记钱锺书先生》（大连：大连出版社，1995），页122—125。

李慎之：《胡乔木请钱锺书改诗种种》，沉冰主编：《不一样的记忆——与钱锺书在一起》（北京：当代世界出版社，1999），页94—99。

李慎之：《千秋万岁名　寂寞身后事——送别钱锺书先生》，李明生、王培元编：《文化昆仑——钱锺书其人其文》（北京：人民文学出版社，1999），页1—8。

林耀椿：《钱锺书在台湾演讲》，沉冰主编：《不一样的记忆——与钱锺书在一起》（北京：当代世界出版社，1999），页226—234。

林子清：《钱锺书先生在暨大》，李明生、王培元编：《文化昆仑——钱锺书其人其文》（北京：人民文学出版社，1999），页53—57。

刘桂秋：《钱锺书为钱基博代笔考》，王玉德主编：《钱基博学术研究》（武汉：华中师范大学出版社，2008），页39—48。

刘美霞、黄曼君：《浅析"〈围城〉热"的形成动因》，《现代语文》（文学研究版），2008年第7期，页47—49。

刘士杰：《与大师相处的岁月》，丁伟志主编：《钱锺书先生百年诞辰纪念文集》（北京：三联书店，2010），页217—229。

刘永翔：《读〈槐聚诗存〉》，冯芝祥编：《钱锺书研究集刊》（第一辑）（上海：上海三联书店，1999），页95—128。

刘再复：《钱锺书先生记事》，《东方早报·上海书评》（2009年11

月 15 日）。

陆　洛：《个人取向与社会取向的自我观：概念分析与实证测量》，《美中教育评论》，第 4 卷第 2 期（2007 年 2 月），页 1—24。

陆　洛：《人我关系之界定——"折衷自我"的现身》，《本土心理学研究》，第 20 期（2003 年 12 月），页 139—207。

马　蓉：《初读〈管锥编〉》，《读书》，1980 年第 3 期，页 39—44。

冒孝鲁：《马赛归舟与钱默存（锺书）论诗次其见赠韵赋柬两首》，《叔子诗稿》（合肥：安徽文艺出版社，1992），页 22—23。

闵　捷：《情牵携手到白头——听杨绛谈钱锺书及家事》，何晖、方天星编：《一寸千思：忆钱锺书先生》（沈阳：辽海出版社，1999），页 161—167。

莫芝宜佳：《清茶和洋酒——比较钱锺书与杨绛的性格与文风》，汪荣祖主编：《钱锺书诗文丛说：钱锺书教授百岁纪念国际学术研讨会论文集》（桃园："中央大学"出版社，2011），页 401—419。

潘小松：《钱锺书先生轶闻》，沉冰主编：《不一样的记忆　　与钱锺书在一起》（北京：当代世界出版社，1999），页 325—326。

钱碧湘：《天降难得之才　惟恒持者大成》，丁伟志主编：《钱锺书先生百年诞辰纪念文集》（北京：三联书店，2010），页 245—249。

钱　宁：《访周振甫先生》，《人民日报》（1987 年 1 月 12 日），页 8。

钱　宁：《曲高自有知音——访周振甫先生》，载周振甫：《周振甫讲〈管锥编〉〈谈艺录〉》（南京：江苏教育出版社，2005），页 10—12。

钱锺书：《补评〈英文新字辞典〉》，收入《人生边上的边上》（北京：三联书店，2002），页 293—296。

钱锺书：《大卫·休谟》书评，《大公报》（1932 年 10 月 15 日），收入《人生边上的边上》（北京：三联书店，2002），页 243—244。

钱锺书：《读〈拉奥孔〉》，《文学评论》，第 5 期（1962），收入《七缀集》（上海：上海古籍出版社，1994 修订本），页 33—62。

钱锺书：《读〈伊索寓言〉》，《写在人生边上》（北京：三联书店，2002），页 32—36。

钱锺书：《复堂日记续录》序，徐彦宽辑：《念劬庐丛刻初编》八种（1931），线装 4 册，第 4 册，页 1a—3a。

钱锺书：《古典文学研究在现代中国》，《明报月刊》，第 14 卷第 9 期（1979 年 9 月），页 37，收入《钱锺书研究》，第二辑（北京：文化艺术出版社，1990），页 4—8。

钱锺书：《韩昌黎诗系年集释》书评，《文学研究》，1958 年第 2 期，页 179—183。

钱锺书：《近代散文钞》书评，《新月》，第 4 卷第 7 期（1933 年 6 月 1 日），收入《钱锺书散文》（杭州：浙江文艺出版社，1997），页 104—107。

钱锺书：《来伦敦小雨斑斑中国此时已入伏执热可念》，《国风》，
　　　　第 8 卷第 12 期（1936），页 28。

钱锺书：《论快乐》，《人生边上的边上》（北京：三联书店，
　　　　2002），页 19—22。

钱锺书：《落日颂》书评，《新月》，第 4 卷第 6 期（1933 年 3 月 1
　　　　日），页 19—28，收入《人生边上的边上》（北京：三联
　　　　书店，2002），页 309—317。

钱锺书：《美的生理学》书评，《新月》，第 4 卷第 5 期（1932 年 12
　　　　月 1 日），页 1—8。

钱锺书：《美国学者对于中国文学的研究简况》，《人生边上的边
　　　　上》（北京：三联书店，2002），页 183—189。

钱锺书：《旁观者》，《大公报》（1933 年 3 月 16 日），收入《人生
　　　　边上的边上》（北京：三联书店，2002），页 278—283。

钱锺书：《钱锺书复汪荣祖书》（1980 年 9 月 3 日）（1980 年 12 月
　　　　27 日）（1981 年 12 月 21 日）（1983 年 2 月 27 日）（1981
　　　　年 12 月 13 日）（1982 年 7 月 18 日）（1982 年 8 月 7 日）
　　　　（1982 年 12 月 29 日）（1983 年 2 月 27 日）（1983 年 8 月
　　　　29 日）（1985 年 3 月 12 日）（1985 年 6 月 19 日）（1987 年
　　　　5 月 12 日）（1987 年 7 月 16 日）（1988 年 4 月 10 日）
　　　　（1988 年 10 月 4 日）（1989 年 9 月 7 日）（1991 年 1 月 3
　　　　日）（1991 年 9 月 16 日）（1991 年 10 月 15 日）（1991 年
　　　　11 月 6 日）（1992 年 2 月 27 日）（1992 年 6 月 2 日）（1992
　　　　年 6 月 9 日）（1994 年 2 月 15 日）。

钱锺书：《钱锺书致编者储安平函》，《观察》，第 1 卷第 4 期

（1946 年 10 月），页 25。

钱锺书：《錢鍾書先生を囲む懇談会》，《颱風》，第 13 号（1981 年 9 月 30 日），页 58—59。

钱锺书：《壬申年秋杪杂诗并序》十首，《国风》，第 3 卷第 11 期（1933），页 56。

钱锺书：《谈交友》，《文学杂志》，第 1 期（1937 年 5 月），收入《人生边上的边上》（北京：三联书店，2002），页 73—81。

钱锺书：《谈教训》，《写在人生边上》（北京：三联书店，2002），页 37—41。

钱锺书：《汪荣祖〈史传通说〉序》，《钱锺书论学文选》，舒展选编，第 6 卷（广州：花城出版社，1990），页 247，收入《人生边上的边上》（北京：三联书店，2002），页 230。

钱锺书：《为什么人要穿衣》，《大公报》（1932 年 10 月 1 日），收入《人生边上的边上》（北京：三联书店，2002），页 236—238。

钱锺书：《休谟的哲学》，《大公报》（1932 年 11 月 5 日），收入《人生边上的边上》（北京：三联书店，2002），页 253—258。

钱锺书：《一个偏见》，《写在人生边上》（北京：三联书店，2002），页 42—46。

钱锺书：《一种哲学的纲要》书评，《新月》，第 4 卷第 3 期（1932 年 10 月 1 日），页 13—16，收入《人生边上的边上》（北京：三联书店，2002），页 239—242。

钱锺书：《游历者的眼睛》，《观察》，第 3 卷第 16 期（1947 年 12 月 13 日），页 20，收入《钱锺书散文》（杭州：浙江文艺出版社，1997），页 167—171。

钱锺书：《与张君晓峰书》，《国风》，第 5 卷第 1 期（1934），页 14—15，收入《钱锺书散文》（杭州：浙江文艺出版社，1997），页 409—410。

钱锺书：《致黄裳》（二函），收入《钱锺书散文》（杭州：浙江文艺出版社，1997），页 416—418。

钱锺书：《中国固有的文学批评的一个特点》，《文学杂志》，第 4 期（1937 年 8 月），收入《人生边上的边上》（北京：三联书店，2002），页 116—134。

钱锺书：《中国文学小史序论》，《国风》，第 3 卷第 8 期（1933），页 5—14，收入《人生边上的边上》（北京：三联书店，2002），页 92—109。

钱锺书：《中国新文学的源流》书评，《新月》，第 4 卷第 4 期（1932 年 11 月 1 日），页 9—15，收入《人生边上的边上》（北京：三联书店，2002），页 247—252。

钱锺书：《作者五人》，《大公报》"世界思潮"，第 56 期（1933 年 10 月 5 日），收入《人生边上的边上》（北京：三联书店，2002），页 284—291。

钱仲联：《冒叔子诗稿序》，冒孝鲁：《叔子诗稿》（合肥：安徽文艺出版社，1992），页 1—3。

沈鹏年：《〈围城〉引起的回忆》，《读书》，1981 年第 7 期，页 35—45。

施　亮：《那天，我们去看钱锺书》，何晖、方天星编：《一寸千思：忆钱锺书先生》（沈阳：辽海出版社，1999），页267—270。

舒　展：《反封建的思想锋芒》，何晖、方天星编：《一寸千思：忆钱锺书先生》（沈阳：辽海出版社，1999），页311—323。

舒　展：《历史的淘气——记钱锺书》，李明生、王培元编：《文化昆仑——钱锺书其人其文》（北京：人民文学出版社，1999），页65—72。

水　晶：《侍钱抛书杂记——两晤钱锺书先生》，《明报月刊》，第14卷第7期（1979年7月），页35—41。

唐　湜：《遥悼钱锺书先生》，李明生、王培元编：《文化昆仑——钱锺书其人其文》（北京：人民文学出版社，1999），页49—52。

唐　弢：《四十年代中期的上海文学（节录）》，杨联芬编：《钱锺书评说七十年》（北京：文化艺术出版社，2010），页185—189。

田文奂：《边缘的回溯——纪念钱锺书先生》，何晖、方天星编：《一寸千思：忆钱锺书先生》（沈阳：辽海出版社，1999），页261—264。

汪荣祖：《章太炎对现代性的迎拒与文化多元思想的表述》，《学人丛说》（北京：中华书局，2008），页123—161。

王记录：《胡应麟的"公心"与"直笔"说》，《史学史研究》，1997年第4期，页77—78

王水照：《记忆的碎片——缅怀钱锺书先生》，何晖、方天星编：
　　　　《一寸千思：忆钱锺书先生》（沈阳：辽海出版社，
　　　　1999），页221—230。

王水照：《钱锺书先生的"西游"情结》，《万象》，第7卷第3期
　　　　（2005年3月），页107—114。

王水照：《王水照谈〈钱锺书手稿集·中文笔记〉》，《东方早报·
　　　　上海书评》（2012年4月8日），第182期，页2—3。

吴忠匡：《记钱锺书先生》，收入李明生、王培元编：《文化昆
　　　　仑——钱锺书其人其文》（北京：人民文学出版社，
　　　　1999），页36—48；收入牟晓朋、范旭仑编：《记钱锺书
　　　　先生》（大连：大连出版社，1995），页126—137。

夏承焘：《如何评价〈宋诗选注〉》，李明生、王培元编：《文化昆
　　　　仑——钱锺书其人其文》（北京：人民文学出版社，
　　　　1999），页256—261。

夏志清：《重会钱锺书记实》，《中国时报》（1979年6月16日），
　　　　第12版；《中国时报》（1979年6月17日），第12版。

夏志清：《追念钱锺书先生——兼谈中国古典文学研究的新趋
　　　　向》，《人的文学》，《纯文学丛书》74（台北：纯文学出
　　　　版社有限公司，1977），页177—194。

谢　泳：《钱锺书研究四题》，谢泳主编：《钱锺书和他的时代》
　　　　（上海：上海辞书出版社，2009），页135—155。

徐国能：《钱锺书杜诗学析论》，《东吴中文学报》，第15期（2008
　　　　年5月），页93—114。

许国璋：《回忆学生时代》，《外语教育往事谈——教授们的回忆》

（上海：上海外语教育出版社，1988），页 209—210。

许景渊：《从钱锺书先生学诗散记》，牟晓朋、范旭仑编：《记钱锺书先生》（大连：大连出版社，1995），页 4—17。

许渊冲：《钱锺书先生与我》，《诗书人生》（天津：百花文艺出版社，2003）。

许渊冲：《逝水年华》（北京：外语教学与研究出版社，2011 增订版）。

许渊冲：《一弦一柱思华年》，杨联芬编：《钱锺书评说七十年》（北京：文化艺术出版社，2010），页 29—31。

许渊冲：《忆锺书师》，丁伟志主编：《钱锺书先生百年诞辰纪念文集》（北京：三联书店，2010），页 128—138。

许振德：《水木清华四十年》，《清华校友通讯》，新 44 期（1973 年 4 月），页 25—33。

许振德：《忆钱锺书兄》，《清华校友通讯》，新 3—4 期合刊（1963 年 4 月），页 14—16。

彦　火：《钱锺书访问记》，杨联芬编：《钱锺书评说七十年》（北京：文化艺术出版社，2010），页 91—96。

杨国枢：《华人自我的理论分析与实证研究：社会取向与个人取向的观点》，《本土心理学研究》，第 22 期（2004），页 11—80。

杨　绛：《〈钱锺书手稿集〉序》，《钱锺书手稿集·中文笔记》（北京：商务印书馆，2011），第 1 册，页 1—3。

杨　绛：《钱锺书对〈钱锺书集〉的态度》（代序），见《钱锺书集》（北京：三联书店，2002），各卷卷首。

杨　绛：《杨绛复汪荣祖书》(1988 年 12 月 16 日)。

杨联陞：《追怀叶师公超》，收入秦贤次编辑：《叶公超其人其文
　　　　其事》(台北：传记文学出版社，1983)。

杨玉峰：《徘徊在围城内外——谈钱锺书围城的象征》，《开卷》，
　　　　第 14 期(1980 年 2 月)，页 26—29。

叶嘉莹：《从中国诗论之传统与诗风之转变谈〈槐聚诗存〉之评
　　　　赏》，汪荣祖主编：《钱锺书诗文丛说：钱锺书教授百岁
　　　　纪念国际学术研讨会论文集》(桃园："中央大学"出版
　　　　社，2011)，页 1—20。

余光中：《新儒林外史——悦读钱锺书的文学创作》，汪荣祖主
　　　　编：《钱锺书诗文丛说：钱锺书教授百岁纪念国际学术
　　　　研讨会论文集》(桃园："中央大学"出版社，2011)，页
　　　　171—186。

余英时：《我所认识的钱锺书先生》，杨联芬编：《钱锺书评说七
　　　　十年》(北京：文化艺术出版社，2010)，页 54—59。

元好问：《眼中》，陈泚斋选注：《元好问诗选》(台北：远流出版
　　　　事业有限公司，1990)，页 50。

袁良骏：《钱锺书简论》，丁伟志主编：《钱锺书先生百年诞辰纪
　　　　念文集》(北京：三联书店，2010)，页 26—39。

张隆溪：《怀念钱锺书先生》，《走出文化的封闭圈》(香港：商务
　　　　印书馆，2000)，页 301—324。

张隆溪：《钱锺书谈比较文学与"文学比较"》，《读书》，1981 年
　　　　第 10 期，页 132—138。

张隆溪：《中西交汇与钱锺书的治学方法：兼评当代学风》，汪荣

祖主编：《钱锺书诗文丛说：钱锺书教授百岁纪念国际学术研讨会论文集》（桃园："中央大学"出版社，2011），页187—210。

张申府：《民族自救的一个方案》，《大公报》（1932年10月15日）。

赵伯陶：《寻诗与灵感——读钱锺书〈寻诗〉诗》，《钱锺书研究》，第三辑（北京：文化艺术出版社，1992），页97—113。

赵瑞蕻：《岁暮挽歌——追念钱锺书先生》，收入李明生、王培元编：《文化昆仑——钱锺书其人其文》（北京：人民文学出版社，1999），页32—35。

郑朝宗：《但开风气不为师》，《海夫文存》（厦门：厦门大学出版社，1994），页1—7。

郑朝宗：《钱学二题》，《厦门大学学报》（哲学社会科学版），1988年第3期，收入《海夫文存》（厦门：厦门大学出版社，1994），页50—57。

朱光潜：《编辑后记》，《文学杂志》，第1卷第4期（1937年8月1日），页180—182。

朱　寨：《走在人生边上的钱锺书先生》，沉冰主编：《不一样的记忆——与钱锺书在一起》（北京：当代世界出版社，1999），页296—306。

邹文海：《忆钱锺书》，杨联芬编：《钱锺书评说七十年》（北京：文化艺术出版社，2010），页50—53，原载《传记文学》，第1卷第1期（1962年6月），页21—22。

《联合文学·钱锺书专辑》，第5卷第6期（1989年4月），总第54期。

# 二、西　文

Aesop, *Aesop's Fables*, a new translation by V. S. Vernon Jones with an introduction and illustrations by Arthur Rackham ( New York: A Facsimile of the 1912 edition ).

Alighieri, Dante, *La Commedia Secondo L'Antica Vulgata* ( Milano: Mondadori Editore, 1967 ).

Baumeister, Roy F., *Identity: Cultural Change and the Struggle for Self* ( New York: Oxford University Press, 1986 ).

Becker, Carl, *Everyman His Own Historian: Essays on History and Politics* ( Chicago: Quadrangle, 1935, 1966 ).

Berlin, Isaiah, *Karl Marx* ( New York: Time Incorporated, 1963 ).

Bernheim, Ernst, *Lehrbuch der Historischen Methode und der Geschichtsphilosophie* ( New York: Burt Franklin, 1970 ).

Bloom, B. S., *Stability and Change in Human Characteristics* ( New York, Wiley, 1964 ).

Bremond, Henri, *La poésie pure, avec un débat sur la poésie par Robert de Souza* ( Paris: Bernard Grasset, 1926 ).

Burckhardt, Jacob, *Briefe* ( 1929 ).

Burckhardt, Jacob, *Reflections on History* ( Indianapolis: Liberty Classics, 1979 ).

Camus, Albert, *Resistance, Rebellion and Death*, trans. by Justin O'Brien ( New York: Alfred A. Knopf, 1961 ).

Carducci, Bernardo J., *The Psychology of Personality*, Second Edition(West Sussex: Wiley-Blackwell, 2009).

Carlyle, Thomas, *Critical and Miscellaneous Essays*(London: 1857).

Cattell, Raymond, *Personality: A Systematic, Theoretic, and Factual Study*(New York: McGraw-Hill, 1950).

Collingwood, R. G., *The Idea of History*, 1956 Reprint(New York: Oxford University Press, 1993).

Cooley, Charles Horton, *Human Nature and the Social Order*(New York: Scribner's, 1912).

Costigan, Giovanni, *Sigmund Freud, a Short Biography*(New York: The Macmillan Co., 1965).

Dance, E. H., *History of the Betrayer: A Study in Bias* (London: Hutchinson, 1960).

Dilthey, Wilhelm, *Pattern and Meaning in History: Thoughts on History and Society*, edited & introduced by H. P. Rickman (New York: Harper, 1961).

Dray, William H., *History as Re-enactment: R. G. Collingwood's Idea of History*, 1995 Reprint(Oxford: Oxford University Press, 1999).

Drew, Elizabeth, *Poetry: A Modern Guide to Its Understanding and Enjoyment*(New York: Dell Publishing Co., 1959)

Elder, Gen H. Jr., *Adolescent Socialization and Personality Development*(Chicago: Rand McNally & Co., 1968).

Erikson, Erik H., *Childhood and Society*, Revised and Enlarged

Second Edition(New York: W. W. Norton, 1950, 1963).

Erikson, Erik H., *Young Man Luther: A Study in Psychoanalysis and History*(New York: W. W. Norton, 1962).

Fairbank, John King, *China, A New History*, Enlarged Edition (Cambridge, Mass.: Harvard University Press, 1998).

Freud, Sigmund, *An Outline of Psychoanalysis* (New York: W. W. Norton, 1949).

Freud, Sigmund, *The Ego and the Id*(1923), James Strachey ed. & trans. In collaboration with Anna Freud, *Standard Edition of the Complete Psychological Works of Sigmund Freud* (London: Hogarth Press).

Friedman, Norman and McLaughlin, Charles A., *Poetry: An Introduction to Its Form and Art* (New York: Harper & Brothers, 1961).

Fromm, Eric, *Escape from Freedom* (New York & Toronto: Rinehart & Co., 1941).

Gadamer, Hans-Georg, *Philosophical Hermeneutics*, translated and edited by David E. Linge (Berkeley: University of California Press, 1976).

Gadamer, Hans-Georg, *Truth and Method* (New York: Seabury Press, 1975).

Gardiner, Patrick, *The Nature of Historical Explanation* (Oxford: Oxford University Press, 1961).

Gassner, John, *Theatre at the Crossroads*(New York: Holt, Rinehart and Winston, 1960).

Gay, Peter, *Freud for Historians* ( New York: Oxford University Press, 1985).

Gay, Peter, *Style in History*( New York: Basic Books, 1974).

Gay, Peter, *The Bourgeois Experiences: Victoria to Freud*( New York: Oxford University Press, 1984).

Gibbon, Edward, *Autobiography* ( New York: Dutton Everyman's Library, 1911).

Glicksberg, Charles I., *The Tragic Vision in Twentieth-Century Literature* ( Carbondale and Edwardsville, Southern Illinois University Press, 1963).

Goff, Jacques Le, *History and Memory* ( New York: Columbia University Press, 1992).

Greig, J. Y. T., *The Letters of David Hume*, 2 vols. ( Oxford: The Clarendon Press, 1932).

Hegel, Georg W. F., *The Philosophy of History*, trans. by J. Sibree ( New York: Dover, 1956).

Heidegger, Martin, *Being and Time*, John Macquarrie & Edmund Robinson trans. ( Oxford: Basil Blackwell, 1967).

Heidegger, Martin, *The Question Concerning Technology and Other Essays*, translated and with an Introduction by William Lovitt ( New York: Harper & Row, 1977).

Herman, Judith, *Trauma and Recovery: The Aftermath of Violence— From Domestic Abuse to Political Terror*( New York: Basic Books,

1992).

Herodotus, *The History*, trans. by David Grene(Chicago & London: The University of Chicago Press, 1987).

Hodges, H. A., *The Philosophy of Wilhelm Dilthey* (London: Routledge and Kegan Paul, 1952).

Howgate, George W., *George Santayana*(New York: A. S. Barnes & Co., 1938, 1961).

Hsia, C. T., *A History of Modern Chinese Fiction, 1917-1957*(New Haven: Yale University Press, 1961).

Hu Shih, *China in Stalin's Grand Strategy*, 由聂华苓译成中文, 台北胡适纪念馆于 1967 年出双语本。

Hughes, H. Stuart, *Consciousness and Society: The Reorientation of European Social Thought, 1890 - 1930* (New York: Random House, 1958).

Hughes, H. Stuart, *Oswald Spengler, A Critical Estimate* (New York: Charles Scribner's Sons, 1962).

Hume, David, *An Inquiry Concerning Human Understanding* (New York: The Liberal Arts Press, 1957).

Huters, Theodore, *Qian Zhongshu*, Twayne's World Authors Series, no. 660(1982).

Huxley, Aldous, *Collected Essays*(New York, 1960).

Jenkins, Keith, *On What is History? From Carr and Elton to Rorty and White*(London and New York: Routledge, 1995).

Jung, C. G., *The Development of Personality: Papers on Child*

*Psychology*, *Education*, *and Related Subjects*, trans. by R. F. C. Hull, Bollingen Series XX (Princeton: Princeton University Press, 1954, 1991).

Jung, C. G., *The Undiscovered Self* (Boston & Toronto: Little, Brown and Co., 1958).

Kaplan, P. S., *A Child's Odyssey: Child and Adolescent Development* (Belmont, CA: Wadsworth/Thomson Learning, 2000).

Kohn, Livia, *Early Chinese Mysticism: Philosophy and Soteriology in the Taoist Tradition* (Princeton: Princeton University Press, 1992).

Lach, Donald F., *China in the Eyes of Europe* (Chicago & London: University of Chicago Press, 1968).

Leff, Gordon, *History and Social Theory* (London: The Merlin Press, 1969).

Levenson, Joseph, *Confucian China and Its Modern Fate* (Berkeley: University of California Press, 1968).

Lewis, M. & Gunn, J. Brooks, *Social Cognition and the Acquisition of the Sense of Self* (New York: Plenum, 1979).

Lewis, Sinclair, *Babbitt* (New York: Harcourt Brace Jovanovich, Inc., 1922, 1950).

Leys, Simon, *The Burning Forest* (New York: Henry Holt, 1983, 1985).

Liu, James J. Y., *The Art of Chinese Poetry* (Chicago: University of Chicago Press, 1966).

Lovejoy, Arthur O., *Reflections on Human Nature* ( Baltimore: Johns Hopkins University Press, 1961).

Lovejoy, Arthur O., *The Great Chain of Being: A Study of the History of an Idea* ( New York: Harper & Row, 1936, 1965).

Mandler, George, *Human Nature Explored* ( New York: Oxford University Press, 1997).

Maslow, A. H., *Toward a Psychology of Being*, 2nd Edition ( New York: Van Nostrand, 1968).

Mead, George Herbert, *Mind, Self and Society* ( Chicago: University of Chicago Press, 1934).

Melnick, Arthur, *Kant's Conception of the Self* ( New York: Routledge, 2009).

Mink, Louis O., *Mind, History, and Dialectic: The Philosophy of R. G. Collingwood* ( Bloomington: Indiana University Press, 1969).

Mu Fu-sheng, *The Wilting of the Hundred Flowers: The Chinese Intelligentsia under Mao* ( New York: Praeger, 1962).

Munslow, Alun, *Narrative and History* ( New York: Palgrave Macmillan, 2007).

Nagel, Thomas, *The View from Nowhere* ( New York: Oxford: Oxford University Press, 1986).

Nugent, W. T. K., *Creative History*, Second Edition ( Philadelphia: J. B. Lippincott, 1967, 1973).

Nuttin, Joseph, *Psychoanalysis and Personality : A Dynamic Theory of Normal Personality* ( London: Sheed and Ward, 1954).

Ortega y Gasset, José, *The Revolt of the Masses* (New York: W. W. Norton, 1930, 1960).

Ortega y Gasset, José, *The Modern Theme* (New York: Harper Torchbook, 1961).

Palmer, Richard E., *Hermeneutics, Interpretation Theory in Schleiermacher, Dilthey, Heidegger, and Gadamer* (Evanston: Northwestern University Press, 1969).

Piaget, J., *The Principles of Genetic Epistemology*, W. Ways trans. (London: Routledge, 1981).

Prosch, Harry, *The Genesis of 20th Century Philosophy: The Evolution of Thought from Copernicus to the Present* (New York: Thomas Cromwell Co., 1971).

Qian Zhongshu, *A Collection of Qian Zhongshu's English Essays* (《钱锺书英文文集》) (Beijing: Foreign Language Teaching and Research Press, 2005).

Qian Zhongshu, *Limited Views: Essays on Ideas and Letters*, selected and translated by Ronald Egan (Cambridge, Mass.: Harvard University Asian Center, 1998).

Rickett, Allen W., *Prisoners of Liberation: Four Years in Chinese Communist Prison* (New York: Cameron Associations, 1957).

Roberts, David D., *Nothing but History: Reconstruction and Extremity after Metaphysics* (Berkeley: University of California Press, 1995).

Rokeach, Milton, *The Nature of Human Value* (New York: The Free

Press, 1973).

Saintsbury, George, *A History of Nineteenth Century Literature* ( New York, 1896).

Shweder, R. A., J. Goodnow, G. Hatano, R. LeVine, H. Markus, and P. Miller, *The Cultural Psychology of Development: One Mind, Many Mentalities*, in W. Damon ed., *Handbook of Child Psychology*: Vol. 1: *Theoretical Models of Human Development* (New York: Wiley, 1998), pp. 865-937.

Sorabji, Richard, *Self, Ancient and Modern Insights about Individuality, Life, and Death*(Chicago: University of Chicago Press, 2008).

Spence, Jonathan, *Emperor of China: Self-portrait of K'ang-hsi* ( New York: Vintage Books, 1974).

Steiner, George, *Martin Heidegger* ( Chicago: The University of Chicago Press, 1979, 1989).

Taylor, Charles, *Sources of the Self* ( Cambridge, Mass.: Harvard University Press, 1990).

Tholfsen, Trygve, *Historical Thinking* ( New York, Evanston, and London: Harper & Row, 1968).

Treadgold, Donald W., *The West in Russia and China: Religious and Secular Thought in Modern Times* ( Cambridge: at the University Press, 1973), 2 vols.

Trevelyan, G. M., *An Autobiography and Other Essays* ( London: Longmans, Green, 1949).

Trevor-Roper, Hugh, *History and Imagination* ( Oxford: Clarendon

Press, 1980).

Wagenknecht, Edward, *The Personality of Milton* ( Norman: University of Oklahoma Press, 1970).

Wallace, Anthony F. C., *Culture and Personality* ( New York: Random House, 1966).

White, Hayden, *Metahistory: The Historical Imagination in Nineteenth-Century Europe* ( Baltimore & London: The Johns Hopkins University Press, 1973).

Whyte, L. L., *The Next Development in Man* ( New York: A Mentor Book, 1948, 1956).

Windelband, Wilhelm, *A History of Philosophy* ( Taipei: Rainbow-Bridge Book Co., 1971), 2 vols.

Yang Jiang, *Six Chapters from My life " Downunder "* ( Seattle: University of Washington Press, 1984).

Young, Louise Merwin, *Thomas Carlyle and the Art of History.* 1939 Reprint( New York: Octagon Books, 1971).

Zhang Longxi, *Allegoresis: Reading Canonical Literature East and West* ( Ithaca & London: Cornell University Press, 2005).

Zhang Longxi, *Tao and the Logos, Literary Hermeneutics, East and West* ( Durham & London, 1992).

Zhang Longxi, *Unexpected Affinities: Reading Across Cultures* ( Toronto: University of Toronto Press, 2007).

Barthes, Roand, " Le Discours de l'histoire, " *Information sur les*

*Sciences Sociales*(1981), pp. 65-75.

Baumeister, Roy F., "How the Self Became a Problem: A Psychological Review of Historical Research,"*Journal of Personality and Social Psychology*, vol. 52, no. 1(1987), pp. 163-176.

Becker, Jasper, "Death Closes Book on Literary Genius,"in 何晖、方天星编:《一寸千思: 忆钱锺书先生》, pp. 258-261.

Bellew-Smith, M. & Korn, J. H., "Merger Intimacy Status in Adult Women," *Journal of Personality and Social Psychology*, 50 (1986), pp. 1186-1191.

Berlin, Isaiah, "The Hedgehog and the Fox,"*The Russian Thinkers* (New York: Penguin Books, 1978), pp. 22-81.

Dilthey, William, "The Development of Hermeneutics,"in H. P. Rickman ed. & trans., *Selected Writings*(Cambridge: Cambridge University Press, 1976), pp. 247-263.

Golinkoff, R. M., "Infant Social Cognition: Self, People, and Objects,"in Lynn Liben ed., *Piaget and the Foundations of Knowledge* ( Hillsdale, New Jersey: Lawrence Erlbaum Associates, 1983), pp. 179-200.

Gram, Moltke S. Martin, Richard M., "The Perils of Plenitude: Hintikka Contra Lovejoy,"*Journal of the History of Ideas*, 41 (1980), pp. 497-511.

Harris, Grace Gredys, "Concepts of Individual, Self, and Person in Description and Analysis,"*American Anthropologist*, 91(1989).

Hawkes, David, "Smiling at Grief,"*Time Literature Supplements*(27

June 1980).

Hempel, Carl G., "The Function of General Laws in History," in Patrick Gardiner, *Theories of History* ( New York: The Free Press, 1960), pp. 344-356.

Hintikka, Jaakko, "Gaps in *the Great Chain of Being*: An Exercise in the Methodology of the History of Ideas," *Proceedings and Addresses of the American Philosophical Association*, 49(Nov. 1976), p. 24, cf. pp. 25-37.

Kelly, S. A., Brownell, C. A. & Campbell, S. E., "Mastery Motivation and Self-evaluative Affect in Toddlers: Longitudinal Relations with Maternal Behavior," *Child Development*, 71 (2000), pp. 1061-1071.

Lovejoy, Arthur O., "The Chinese Origin of a Romanticism," in A. O. Lovejoy, *Essays in the History of Ideas* ( New York: G. P. Putnam's Sons, 1960).

Mandelbaum, Maurice, "The History of Ideas, Intellectual History, and the History of Philosophy," *History and Theory*, Beiheft 5 (1965), pp. 35-41.

Mink, Louis O., "Change and Causality in the History of Ideas," in *Eighteenth-Century Studies*, no. 2(1968), pp. 7-25.

Morris, Herbert, "Persons and Punishment," in *On Guilt and Innocence : Essays in Legal Philosophy and Moral Psychology* ( Berkeley: University of California Press, 1976).

Newton, M. Lewis, "Einstein, Piaget and the Concept of Self: The

Role of the Self in the Process of Knowing," in Lynn Liben ed.,
*Piaget and the Foundations of Knowledge* ( Hillsdale, New Jersey:
Lawrence Erlbaum Associates, 1983 ), pp. 141–177.

Nicholas, Siân, "History and Psychoanalysis," in Peter Lambert
and Phillipp Schofield ed., *Making History: An Introduction to
the History and Practices of a Discipline* ( London & New York:
Routledge, 2004 ).

Qian Zhongshu, "A Chapter in the History of Chinese Translation," in
*A Collection of Qian Zhongshu's English Essays*, pp. 37–42.

Qian Zhongshu, "China in the English Literature of the Seventeenth
and Eighteenth Centuries," in *A Collection of Qian Zhongshu's
English Essays*, pp. 82–280.

Qian Zhongshu, "Chinese Literature," in *A Collection of Qian
Zhongshu's English Essays*, pp. 281–304.

Qian Zhongshu, "Critical Notice II," in *A Collection of Qian
Zhongshu's English Essays*, pp. 323–325.

Qian Zhongshu, "Forward to the Prose-poetry of Su T'ung-p'o," in *A
Collection of Qian Zhongshu's English Essays*, pp. 43–52.

Qian Zhongshu, "Pragmatism and Potterism," in *A Collection of Qian
Zhongshu's English Essays*, pp. 1–6.

Qian Zhongshu, "Tragedy in Old Chinese Drama," in *A Collection of
Qian Zhongshu's English Essays*, pp. 53–65.

Ruble, Diane N. et al., "The Development of a Sense of"We": The
Emergence and Implications of Children's Collective Identity," in

Mark Bennett and Fabio Sani eds., *The Development of the Social Self* (*Hove and New York*: *Psychology Press*, 2004).

Scott, John, "The Truth is Naked," *National Review* (12 July 1980), pp. 18-19.

Skinner, Quentin, "Meaning and Understanding in the History of Ideas," in *History and Theory*, no. 8 (1969), pp. 10-38.

Spitzer, Leo, "*Geistesgeschichte* vs. History of Ideas as Applied to Hitlerism," *Journal of the History of Ideas*, no. 5 (1944), pp. 194-203.

Sprecher, S. & Fehr, B., "Compassionate Love for Close Others and Humanity," *Journal of Social and Personal Relationships*, 22 (2005), pp. 629-651.

White, Hayden, "An Old Question Raised Again: Is Historiography Art or Science," *Rethinking History*, 4, 3 (2000), pp. 391-406.

Wilson, Daniel J., "Lovejoy's *The Great Chain of Being* after Fifty Years," in *Journal of the History of Ideas*, vol. 48, no. 2 (1987), pp. 187-260.

Wong, Young-tsu, "Discovery or Invention: Modern Interpretations of Zhang Xuecheng," *Historiography East and West*, vol. 1, no. 2 (2003), pp. 178-205.

Wong, Young-tsu, "The Fate of Liberalism in Revolutionary China: Chu Anping and His Circle, 1945-1950," *Modern China: An Interdisciplinary Journal*, vol. 19, no. 4 (Oct. 1993), pp.

457–490.

Wrong, Dennis W., "The Oversocialized Conception of Man in Modern Sociology,"in *Skeptical Sociology*(1976), pp. 36–45.

"Rickett to Bodde, December 22, 1949"(原件复印本);"Rickett to Bodde, December 1, 1949"(原件复印本)。

# 钱译西文名词一览

activité-passivité　似作如受

affective fallacy　与结果相混

allegory　寓托；寓体

ambiguityé　两可

amphibie　两栖

ante　先

anatomy of melancholy　解愁论

animism　人化；生命化

anticipation　先见

antiques　古先

application in practice　发为词章

automatization　落套刻板

automatisme psychique　内心自动作用

axiom　第一要义

Bedentung　意义

behind its attributes　推其本质

bekannt　识

canonization of inferior sub-literary genres　次等亚文学类型经典化

carnivalization　狂欢化

canonization　列品入流

clarité-obscurité　似明如昧

closure　余解杜绝

commitment　承诺

committed fornication　意淫

composition　句法

conceits　曲喻；巧于取譬

conceived medium　迹象悬拟出之

condensation　凝缩

conditional response　定性反应

context　语境；始终

cumulative, convergent　力久而入

Deconstructivism　拆散结构主义

defamiliarization　使熟者生

defense of poetry　诗辩

defined by its attributes　定其本质

degree of grammaticalness　语法程度

denominationalism　权威崩解

die Kulturgüter　文化事物

die Zivilisationsgüter　文明事物

dilemma　两刃论法

dis-closure　既通正解

discourse　话语

displacement　移位

disposition　章法；部署

duration　主观时间

ear pleasure　悦耳

embodiment　妙含而凝

enantiodromia　反转(潜意识中能生相克之反向)

epistemological crisis　认识危机

erasure　涂抹运动

erkannt　知

evaluative　月旦之称

exactitude　亲切直白

fallacy of etymology　以字源为戒

fiction　权设

foregrounding　破常示意

formalism　形式论宗

formulation of precept　著为科律

Führkraft　挈领之才

function　互为函系

genetic fallacy　从写诗心理因素推衍

habitualization　袭故常蹈

handling of words　属词运字

horizon　视界

Horizontverschmelzung　读者与作者眼界溶化

hybridity　杂交性

hypologisch　言诠

icon　意义之"迹"

identification　确实

illustration　举例以概

immanent　遍在

imprecision　语言含糊浮泛

incubation　伏卵

inexplicit　不显露

inferior genres　不足道之体

intelligentia　神识

intentional fallacy　意图谬见

intertextuality　互文性

intuition　直觉

irony　反讽

kosmos　宇宙

Lautergebäude　声之有容

le mystére poetique　神秘诗秘

les vers calculés　经营句；后得句

les vers donnés　赠与句；先得句

libido　人欲

linguistic turn　语言学转向

literary construction　文字结构

littérature générale　总体文学

manifestation　表见

mental fiction　乱真

metaphor　假喻

Metaphysical Poets　玄学诗派

mimpathy　设身处地之体会

mitfühlen　同其情

mind pleasure　餍心

negation　否弃

nirvana　大解脱

nocturnal　冥漠浑沌

not indeterminate　不游移(非随人异解)

objective correlative　事物当对

objectivism　客观主义批评

ontology　文本论批评

oxymoron　怨亲词(正话反说)

paradox　悖论；诡论；翻案语

pars pro toto　以偏概全

pathetic fallacy　情不自禁而嫁于物

pathos of distance　距离怅惘

persona poetica　作者修辞成章之为人

persona pratica　作者营生处世之为人

phases of poetry　诗态

pheno-centralism　语言中心主义(言语优于书写)

phenomenon of simultaneous contrast　同时反衬现象

poetic　诗学

poetic diction　词藻

poetic principle　原诗

polysemy(manifold meaning)　虚涵数意

prelogical　先于逻辑

probable impossibility　亦自有道

properties　真质

psychoanalysis　心解

quaerere　搜索

ratio　理智

rebarbarization　使文者野

reference　提示

referent　所指示之事务

representation　表象

repose　稳当

reverse symbolism　反象以征(正言若反;欲盖弥彰)

rhetoric　修辞学

satires　讽谕

Schwellkraft　铺张之才

selective imitation　取舍;工(觑巧)

semantic collision-collusion　相抵忤而复苟结

semiosis　表达意旨

sensus, Immaginato　知觉

sign　意义之"符"

signifiant　能指(字);出于唇吻,著于简牍

signifié　所指(名);字之指事称物

sinn　含意

sublime　伟词

surrealism　超现实主义

synaesthesia　通感

synergism　共味交攻

synonymity　互文通训

tangle-talk　纠绕语

textual criticism　文本中心论

theology　天道

theory of communication　传达说

totalmente independiente　开径独行

transcendent　超越

transformation des genres　文体推陈出新

verbal contortion and dislocation　文字之本

vernunft　理性

verstand　悟性

# 名词索引

# 人名索引